AVR

Arbeitszeit und Dienstplanung

in Einrichtungen der Caritas

Sebastian Weber

ISBN 978-3-944427-37-9

Bernhard-Letterhaus-Straße 26, 50670 Köln

Bezugsquelle:
KETTELER-Verlag GmbH, Niederlassung
Schloßhof 1, 93449 Waldmünchen
Tel. 09972/9414-51
kontakt@ketteler-verlag.de
www.ketteler-verlag.de

Layout und Satz:
S. Stumpf, Kommunikation & Design, Lauf a. d. Pegnitz

Druck:
Spintler Druck & Verlag GmbH, Weiden i. d. Opf.

Gedruckt auf:
FSC
www.fsc.org
MIX
Papier aus verantwortungsvollen Quellen
FSC® C022559

Bibliografische Information der Deutschen Nationalbibliothek
Die Deutsche Nationalbibliothek verzeichnet diese Publikation in der Deutschen Nationalbibliografie; detaillierte bibliografische Daten sind im Internet über http://dnb.dnb.de abrufbar.

Vorwort

Einrichtungen und Dienste der Caritas sind täglich für Menschen da, die Heilung, Pflege, Betreuung und anderweitig Assistenz benötigen. Dies gilt für Krankenhäuser, Einrichtungen der Kinder- und Jugendhilfe, der Pflege oder für Menschen mit Behinderungen gleichermaßen. Die verschiedenen Angebote entwickeln sich dabei stetig weiter – stationär wie ambulant und in allen Stufen „dazwischen“. Jedes dieser Angebote ist vom Einsatz der Mitarbeitenden für die betroffenen Personen geprägt. Ohne die Mitarbeitenden kann die Caritas ihre Aufgabe nicht erfüllen. Die jeweiligen Dienstgeber gehen mit ihren vertraglichen Bindungen gegenüber den Nutzerinnen und Nutzern der Einrichtungen und Dienste aber auch rechtliche Verpflichtungen gegenüber diesen ein. Die Nutzerinnen und Nutzer haben jederzeit Anspruch auf Erfüllung der mit diesen Verträgen versprochenen Leistungen. Die Dienstgeber stehen deshalb insbesondere in der Pflicht, in hinreichendem Umfang geeignetes Personal zu beschäftigen und einzusetzen.

Dieser Personaleinsatz unterliegt einer ganzen Reihe von Regeln. Erste Vorgaben macht bereits das Recht der Europäischen Union, das wiederum in nationales Recht umzusetzen ist. Von besonderer Bedeutung ist hier das Arbeitszeitgesetz. Dieses eröffnet jedoch erhebliche Spielräume, die für die Einrichtungen und Dienste der Caritas durch die Arbeitsvertragsrichtlinien (AVR) und ihre Anlagen näher ausgestaltet wurden. Letztlich obliegt es jedoch den Dienstgebern, im Rahmen der Dienstplanung die konkreten Entscheidungen über den täglichen Personaleinsatz zu treffen. Das vorliegende Buch soll ausgehend von der vertraglichen Vereinbarung zwischen Dienstgebern und Mitarbeitenden (I.) die für den Personaleinsatz geltenden Regeln erläutern (II.), die dabei zu beachtende Mitbestimmung durch die Mitarbeitervertretung nach der MAVO vorstellen (III.), die mit der jeweiligen Dienstplanung verbundene Vergütung der Mitarbeitenden darstellen (IV.) und abschließend einige wesentliche Instrumente zur Flexibilisierung der Arbeitszeitgestaltung zeigen (V.). Ein Glossar mit wichtigen arbeitszeitrechtlichen Begriffen dient als zusätzliche Arbeitshilfe (VI.). Die arbeitszeitrechtlichen Bestimmungen der AVR-Anlagen 5, 30 - 33 sind mit Stand 1. November 2020 im Anhang (VII.) abgedruckt.

Da die betriebliche Wirklichkeit sich vor allem auch durch ihre Vielfalt auszeichnet, soll anhand von Beispielen das bisweilen recht komplexe Regelwerk erläutert werden. Dessen Anwendung ist vom Ausgleich der berechtigten Interessen der Dienstgeber am möglichst flexiblen, effizienten und auch kostengünstigen Personaleinsatz einerseits und den ebenso berechtigten Interessen der Mitarbeitenden wie auch der Mitarbeitervertretung an der Wahrung und Erfüllung ihrer Rechte andererseits geprägt. Beide „Seiten" eint letztlich das gemeinsame Interesse als Dienstgemeinschaft an einer guten, den betroffenen Menschen zugewandten Leistung, die sowohl dem Auftrag der Caritas wie auch dem Anspruch auf gute Arbeitsbedingungen gerecht wird.

Im Alltag mutet dies gelegentlich wie die sprichwörtliche Quadratur des Kreises an. Dass es dabei auch zu Konflikten kommt, liegt in der Natur der Sache. Das vorliegende Buch stellt hierfür Lösungen vor und soll dabei Zugänge und Sichtweisen von Dienstgebern wie Mitarbeitenden berücksichtigen. Mit diesem Begriff sind im Übrigen alle Personen gleich welchen Geschlechts gemeint; „Mitarbeitende" wird hier anstelle des Begriffs „Dienstnehmer" oder auch statt „Mitarbeiterinnen und Mitarbeiter" verwendet. Für Kritik und Diskussion an den bezogenen Positionen ist der Autor dankbar. Da sich die Regeln für diese Fragen ohnehin beständig weiter entwickeln, ist das letzte Wort noch nicht gesprochen. Dies gilt sowohl für AVR-spezifische Regeln, etwa die Zuordnung der Mitarbeitenden zu besonderen Anlagen, oder die jeweiligen Anpassungen bei der Entlohnung der Mitarbeitenden. So ist etwa im Zuge des jüngsten Tarif-Abschlusses für den öffentlichen Dienst damit zu rechnen, dass auch im Anwendungsbereich der Arbeitsvertragsrichtlinien der Caritas (AVR) die Tabellenentgelte und Zulagen erhöht, besondere Zulagen eingeführt und Einmal-Zahlungen erfolgen werden.

Herzlicher Dank gilt der Lektorin, Frau Andrea Jörger, und dem Verlag!

München, im Oktober 2020
Dr. Sebastian Weber

Inhalt

I. Leistungsversprechen des Mitarbeitenden

Mit dem Abschluss eines Dienst- bzw. Arbeitsvertrages geben sich die Vertragsparteien (Dienstgeber und Mitarbeitender) **ein wechselseitiges Versprechen.** Der Mitarbeitende lässt sich „in Dienst nehmen" und verpflichtet sich, im vereinbarten Umfang seine Arbeitskraft zur Verfügung zu stellen. Der Dienstgeber wiederum verspricht, den Mitarbeitenden in eben diesem Umfang auch tatsächlich zu beschäftigen und entsprechend zu entlohnen. Grundsätzlich gilt für dieses Rechtsverhältnis **Vertragsfreiheit.** Inhalt und Umfang dieses Vertrags sind Sache der Parteien. Für das zeitliche Versprechen der Parteien bestehen indes von vornherein unabdingbare **gesetzliche Vorgaben** und auch solche der **Arbeitsvertragsrichtlinien** der Caritas (AVR). Die Vertragsparteien sind insoweit also nicht in vollem Umfang frei in der Gestaltung ihrer Zusammenarbeit. Die Vertragsparteien entscheiden jedoch ohne Mitbestimmungsrechte der Mitarbeitervertretung (MAV) über den zeitlichen Umfang ihrer Vereinbarung.[1] 1

Das europäische Recht mit seinen Richtlinien 93/104/EG und 2003/88/EG wie auch das deutsche Arbeitszeitgesetz (ArbZG) gehen übereinstimmend davon aus, dass zwischen den Vertragsparteien ein Ungleichgewicht besteht und die **Mitarbeitenden besonders zu schützen** sind: 2

Einleitung der RICHTLINIE 93/104/EG DES RATES vom 23. November 1993 über bestimmte Aspekte der Arbeitszeitgestaltung: 3

[...] legt der Rat [...] Mindestvorschriften fest, die die Verbesserung insbesondere der Arbeitsumwelt fördern, um die Sicherheit und die Gesundheit der Arbeitnehmer verstärkt zu schützen.

---

[1] Vgl. Eichstätter Kommentar/Schmitz, 2. Aufl. 2018, § 36 MAVO Rn. 6; Münchener Handbuch zum Arbeitsrecht/Salamon, Bd. 4, 4. Aufl. 2018, § 321 Rn. 5 ff.; KGH.EKD 4.6.2012 – II-0124/R90-09, ZMV 2013, 36.

[...] Jeder Arbeitnehmer der Europäischen Gemeinschaft hat Anspruch auf die wöchentliche Ruhezeit und auf einen bezahlten Jahresurlaub, deren Dauer gemäß den einzelstaatlichen Gepflogenheiten auf dem Wege des Fortschritts in den einzelnen Staaten einander anzunähern ist.

4 Der nationale Gesetzgeber formuliert – für ein Gesetz eher ungewöhnlich – seine übergeordnete Zielsetzung recht plakativ ebenfalls gleich zu Beginn:

5 **§ 1 ArbZG: Zweck des Gesetzes**

Zweck des Gesetzes ist es,

1. *die Sicherheit und den Gesundheitsschutz der Arbeitnehmer in der Bundesrepublik Deutschland und in der ausschließlichen Wirtschaftszone bei der Arbeitszeitgestaltung zu gewährleisten und die Rahmenbedingungen für flexible Arbeitszeiten zu verbessern sowie*
2. *den Sonntag und die staatlich anerkannten Feiertage als Tage der Arbeitsruhe und der seelischen Erhebung der Arbeitnehmer zu schützen.*

6 Die Terminologie mag etwas überkommen anmuten, entstammt sie doch Art. 139 der Weimarer Reichsverfassung (WRV)[2], doch ist sie bei Auslegung und Anwendung der gesetzlichen Vorschriften zu berücksichtigen.

7 Die **Arbeitsvertragsrichtlinien der Caritas** (AVR) regeln in dem Rahmen, den diese gesetzlichen Vorschriften eröffnen, in den **Anlagen 5 bis 6a** das allgemeine Arbeitszeitrecht und in den Anlagen 30 bis 33 die spezifischen Vorgaben für Ärztinnen und Ärzte **(Anlage 30)**, den Pflegedienst in Krankenhäusern und anderen Heil-, Pflege- und Betreuungseinrichtungen **(Anlagen 31 und 32)** sowie für die Mitarbeitenden im Sozial- und Erziehungsdienst **(Anlage 33).**[3]

2 Vgl. auch BT-Drs. 12/6990, S. 42.

3 Es ist insofern jeweils festzustellen, welcher Anlage die Mitarbeitenden zugeordnet sind, um die jeweiligen spezifischen Vorgaben richtig anzuwenden.

Für die Dienstgeber stellt sich gerade im Bereich der sozialen Dienstleistungen dabei die Herausforderung, Mitarbeitende im **erforderlichen Umfang** für die Einrichtungen und Dienste vorzuhalten und tatsächlich arbeitszeitrechtlich korrekt einzusetzen. Die jeweilige sog. Personalmenge ergibt sich dabei einerseits aus den **ordnungsrechtlichen Vorgaben** für das jeweilige Leistungsangebot, etwa dem sog. Heimrecht für stationäre Einrichtungen in der Pflege[4], und den **sozialrechtlichen Vereinbarungen,** etwa in Versorgungsverträgen und Leistungsvereinbarungen nach den verschiedenen Büchern des Sozialgesetzbuches (SGB), die häufig Qualitätsvereinbarungen z. B. in Gestalt von Personalschlüsseln enthalten. 8

4 Baden-Württemberg: Gesetz für unterstützende Wohnformen, Teilhabe und Pflege (Wohn-, Teilhabe- und Pflegegesetz) vom 20.5.2014; Bayern: Gesetz zur Regelung der Pflege-, Betreuungs- und Wohnqualität im Alter und bei Behinderung (Pflege- und Wohnqualitätsgesetz) vom 8.7.2008, geändert 22.7.2014; Berlin: Gesetz über Selbstbestimmung und Teilhabe in betreuten gemeinschaftlichen Wohnformen (Wohnteilhabegesetz) vom 3.6.2010, geändert 17.6.2016; Brandenburg: Gesetz über das Wohnen mit Pflege und Betreuung (Brandenburgisches Pflege- und Betreuungswohngesetz) vom 8.7.2009; Bremen: Gesetz zur Sicherstellung der Rechte von Menschen mit Unterstützungs-, Pflege- und Betreuungsbedarf in unterstützenden Wohnformen (Bremisches Wohn- und Betreuungsgesetz) vom 5.10.2010, geändert 2.8.2016; Hamburg: Hamburgisches Gesetz zur Förderung der Wohn- und Betreuungsqualität älterer, behinderter und auf Betreuung angewiesener Menschen (Hamburgisches Wohn- und Betreuungsqualitätsgesetz) vom 15.12.2009; Hessen: Hessisches Gesetz über Betreuungs- und Pflegeleistungen vom 7.3.2012, geändert 19.12.2016; Mecklenburg-Vorpommern: Gesetz zur Förderung der Qualität in Einrichtungen für Pflegebedürftige und Menschen mit Behinderung sowie zur Stärkung ihrer Selbstbestimmung und Teilhabe (Einrichtungsqualitätsgesetz) vom 17.5.2010, geändert 10.12.2012; Niedersachsen: Niedersächsisches Gesetz über unterstützende Wohnformen vom 29.6.2011, geändert 14.4.2016; Nordrhein-Westfalen: Wohn- und Teilhabegesetz vom 2.10.2014, zuletzt geändert 11.4.2019; Rheinland-Pfalz: Landesgesetz über Wohnformen und Teilhabe vom 22.12.2009, geändert 16.2.2016; Saarland: Saarländisches Gesetz zur Sicherung der Wohn-, Betreuungs- und Pflegequalität volljähriger Menschen mit Pflege- und Unterstützungsbedarf und volljähriger Menschen mit Behinderung (Saarländisches Wohn-, Betreuungs- und Pflegegesetz) vom 6.5.2009, geändert am 15.3.2017; Sachsen: Gesetz zur Regelung der Betreuungs- und Wohnqualität im Alter, bei Behinderung und Pflegebedürftigkeit im Freistaat Sachsen (Sächsisches Betreuungs- und Wohnqualitätsgesetz) vom 12.7.2012; Sachsen-Anhalt: Gesetz über Wohnformen und Teilhabe des Landes Sachsen-Anhalt (Wohn- und Teilhabegesetz) vom 17.2.2011; Schleswig-Holstein: Gesetz zur Stärkung von Selbstbestimmung und Schutz von Menschen mit Pflegebedarf und Behinderung (Selbstbestimmungsstärkungsgesetz) vom 17.7.2009, geändert 17.12.2010; Thüringen: Thüringer Gesetz über betreute Wohnformen und Teilhabe (Thüringer Wohn- und Teilhabegesetz) vom 10.6.2014.

9 **Beispiel**

Leistungs- und Qualitätsmerkmale nach § 84 Abs. 5 SGB XI

Prospektiv geplante Besetzung

Pflegedienst	Stellen	Schlüssel 1:X
Verantwortliche Pflegefachkraft	1	
Pflegefachkräfte	12,82	
Summe	13,82	1:6,73
Gerontopsychiatrische Fachkräfte	2,93	1:31,74
Summe aller Fachkräfte	16,75	1:5,55

10 Gerade der kurzfristige Ausfall von Mitarbeitenden, vor allem krankheitsbedingt, stellt die Dienstgeber dabei vor Probleme, denn sie sind jederzeit verpflichtet, das ordnungs- wie sozialrechtlich notwendige Qualitätsmaß einzuhalten. Andernfalls drohen bei Unterschreitung entsprechender Vorgaben Auflagen, ggf. auch Bußgelder oder Vergütungskürzungen (vgl. § 115 Abs. 3 SGB XI).[5]

1. Definition, Umfang und Grenzen der Arbeitszeit

11 Zentral für die Abläufe der Einrichtungen und Dienste ist insofern das **rechtlich und tatsächlich verfügbare Maß an Arbeitszeit.** Der Dienstgeber muss sich mindestens im notwendigen Umfang durch Dienst- bzw. Arbeitsverträge die entsprechende Zeit (und die jeweilige Arbeitsleistung) versprechen lassen, um seine Leistungsangebote unterbreiten zu können. Das schlichte Addieren der jeweils vertraglich vereinbarten Arbeitszeit von Voll- und Teilzeitkräften genügt indes nicht, denn beim tatsächlichen Einsatz der Mitarbeitenden sind eine Reihe von Vorgaben zu beachten. Unabhängig davon ist zwischen der regelmäßigen (Wochen-)Arbeitszeit und der für die Arbeitsleistung

[5] Vgl. hierzu Udsching / Schütze-Weber, SGB XI, 5. Aufl. 2018, § 115 Rn. 15 ff.

effektiv zur Verfügung stehenden Zeit zu unterscheiden. Letztere hängt davon ab, in welchem Ausmaß die Mitarbeitenden „abwesend“ sind (und dennoch zu vergüten sind). Dies betrifft den Urlaub und die Feiertage ebenso wie Fortbildungen oder auch Fehlzeiten infolge von Krankheit. Ausgangspunkt jeder **Personalbedarfsberechnung** (► Rn. 79 ff.) bleibt aber zunächst die vertraglich vereinbarte Arbeitszeit. Mit Blick auf die gesetzlichen und untergesetzlichen Vorgaben ist zwischen der **werktäglichen Arbeitszeit** und der **durchschnittlichen Wochenarbeitszeit** zu unterscheiden.

In § 2 Abs. 1 ArbZG wird „Arbeitszeit“ **legal definiert.** Es ist der Zeitraum zwi- 12
schen „Beginn und Ende der Arbeit ohne die Ruhepausen“. Hiervon umfasst sein können auch **Umkleidezeiten,** wenn das Tragen bestimmter Kleidung und das Umkleiden in der Einrichtung vom Dienstgeber vorgeschrieben wird.[6] Entsprechendes gilt auch für Waschzeiten und für innerbetriebliche Wegezeiten; nicht jedoch für den Weg zur Arbeit[7], es sei denn dies wird explizit vereinbart (vgl. § 6 Abs. 3 Anlage 31 AVR).

Nach Maßgabe des § 3 Satz 1 ArbZG darf diese Zeit **werktäglich** (ausgenom- 13
men sind also Sonn- und Feiertage) **acht Stunden** nicht überschreiten. Der Werktag ist dabei vom Kalendertag zu unterscheiden; arbeitszeitrechtlich ist der **individuelle Werktag** der Mitarbeitenden maßgebend, der auch „krumm“ sein kann, also nicht nur von 00:00 bis 24:00 Uhr, sondern etwa aufgrund der Lage von Schichtzeiten auch von 9:00 bis 9:00 Uhr zu bemessen ist. Nach § 2 Abs. 1 Satz 2 ArbZG kann die werktägliche Arbeitszeit auf **bis zu zehn Stunden** verlängert werden, wenn innerhalb von sechs Kalendermonaten oder innerhalb von 24 Wochen im Durchschnitt acht Stunden werktäglich nicht überschritten werden.[8] Diese Erhöhung auf zehn Stunden ist nicht an bestimmte Voraussetzungen gebunden; das Gesetz ermöglicht vielmehr eine flexiblere Arbeitszeitgestaltung, solange im Durchschnitt des Ausgleichszeitraums die Höchstgrenze eingehalten wird.[9] Es kann vom Dienstgeber auch ein kürze-

6 BAG 19.9.2012 – 5 AZR 678/11, NZA-RR 2013, 63.

7 BAG 22.4.2009 – 5 AZR 292/08, NZA-RR 2010, 231.

8 Krit. wegen abweichender Vorgaben des EU-Rechts ErfK-Wank, 20. Aufl. 2020, § 3 ArbZG Rn. 7.

9 ErfK-Wank, 20. Aufl. 2020, § 3 ArbZG Rn. 1.

rer Ausgleichszeitraum festgelegt werden[10]; durch Dienstvereinbarung nach § 7 Abs. 1 Nr. 1b ArbZG auch ein längerer. Rein rechnerisch ergibt sich daraus eine **durchschnittliche wöchentliche Höchstarbeitszeit** von 48 Stunden (sechs Werktage mit jeweils acht Stunden). Unter Beachtung der Regeln für den Ausgleichszeitraum ist jedoch auch eine höhere Wochenarbeitszeit bei der konkreten Dienstplanung von bis zu 60 Stunden möglich.[11] Insgesamt ergibt sich nach der gesetzlichen Vorgabe für den vom Dienstgeber gewählten Ausgleichszeitraum (höchstens sechs Kalendermonate oder 24 Wochen) eine maximale Arbeitszeit, nämlich acht Stunden multipliziert mit den Werktagen im Ausgleichszeitraum.

14 Nach § 7 Abs. 1 Nr. 1a ArbZG kann **durch eine Dienstvereinbarung** die werktägliche Arbeitszeit auch noch weitergehend erhöht werden, wenn in diese regelmäßig in erheblichem Umfang Arbeitsbereitschaft oder Bereitschaftsdienst (► Rn. 34 ff.) fällt. Dies setzt nur voraus, dass die sog. Vollarbeit und die Arbeitsbereitschaft bzw. der Bereitschaftsdienst – ggf. auch in unregelmäßiger Abfolge – wechseln. Arbeitsbereitschaft oder Bereitschaftsdienst müssen also an einem Werktag nicht zusammenhängend auftreten. Das Gesetz sieht für eine solche Erhöhung der werktäglichen Arbeitszeit keine zeitliche Grenze vor. Nach § 7 Abs. 1 Nr. 1a ArbZG kann im Wege der Dienstvereinbarung deshalb auch eine werktägliche **Arbeitszeit von 24 Stunden** ermöglicht werden.[12] Die durchschnittliche wöchentliche (!) Arbeitszeit ist jedoch immer noch den genannten Höchstgrenzen unterworfen; der Ausgleichszeitraum kann jedoch nach § 7 Abs. 8 ArbZG zwölf Monate betragen.

15 In den Arbeitsvertragsrichtlinien der Caritas (AVR) ist der Umfang der regelmäßigen wöchentlichen Arbeitszeit wie folgt festgelegt worden, wobei in der Regel eine **individuelle 5-Tage-Woche** gilt (vgl. § 3 Abs. 1 Anlage 30). Diese kann also auch das Wochenende einschließen; auf Werktage kommt es insoweit nicht an. Möglich ist aber auch eine 6-Tage-Woche, wenn dies aus dienstlichen bzw. betrieblichen Gründen notwendig ist.

[10] Ggf. unter Beachtung des Mitbestimmungsrechts nach § 36 Abs. 1 Nr. 1 MAVO; vgl. BAG 26.9.2017 – 1 ABR 57/15, NZA 2018, 194.

[11] Vgl. Münchener Handbuch zum Arbeitsrecht / Reichold, Bd. 1, 4. Aufl. 2018, § 40 Rn. 71.

[12] Baeck / Deutsch / Winzer, ArbZG, 4. Aufl. 2020, § 5 Rn. 55.

Die regelmäßige wöchentliche Arbeitszeit nach den AVR beträgt: 16

- 39 Stunden / Woche (§ 1 Abs. 1 Anlage 5)
- 40 Stunden / Woche (§ 3 Abs. 1 Anlage 30)
- 38,5 bis 40 Stunden / Woche (§ 2 Abs. 1 Anlage 31)
- 39 bis 40 Stunden / Woche (§ 2 Abs. 1 Anlage 32)
- 39 bis 40 Stunden / Woche (§ 2 Abs. 1 Anlage 33)

Die Vorgaben in den Anlagen 31 bis 33 variieren je nach Zuständigkeitsgebiet 17 der **Regionalkommissionen** bzw. nach Bundesländern. Sie sind in den Anlagen jeweils explizit ausgewiesen. Die so definierten Vorgaben sind **für die Dienstgeber** im jeweiligen Gebiet **bindend.** Weder die gesetzlichen Vorgaben noch die Vorgaben der AVR können durch den individuellen Dienst- bzw. Arbeitsvertrag zu Lasten der Mitarbeitenden abgeändert werden. Dies gilt **auch, wenn der Mitarbeitende einverstanden wäre** oder sogar explizit wünschen würde, mehr zu arbeiten (vgl. zu Opt-Out-Klauseln ► Rn. 208 ff.). Soweit gleichwohl entsprechende Vereinbarungen getroffen würden, wären sie – soweit sie gegen arbeitszeitrechtliche Verbotsnormen verstießen – nach § 134 BGB sogar nichtig.

Die **Verteilung dieser regelmäßigen Arbeitszeit** auf den Tag (Beginn und 18 Ende der täglichen Arbeitszeit) und die Woche (Verteilung auf die einzelnen Wochentage) durch den Dienstgeber bedarf der **Zustimmung durch die Mitarbeitervertretung** (§ 36 Abs. 1 Nr. 1 MAVO), vgl. ► Rn. 142 ff. Dieses Mitbestimmungsrecht dient der Einhaltung der arbeitszeitrechtlichen Vorschriften, also dem Gesundheitsschutz der Mitarbeitenden durch eine den Vorgaben entsprechende Verteilung der Arbeitszeit, die im hinreichenden Maß Erholung ermöglicht.[13]

Dazu gehört auch die Festlegung der **Ruhepausen** (► Rn. 98 ff.) nach den Vor- 19 gaben des § 4 ArbZG. Ohne Pause darf ein Mitarbeitender danach bis zu sechs Stunden arbeiten. Dauert der Arbeitstag bis zu neun Stunden, ist eine Pause von 30 Minuten einzuplanen. Bei einer Arbeitszeit von mehr als neun Stunden

[13] Vgl. Eichstätter Kommentar / Schmitz, 2. Aufl. 2018, § 36 MAVO Rn. 6.

muss die Pause 45 Minuten betragen. Die Pausen dürfen dabei in Abschnitte von je 15 Minuten unterteilt werden (§ 4 Satz 2 ArbZG). In Einrichtungen mit Schichtbetrieb (► Rn. 43 ff.) können hiervon abweichend in einer Dienstvereinbarung auch angemessene Kurzpausen geregelt werden (§ 7 Abs. 1 Nr. 2 ArbZG, § 2 Abs. 4 Anlagen 31 bis 33 AVR). Der **Zeitaufwand** für die Ruhepausen **tritt zur „aktiven" Arbeitszeit hinzu;** die Anwesenheit der Mitarbeitenden in der Einrichtung verlängert sich also dementsprechend.

20 Nach Beendigung der täglichen Arbeitszeit muss die Dienstplanung schließlich nach § 5 ArbZG jeweils eine ununterbrochene **Ruhezeit** (► Rn. 104 ff.) vorsehen. Grundsätzlich hat diese elf Stunden zu betragen. In Krankenhäusern und anderen Einrichtungen zur Behandlung, Pflege und Betreuung von Personen, insbesondere also Einrichtungen im Sinn des SGB XI oder SGB VIII, kann diese Ruhezeit um eine Stunde verkürzt werden, wenn dies binnen eines Monats bzw. innerhalb von vier Wochen durch Verlängerung einer anderen Ruhezeit auf zwölf Stunden ausgeglichen wird (§ 5 Abs. 2 ArbZG). In § 1 Abs. 10 Anlage 5 AVR ist überdies von der Abweichungsmöglichkeit des § 7 Abs. 1 Nr. 3 ArbZG Gebrauch gemacht worden (► Rn. 108). Auch die Inanspruchnahme während sog. **Rufbereitschaft** (► Rn. 38 f.) kann zu anderen Zeiten ausgeglichen werden, wenn diese Inanspruchnahme nicht mehr als die Hälfte der Ruhezeit beträgt (§ 5 Abs. 3 ArbZG). Als Mindestruhezeit, die ununterbrochen sein muss, ist hier also tatsächlich nur ein Zeitraum von 5,5 Stunden vorgeschrieben.[14] Die Regelung erlaubt in diesem Rahmen damit trotz einer Arbeitsleistung während der Rufbereitschaft die Wiederaufnahme der Arbeit im Rahmen der Dienstplanung schon nach einer recht kurzen Zeitspanne. Der Gesetzgeber wollte hiermit explizit in den erfassten Einrichtungen einen dichter getakteten Arbeitseinsatz zulassen.[15] Die während der Rufbereitschaft tatsächlich geleisteten Zeiten müssen ausgeglichen werden. Für Bereitschaftsdienst (► Rn. 34 ff.) gilt diese Ausnahmevorschrift jedoch nicht.

[14] Baeck / Deutsch / Winzer, ArbZG, 4. Aufl. 2020, § 5 Rn. 43; z. T. wird auch eine Kürzung auf 5 Stunden für möglich gehalten, vgl. ErfK-Wank, 20. Aufl. 2020, § 5 Rn. 8.

[15] BT-Drs. 12/5888, S. 25.

2. Überstunden und Mehrarbeit

In der betrieblichen Wirklichkeit spielen „Überstunden" eine besondere Rolle. Zu unterscheiden sind in diesem Zusammenhang **der rein vertragliche Anspruch** des Dienstgebers gegenüber seinen Mitarbeitenden auf Leistung von Überstunden und die **arbeitszeitrechtliche Zulässigkeit** eines übermäßigen Einsatzes der Mitarbeitenden. Ersterer setzt eine ausdrückliche vertragliche Vereinbarung im Dienst- bzw. Arbeitsvertrag voraus.[16] In Notfällen greift allerdings bereits eine aus der Verpflichtung zur gegenseitigen Rücksichtnahme auf die Interessen der jeweils anderen Vertragspartei (§ 241 Abs. 2 BGB) ableitbare vertragliche Nebenpflicht. Arbeitszeitrechtlich ist nach § 14 ArbZG für vorübergehende Arbeiten in Notfällen sowie in außergewöhnlichen Fällen eine Abweichung von den Vorgaben der §§ 3 ff. ArbZG möglich. 21

Die Anlagen 6 bzw. 30 bis 33 der Arbeitsvertragsrichtlinien der Caritas (AVR) enthalten eine ausdrückliche Definition von Überstunden: 22

Definition von Überstunden nach AVR 23

§ 1 Abs. 1 Anlage 6:
Die auf Anordnung des Dienstgebers oder seines Bevollmächtigten bzw. des unmittelbaren Vorgesetzten nach Maßgabe des Absatz 3 Satz 1 geleisteten Arbeitsstunden, die über die im Rahmen der regelmäßigen Arbeitszeit (§ 1 Abs. 1 bis Abs. 4 der Anlage 5 zu den AVR) für die Woche dienstplanmäßig bzw. betriebsüblich festgesetzten Arbeitsstunden hinausgehen, sind Überstunden.

§ 5 Abs. 5 Anlage 30:
Überstunden sind die auf Anordnung des Dienstgebers geleisteten Arbeitsstunden, die über die im Rahmen der regelmäßigen Arbeitszeit von vollbeschäftigten Ärztinnen und Ärzten (§ 3 Abs. 1 Satz 1) für die Woche dienstplanmäßig bzw. betriebsüblich festgesetzten Arbeitsstunden hinaus gehen und nicht bis zum Ende der folgenden Kalenderwoche ausgeglichen werden.

[16] Vgl. Münchener Handbuch zum Arbeitsrecht / Reichold, Bd. 1, 4. Aufl. 2018, § 40 Rn. 70.

§ 4 Abs. 7 Anlagen 31 - 33:
Überstunden sind die auf Anordnung des Dienstgebers geleisteten Arbeitsstunden, die über die im Rahmen der regelmäßigen Arbeitszeit von Vollbeschäftigten (§ 2 Abs. 1 Satz 1) für die Woche dienstplanmäßig bzw. betriebsüblich festgesetzten Arbeitsstunden hinaus gehen und nicht bis zum Ende der folgenden Kalenderwoche ausgeglichen werden.

24 In der betrieblichen Praxis ist zweierlei zu beachten: **Allein das Weisungsrecht** nach § 106 GewO **reicht nicht aus,** damit der Dienstgeber das Leisten von Überstunden verlangen kann. Grundsätzlich müssen die Vertragsparteien sich also darüber geeinigt haben, dass Überstunden in der Regel in dringlichen dienstlichen Situationen[17] möglich sind. In den üblichen Vertragstexten und auch in den Arbeitsvertragsrichtlinien geschieht dies indes regelmäßig. Auch das zunächst widerspruchslose Leisten von Überstunden begründet für die Zukunft noch keinen Anspruch des Dienstgebers. Umgekehrt besteht auch **kein Anspruch der Mitarbeitenden** darauf, Überstunden leisten zu dürfen. Dies gilt auch dann, wenn immer wieder in gewissem Umfang Überstunden anfallen. Die Mitarbeitenden können also nicht darauf bestehen, dass ihr Arbeitsumfang und damit auch ihr Verdienst entsprechend erhöht wird. Hieraus folgt für beide Seiten, dass die mit einer Überstunde verbundenen Folgen auch nur dann eintreten, wenn die Leistung von Überstunden auf der Grundlage einer entsprechenden Vereinbarung vom Dienstgeber angeordnet wurde. Die Mitarbeitenden können also nicht von sich aus Überstunden leisten. Die **Anordnung von Überstunden** kann allerdings **konkludent** erfolgen, etwa durch die Zuweisung von Aufgaben, die in der regelhaften Arbeitszeit nicht erfüllt werden können. „Angeordnete" Überstunden liegen auch dann vor, wenn der Dienstgeber das Leisten der Überstunden **duldet,** er also anerkennt, dass diese Überstunden sinnvoll (sachdienlich) sind und sie bewusst, also in Kenntnis, leisten lässt. Schließlich ist auch die **nachträgliche Billigung** oder „Genehmigung" von Überstunden möglich. Wer die entsprechende Anordnungs-, Duldungs- bzw. Billigungsbefugnis in der konkreten Hierarchie einer Einrichtung

[17] Vgl. BAG 25.4.2007 – 6 AZR 799/06, NZA 2007, 1108, 1109.

besitzt, ist Sache des Dienstgebers (vgl. aber § 1 Abs. 1 Anlage 6 AVR) und ist auch nicht mitbestimmungspflichtig (zur Mitbestimmung bei der Dienstplanung ► Rn. 142 ff.).

Im Rahmen flexibilisierter Arbeitszeit kommt den „Überstunden" arbeitszeitrechtlich indes nur noch dann eine Bedeutung zu, **wenn sie nicht mehr innerhalb des jeweiligen Ausgleichszeitraums ausgeglichen werden** können. 25
Dies ergibt sich daraus, dass „Überstunden" immer voraussetzen, dass eigentlich eine geringere Arbeitszeit festgelegt wurde. Nach § 3 ArbZG stünden dem Dienstgeber an sich für den entsprechenden Ausgleich bis zu sechs Monate bzw. 24 Wochen zur Verfügung, ohne dass weitere Folgen durch das Leisten solcher Überstunden einträten. Die Arbeitsvertragsrichtlinien der Caritas (AVR) grenzen diese Flexibilität erheblich ein. Nach § 1 der Anlage 6 kann das Entstehen von Überstunden nur durch einen Ausgleich **innerhalb derselben Kalenderwoche** vermieden werden. Nach der o. g. Definition der Anlagen 30 bis 33 liegen Überstunden immerhin erst vor, wenn sie nicht bis zum Ende der folgenden Kalenderwoche ausgeglichen werden. Beide Regeln sind deshalb von Bedeutung, weil danach geleistete Überstunden höher vergütet werden bzw. einen ggf. gesondert bewerteten Freizeitausgleichsanspruch erzeugen können (► Rn. 177). Mit den Regelungen der Anlagen 30 bis 33 geht damit immerhin insoweit ein größeres Maß an Flexibilität für den Dienstgeber einher, als nach der Definition der Anlage 6 Überstunden im Grundsatz schon dann anfallen würden, wenn die dienstplanmäßig festgesetzten oder betriebsüblichen Wochenstunden (maßgeblich ist also nicht der jeweilige Tagesplan!) überschritten werden, etwa durch „Einspringen" oder „Längerbleiben" im Krankheitsfall. Dieses Überschreiten eines Wochenplanes kann jedoch nach den Anlagen 30 bis 33 bis zum Ende der Folgewoche gewissermaßen „ungeschehen" gemacht werden (vgl. zur Flexibilisierung durch Arbeitszeitkorridore und Rahmenzeiten ► Rn. 191 ff.).

! Checkliste: Überstunden (Anlagen 30 bis 33 AVR) 26

- Anordnung bzw. Duldung bzw. Billigung des Dienstgebers
- Überschreitung des dienstplanmäßigen / betriebsüblichen „Wochenplanes"
- Kein Ausgleich bis zum Ende der folgenden Kalenderwoche

27 Diese **Anknüpfung an den jeweiligen Wochen-Dienstplan** führt im Einzelnen zu durchaus fragwürdigen Ergebnissen. Sind nämlich z. B. für eine Vollzeitkraft in einer bestimmten Woche nur 30 Dienststunden geplant und ordnet der Dienstgeber dann aufgrund des kurzfristigen Ausfalls eines anderen Mitarbeitenden weitere acht Stunden Arbeit an, dann handelt es sich trotzdem um Überstunden, obwohl die vertragsgemäße regelmäßige Wochenarbeitszeit noch nicht einmal überschritten wird.[18] Die einmal geplanten freien Zeiten können also nur zum „Preis" von Überstunden überwunden werden. Im Anwendungsbereich der Anlagen 30 bis 33 AVR kann dies allerdings durch einen entsprechenden Ausgleich bis zum Ende der folgenden Kalenderwoche vermieden werden.

28 Für Dienstgeber wie Mitarbeitende empfiehlt sich die **schriftliche Anordnung** von Überstunden, um Missverständnisse zu vermeiden. Entsprechendes gilt auch im Falle der Duldung bzw. nachträglichen Billigung, etwa durch das „Gegenzeichnen" einer Übersicht geleisteter Überstunden. Diese Empfehlung ergibt sich nicht zuletzt aufgrund der Darlegungs- und Beweislastverteilung im Prozess.

29 **Prozessuales: Beweislast**

Verlangt der Arbeitnehmer Arbeitsvergütung für Überstunden, hat er darzulegen und – im Bestreitensfall – zu beweisen, dass er Arbeit in einem die Normalarbeitszeit übersteigenden zeitlichen Umfang verrichtet hat. Dabei genügt der Arbeitnehmer seiner Darlegungslast, indem er vorträgt, an welchen Tagen er von wann bis wann Arbeit geleistet oder sich auf Weisung des Arbeitgebers zur Arbeit bereitgehalten hat. Auf diesen Vortrag muss der Arbeitgeber im Rahmen einer gestuften Darlegungslast substantiiert erwidern und im Einzelnen vortragen, welche Arbeiten er dem Arbeitnehmer zugewiesen hat und an welchen Tagen der Arbeitnehmer von wann bis wann diesen Weisungen – nicht – nachgekommen ist.

(Orientierungssatz Nr. 1, BAG 16.5.2012 – 5 AZR 347/11)

[18] BAG 30.4.1992 – 6 AZR 18/91.

Der Begriff der „Mehrarbeit" (wie auch „Überarbeit") ist im Grunde synonym zu verstehen. Entgegen des früheren Arbeitszeitrechts, das von starren täglichen Regelarbeitszeiten ausging, wird heute unter **Mehrarbeit** im Wesentlichen die Leistung von – über das vertraglich vereinbarte Maß hinausgehenden – Mehrstunden **durch Teilzeitbeschäftigte** verstanden und zwar bis zum Erreichen der Wochenarbeitszeit von Vollzeitbeschäftigten. 30

Definition von Mehrarbeit nach AVR 31

§ 5 Abs. 4 Anlage 30:
Mehrarbeit sind die Arbeitsstunden, die teilzeitbeschäftigte Ärztinnen und Ärzte über die vereinbarte regelmäßige Arbeitszeit hinaus bis zur regelmäßigen wöchentlichen Arbeitszeit von vollbeschäftigten Ärztinnen und Ärzten (§ 3 Abs. 1 Satz 1) leisten.

§ 4 Abs. 6 Anlagen 31 – 33:
Mehrarbeit sind die Arbeitsstunden, die Teilzeitbeschäftigte über die vereinbarte regelmäßige Arbeitszeit hinaus bis zur regelmäßigen wöchentlichen Arbeitszeit von Vollbeschäftigten (§ 2 Abs. 1 Satz 1) leisten.

Erst nach Überschreiten dieser Grenze würden Teilzeitbeschäftigte danach auch „Überstunden" leisten. Diese Differenzierung zwischen Mehrarbeit und Überstunden kann Konsequenzen für die Vergütung haben (► Rn. 177).[19] 32

3. Besondere Dienstformen

Nicht nur Überstunden und Mehrarbeit sind für die betriebliche Wirklichkeit neben der vereinbarten Arbeitszeit von besonderer Bedeutung, sondern eine ganze Reihe sog. besonderer Dienstformen. Deren arbeitszeitrechtliche Zulässigkeit hängt zunächst von den Vorgaben zum zulässigen Umfang der 33

[19] Vgl. Münchener Handbuch zum Arbeitsrecht / Reichold, Bd. 1, 4. Aufl. 2018, § 40 Rn. 72.

Arbeitszeit sowie den Ruhepausen und -zeiten ab. Sie ist teilweise auch gesetzlich differenzierter geregelt, wie die Nacht- und Schichtarbeit in § 6 ArbZG. Darüber hinaus sind sie aber vor allem in den Arbeitsvertragsrichtlinien der Caritas (AVR) geregelt und durch entsprechende Inbezugnahme in den Arbeits- bzw. Dienstverträgen zwischen Dienstgeber und Mitarbeitenden verbindlich vereinbart. Die Besonderheiten der Dienstformen ergeben sich aus der Art des Dienstes und des damit verbundenen Aufenthaltsortes, der zeitlichen Lage oder der Verteilung der Arbeitszeit.

a) Bereitschaftsdienst, Arbeitsbereitschaft und Rufbereitschaft

34 Auf den ersten Blick scheinbar synonym fallen vor allem Bereitschaftsdienst, Arbeitsbereitschaft und Rufbereitschaft ins Gewicht. Die Rechtsprechung war vielfach mit der **Abgrenzung dieser besonderen Dienstformen** befasst. Als Kriterien wurden insbesondere der jeweilige Aufenthaltsort des Mitarbeitenden und die Art des „sich bereithalten" herausgearbeitet.

35 Danach liegt **Bereitschaftsdienst** vor, wenn der Mitarbeitende sich außerhalb der regelmäßigen Arbeitszeit (!) für Zwecke des Betriebs an einem **vom Dienstgeber bestimmten Ort** aufhält (innerhalb oder auch außerhalb des Betriebs), damit er ggf. seine volle Arbeitstätigkeit sofort oder zumindest zeitnah aufnehmen kann. Während der Mitarbeitende im Bereitschaftsdienst erst auf entsprechende Aufforderung hin tätig wird, muss er bei **Arbeitsbereitschaft** jederzeit von sich aus tätig werden. Die Arbeitsbereitschaft gehört deshalb auch von vornherein zur regelmäßigen Arbeitszeit.[20] Mit dem Bereitschaftsdienst geht also zunächst nur eine räumliche Beschränkung für den Mitarbeitenden einher; ggf. fällt gar keine Arbeitsleistung an. Die Arbeitsbereitschaft stellt sich gegenüber der sog. Vollarbeit dagegen als eine Leistung dar, bei der der Mitarbeitende in dieser „Bereitschaftsphase" nur körperlich und geistig in geringerem Umfang beansprucht wird. Sowohl Bereitschaftsdienst wie auch Arbeitsbereitschaft sind **(vergütungspflichtige) Arbeitszeit** (zur Höhe der Vergütung ► Rn 161 ff.).[21]

[20] BAG 12.12.2012 – 5 AZR 918/11, öAT 2013, 122.

[21] BAG 16.12.2009 – 5 AZR 157/09; Baeck / Deutsch / Winzer, ArbZG, 4. Aufl. 2020, § 2 Rn. 43.

Definition von Bereitschaftsdienst nach AVR 36

§ 7 Abs. 2 Anlage 5:
Bei Bereitschaftsdiensten ist der Mitarbeiter verpflichtet, sich außerhalb der regelmäßigen Arbeitszeit an einer vom Dienstgeber bestimmten Stelle aufzuhalten, um im Bedarfsfalle die Arbeit aufzunehmen. Als Bereitschaftsdienst gilt nicht das Wohnen im Bereich der Einrichtung. (§ 7 Abs. 1 Satz 3 Anlage 5: *Der Dienstgeber darf Bereitschaftsdienst nur anordnen, wenn zu erwarten ist, dass zwar Arbeit anfällt, erfahrungsgemäß aber die Zeit ohne Arbeitsleistung überwiegt.)*

§ 6 Abs. 1 Anlage 30:
Die Ärztin/der Arzt ist verpflichtet, sich auf Anordnung des Dienstgebers außerhalb der regelmäßigen Arbeitszeit an einer vom Dienstgeber bestimmten Stelle aufzuhalten, um im Bedarfsfall die Arbeit aufzunehmen (Bereitschaftsdienst). Der Dienstgeber darf Bereitschaftsdienst nur anordnen, wenn zu erwarten ist, dass zwar Arbeit anfällt, erfahrungsgemäß aber die Zeit ohne Arbeitsleistung überwiegt.

§ 4 Abs. 3 Anlagen 31–33:
Bereitschaftsdienst leisten Mitarbeiter, die sich auf Anordnung des Dienstgebers außerhalb der regelmäßigen Arbeitszeit an einer vom Dienstgeber bestimmten Stelle aufhalten, um im Bedarfsfall die Arbeit aufzunehmen.

Die **Bereitschaftszeiten** sind in § 8 der Anlagen 31 bis 33 gesondert definiert worden. Die Bereitschaftszeit selbst unterscheidet sich von der aktiven Vollarbeit. Nach den Vorgaben der Arbeitsvertragsrichtlinien der Caritas (AVR) darf innerhalb der Bereitschaftszeiten die tatsächliche Inanspruchnahme nicht überwiegen. Vollarbeit darf also bei der Anordnung von Bereitschaftszeit 49 % nicht übersteigen. Dies spiegelt sich in den Vergütungsregeln für den Bereitschaftsdienst wider (► Rn. 161 ff.). Bereitschaftszeiten können mit Blick auf die geringere Belastung bewertet und in geringerem Umfang (faktorisiert) als Vollarbeit vom Dienstgeber berücksichtigt werden. 37

Im Gegensatz dazu ist der Mitarbeitende bei **Rufbereitschaft** nur verpflichtet, für den Dienstgeber jederzeit erreichbar zu sein, um auf eine entsprechende Nachricht hin die Arbeit aufnehmen zu können. Im Unterschied zum 38

Bereitschaftsdienst muss der Mitarbeitende sich also nicht an einem vom Dienstgeber bestimmten Ort aufhalten, sondern kann seinen **Aufenthaltsort frei wählen,** solange er in der Lage ist, bei Abruf die Arbeit „alsbald" aufzunehmen. Der Zweck der Rufbereitschaft darf also durch die Wahl des Aufenthaltsortes nicht vereitelt werden. Eine schematische Festlegung für das zulässige Höchstmaß der Anfahrtszeit verbietet sich daher. Für zulässig wurde etwa die arbeitgeberseitige Festlegung von maximal 45 Minuten gehalten.[22] Steckt der Dienstgeber dagegen den Radius zu eng ab, liegt statt Rufbereitschaft Bereitschaftsdienst oder gar Arbeitsbereitschaft vor. Der Unterschied ist wesentlich, denn Rufbereitschaft ist **grundsätzlich keine Arbeitszeit.** Dies hat sowohl arbeitszeitrechtliche Konsequenzen, insbesondere für die Einhaltung der Ruhezeit, als auch vergütungsrechtliche Folgen, denn Rufbereitschaftszeiten werden nicht entsprechend der sog. Vollarbeit bezahlt, sondern geringer oder sind ggf. sogar mit abgegolten. Erst wenn der Mitarbeitende seine Freizeit infolge eines Rufs unterbrechen und die Arbeit aufnehmen muss, liegt wiederum (vergütungspflichtige) **Voll-Arbeitszeit** vor.[23] Zu beachten sind **bei der tatsächlichen Inanspruchnahme** die arbeitszeitrechtlichen Grenzen, also auch die Ruhezeiten und die maximale Höchstarbeitszeit.

39 **Definition von Rufbereitschaft nach AVR**

§ 7 Abs. 3 Anlage 5:
Während der Rufbereitschaft hält sich der Mitarbeiter außerhalb der regelmäßigen Arbeitszeit an einem von ihm selbst gewählten Ort auf, an dem seine Erreichbarkeit sichergestellt ist, um bei Abruf kurzfristig die Arbeit aufzunehmen. Als Rufbereitschaft gilt nicht das Wohnen im Bereich der Einrichtung. (§ 7 Abs. 1 Satz 4 Anlage 5: *Eine Rufbereitschaft darf er nur anordnen, wenn innerhalb eines Zeitraumes von sechs Kalendermonaten im Durchschnitt weniger Arbeit als zu einem Achtel der Zeit der Rufbereitschaft anfällt.)*

[22] BAG 22.1.2004 – 6 AZR 543/02.

[23] Vgl. bereits BAG 10.1.1991 – 6 AZR 352/89, NZA 1991, 516.

§ 6 Abs. 8 Anlage 30:
Die Ärztin/der Arzt hat sich auf Anordnung des Dienstgebers außerhalb der regelmäßigen Arbeitszeit an einer dem Dienstgeber anzuzeigenden Stelle aufzuhalten, um auf Abruf die Arbeit aufzunehmen (Rufbereitschaft). Rufbereitschaft wird nicht dadurch ausgeschlossen, dass die Ärztin/der Arzt vom Dienstgeber mit einem Mobiltelefon oder einem vergleichbaren technischen Hilfsmittel zur Gewährleistung der Erreichbarkeit ausgestattet wird. Der Dienstgeber darf Rufbereitschaft nur anordnen, wenn erfahrungsgemäß lediglich in Ausnahmefällen Arbeit anfällt.

§ 4 Abs. 4 Anlagen 31 - 33:
Rufbereitschaft leisten Mitarbeiter, die sich auf Anordnung des Dienstgebers außerhalb der regelmäßigen Arbeitszeit an einer dem Dienstgeber anzuzeigenden Stelle aufhalten, um auf Abruf die Arbeit aufzunehmen. Rufbereitschaft wird nicht dadurch ausgeschlossen, dass Mitarbeiter vom Dienstgeber mit einem Mobiltelefon oder einem vergleichbaren technischen Hilfsmittel ausgestattet sind.

Immer häufiger erscheint in diesem Zusammenhang auch die ohnehin ver- 40
breitete Kontaktaufnahme zu Mitarbeitenden über **Smartphones und E-Mail** regelungsbedürftig. Meist ist es zwar in diesen Fällen nicht notwendig, dass der Mitarbeitende seinen regulären Arbeitsort aufsucht, doch leistet er Arbeit, wenn er antwortet oder gar weitergehende Aufgaben übernimmt. Ähnlich wie bei der Rufbereitschaft bleibt der Mitarbeitende frei in der Entscheidung über seinen Aufenthaltsort und wird auch erst im Fall der Kontaktaufnahme tätig, so dass während der Phase der bloßen Erreichbarkeit keine Arbeitszeit vorliegt. Je nach Art und Umfang dieser Form der Arbeit wird indes über ihre Vergütung zu sprechen sein.

In den Definitionen der **Arbeitsvertragsrichtlinien** der Caritas (AVR) zum Be- 41
reitschaftsdienst und zur Rufbereitschaft ist **zusätzlich eine Hürde** für die Anordnungsbefugnis dieser Dienstformen neben der regelmäßigen Arbeitszeit geregelt. Der Dienstgeber darf beide Formen nicht verwenden, um einen absehbar bzw. von vornherein bestehenden Bedarf an Arbeitskraft zu decken. Er muss vielmehr im Grundsatz davon ausgehen, dass innerhalb der

betroffenen Zeiträume die freie Zeit überwiegt (Bereitschaftsdienst) bzw. eine Arbeitsleistung nur im Ausnahmefall erforderlich ist (Rufbereitschaft). Dagegen soll nach den Anlagen 30 bis 33 die **Aushändigung von Mobiltelefonen oder anderweitigen Hilfsmitteln** nicht dazu führen, dass diese Vorgabe gleich verletzt wird. Dies ist sachgerecht, denn derlei technische Hilfsmittel nutzen letztlich beiden Vertragsparteien und erst ihre konkrete Nutzung ist maßgeblich für die weitere Einordnung im obigen Sinne.

42 Für die Bestimmung der zulässigen **täglichen Arbeitszeit** sind Bereitschaftsdienst und Arbeitsbereitschaft von erheblicher Bedeutung. Nach § 7 Abs. 1 Nr. 4 ArbZG kann die werktägliche Arbeitszeit nämlich über zehn Stunden hinaus verlängert werden, wenn in die Arbeitszeit regelmäßig und in erheblichem Umfang Arbeitsbereitschaft oder Bereitschaftsdienst fällt. Dies kann nach § 7 Abs. 4 ArbZG auch durch die Arbeitsvertragsrichtlinien der Caritas (AVR) bzw. Dienstvereinbarungen geschehen.

b) Schichtarbeit / Wechselschichtarbeit

43 Von Schichtarbeit wird gesprochen, wenn die jeweiligen Dienstpläne ein System von „Dienstschichten" enthalten, also wiederkehrende, typische **Arbeitszeitblöcke,** für die jeweils eine bestimmte Anzahl Mitarbeitende benötigt werden. Ein einzelner Mitarbeitender leistet Schichtarbeit, wenn sich sein Einsatz in diesen Zeitabschnitten immer wieder ändert. Dies kann sich aus der Einteilung an wechselnden Wochentagen und / oder zu wechselnden Zeitblöcken („Frühschicht", „Spätschicht" u. ä.) ergeben.

44 **Definition von Schichtarbeit nach AVR**

§ 2 Abs. 2 Satz 4 Anlage 5:
Schichtarbeit ist die Arbeit nach einem Schichtplan (Dienstplan), der einen regelmäßigen Wechsel der täglichen Arbeitszeit im Zeitabschnitt von längstens einem Monat von einer Schichtart in eine andere (so z. B. von der Frühschicht in die Spätschicht oder gegebenenfalls in die Nachtschicht) vorsieht.

§ 5 Abs. 2 Anlage 30 / § 4 Abs. 2 Anlagen 31 – 33:
Schichtarbeit ist die Arbeit nach einem Schichtplan, der einen regelmäßigen Wechsel des Beginns der täglichen Arbeitszeit um mindestens zwei Stunden in Zeitabschnitten von längstens einem Monat vorsieht, und die innerhalb einer Zeitspanne von mindestens 13 Stunden geleistet wird.

! Checkliste: Schichtarbeit (Anlagen 30 bis 33) 45

- Arbeit in Schichtplan geregelt
- Regelmäßiger Wechsel des täglichen Arbeitszeitbeginns (min. zwei Stunden)
- höchstens für einen Monat vereinbart / Wechsel innerhalb dieses Monats
- Schichtarbeit umfasst eine Zeitspanne von mindestens 13 Stunden (Arbeitsbeginn in der frühesten Schicht bis zum Arbeitsende der spätesten Schicht)

Maßgebend ist jeweils der tatsächliche Einsatz des Mitarbeitenden!

Beispiel:
Schicht 1: 6:00 bis 13:00 Uhr
Schicht 2: 9:00 bis 16:00 Uhr
Schicht 3: 13:00 bis 20:00 Uhr

Bei regelmäßigem Einsatz in den Schichten 1 und 3 im wöchentlichen Wechsel im Rahmen eines Monatsdienstplanes sind sämtliche Anforderungen erfüllt: Die Arbeit ist in einem Schichtplan geregelt; der Arbeitsbeginn des Mitarbeitenden wechselt zwischen 6:00 und 13:00 Uhr (> 2 Stunden). Der Dienstplan umfasst einen Monat; der Wechsel erfolgt jedoch wöchentlich. Die Zeitspanne von 6:00 bis 20:00 Uhr umfasst mehr als 13 Stunden.

Innerhalb der Vorgaben der Arbeitsvertragsrichtlinien der Caritas (AVR) erfolgen auch immer wieder **Feinjustierungen.** So sehen etwa Anpassungen der Anlage 30 nach den Beschlüssen 2/2020 der Bundeskommission der AK vom 18.6.2020 für die Zeit ab 1.1.2021 vor, dass innerhalb von zwei Kalenderwochen nicht mehr als acht über zehn Stunden dauernde Schichten zu leisten sind. 46

47 Die Wechselschichtarbeit zeichnet sich im Unterschied zur „einfachen" Schichtarbeit dadurch aus, dass in der Einrichtung 24 Stunden, also ununterbrochen bei Tag und Nacht, werktags, sonntags und feiertags gearbeitet werden muss und die jeweiligen Mitarbeitenden in einem bestimmten Zeitraum und in bestimmtem Umfang auch zur Nachtschicht eingeteilt werden. Erst diese **besonderen Umstände** führen dann auch zur entsprechenden (Mehr-) Vergütung (► Rn. 180).

48 **Definition von Wechselschichtarbeit nach AVR**

§ 2 Abs. 2 Satz 1 und 2 Anlage 5:
Wechselschichtarbeit ist die Arbeit nach einem Schichtplan (Dienstplan), der einen regelmäßigen Wechsel der täglichen Arbeitszeit in Wechselschichten mit Nachtschichtfolge vorsieht. Wechselschichten sind Arbeitsschichten, in denen ununterbrochen – werktags, sonntags und feiertags – bei Tag und Nacht an allen Kalendertagen gearbeitet wird; eine Unterbrechung der Arbeitsleistung von höchstens 48 Stunden in der Zeit von freitags 12:00 Uhr bis zum folgenden Montag 12:00 Uhr bleibt außer Betracht.

§ 5 Abs. 1 Anlage 30 / § 4 Abs. 1 Anlagen 31 - 33:
Wechselschichtarbeit ist die Arbeit nach einem Schichtplan / Dienstplan, der einen regelmäßigen Wechsel der täglichen Arbeitszeit in Wechselschichten vorsieht, bei denen der Mitarbeiter [die Ärztin / der Arzt] längstens nach Ablauf eines Monats erneut zu mindestens zwei Nachtschichten herangezogen wird. Wechselschichten sind wechselnde Arbeitsschichten, in denen ununterbrochen bei Tag und Nacht, werktags, sonntags und feiertags gearbeitet wird.

49 Das für die Wechselschichtarbeit maßgebliche Merkmal der Nachtarbeit ist ebenfalls in den Arbeitsvertragsrichtlinien der Caritas (AVR) definiert worden.

Definition von Nachtarbeit nach AVR 50

§ 5 Abs. 1 Satz 3 in Verbindung mit Abs. 3 Anlage 30 / § 4 Abs. 1 Satz 3 in Verbindung mit Abs. 3 Anlagen 31 - 33:
Nachtschichten sind Arbeitsschichten, die mindestens zwei Stunden Nachtarbeit umfassen. Nachtarbeit ist die Arbeit zwischen 21 und 6 Uhr.

c) Wochenend- und Feiertagsarbeit

Grundsätzlich haben die Mitarbeitenden einen Anspruch darauf, dass die 51
Sonntage wie auch die (gesetzlichen) Feiertage **arbeitsfrei** sind. Je nachdem, ob eine 5- oder eine 6-Tage-Woche vereinbart ist, erstreckt sich dieser Anspruch noch auf einen weiteren freien Tag in einer Woche, meist den Samstag (vgl. § 3 Abs. 1 Anlage 5 AVR). **Samstage** sind arbeitszeitrechtlich gleichwohl Werktage (vgl. § 3 ArbZG), so dass sich aus Samstagsarbeit regelmäßig keine besonderen Konsequenzen ergeben; ggf. sind Vergütungszuschläge zu zahlen.

Für **Sonn- und Feiertagsarbeit** enthält die Anlage 5 AVR in § 2 weitere Vorga- 52
ben. Danach sollen zwei Sonntage im Monat arbeitsfrei bleiben; bei Sonntagsarbeit ist binnen zweier Wochen ein **Ersatzruhetag** zu gewähren, der nicht auf einen Feiertag fallen darf. De facto soll nach dieser Regelung der Sonntag also „nachgeholt“ werden; er wird im Rahmen der Dienstplanung damit nur verschoben. Für Feiertage, die auf Werktage fallen, ist binnen 13 Wochen ein Freizeitausgleich zu gewähren. Fällt ein Feiertag auf einen Sonntag, „bleibt“ es bei diesem Sonntag. Ansprüche entstehen also nicht etwa „doppelt“.

Die **Anlagen 30 bis 33 AVR** sehen dagegen die **Arbeit an Sonn- und Feiertagen** 53
grundsätzlich vor (vgl. § 3 Abs. 6 Anlage 30, § 2 Abs. 5 Anlagen 31 - 33). Der Ausgleich für Feiertagsarbeit hat binnen dreier Monate zu erfolgen (§ 4 Abs. 1 Anlage 30); bei regelmäßiger Sonn- und Feiertagsarbeit erhalten Ärztinnen und Ärzte innerhalb von zwei Wochen zwei arbeitsfreie Tage (§ 4 Abs. 3 Anlage 30). Zu berücksichtigen ist ferner § 11 ArbZG, wonach **mindestens 15 Sonntage eines Kalenderjahres tatsächlich arbeitsfrei** sein müssen. Diese Vorgabe wird allerdings auch durch urlaubs- oder krankheitsbedingt freie Sonntage

erfüllt; bei tatsächlicher Inanspruchnahme im Rahmen von Bereitschaftsdienst oder Rufbereitschaft war der Sonntag dagegen nicht arbeitsfrei.[24] **In Krankenhäusern und Einrichtungen zur Pflege bzw. Betreuung von Personen** kann die Mindestanzahl freier Sonntage nach § 12 ArbZG **auf zehn reduziert** werden (vgl. § 12 Satz 1 Nr. 1 ArbZG). Die Gewährung von Ersatzruhetagen bei Sonntagsarbeit hat nach § 11 ArbZG binnen zweier Wochen zu erfolgen; nach § 12 Satz 1 Nr. 2 ArbZG kann aber auch ein anderer Zeitraum vereinbart werden.

54 Von besonderer Bedeutung, sprich vom Wunsch nach Dienstfreiheit geprägt, sind auch die sog. **Vorfesttage** am 24.12. (Heiligabend) und 31.12. (Silvester). Insbesondere bei Einrichtungen und Diensten, die Sozialdienstleistungen erbringen, ist die Gewährung von Freizeit an diesen Tagen – anders als etwa für Mitarbeitende in Verwaltungseinheiten – nicht für alle möglich, da die betreuten und versorgten Personen den entsprechenden Assistenzbedarf selbstverständlich auch am Wochenende und an Feiertagen haben. Dies gilt sowohl für ambulante Dienste wie auch für Wohneinrichtungen oder Krankenhäuser; anders sieht es dagegen bei Werkstätten für Menschen mit Behinderungen oder Tagesstätten für Kinder aus, deren Öffnungszeiten meist von Montag bis Freitag liegen. Während in den Anlagen 30 bis 33 AVR (dort § 3 bzw. § 2 Abs. 3) nur Heiligabend und Silvester erfasst sind, nimmt § 3 Abs. 2 Anlage 5 AVR auch Kar- und Pfingstsamstag hinzu. An Heiligabend und Silvester soll möglichst vollständig, also von 00:00 bis 24:00 Uhr, von der Arbeit befreit werden; an Kar- und Pfingstsamstag jeweils ab 12:00 Uhr. Kann die Arbeitsbefreiung aufgrund der besonderen Arbeitsanforderungen der Einrichtung nicht gewährt werden, ist binnen dreier Monate – unter Fortzahlung der Vergütung – **Freizeitausgleich** in dem Umfang zu gewähren, in dem an diesen Tagen tatsächlich gearbeitet wurde (vgl. die Anlagen jeweils am oben angegebenen Ort). Der Gleichbehandlung halber vermindert sich bei denjenigen Mitarbeitenden, die an den betreffenden Werktagen aufgrund der jeweiligen Dienstplanung „planmäßig" ohnehin frei haben, die **Soll-Arbeitszeit** ebenfalls entsprechend (§ 3 Abs. 3 Satz 3 Anlage 30, § 2 Abs. 3 Satz 3 Anlagen 31 – 33).

[24] Baeck / Deutsch / Winzer, ArbZG, 4. Aufl. 2020, § 11 Rn. 7f.

Bei der Fristberechnung wird nach § 187 Abs. 1 BGB der Tag nicht mitgerechnet, an dem sich das die Frist auslösende Moment ereignet. Die Frist beginnt daher nach § 188 Abs. 2 Satz 1 Halbsatz 1 BGB am Folgetag und endet mit Ablauf desjenigen Tages, der durch seine Benennung dem Tag entspricht, an dem sich das auslösende Moment ereignete. 55

Beispiel 56

Die Frist für den Freizeitausgleich für an Heiligabend geleistete Arbeit beginnt am 25.12. und endet am 25.1. des Folgejahres.

d) Geteilte Dienste

Ein besonderes Phänomen sind die sog. geteilten Dienste. Während in aller 57 Regel die tägliche Arbeitszeit – lediglich unterbrochen von den Ruhepausen – „an einem Stück" geleistet wird, entsteht insbesondere bei Einrichtungen und Diensten, die der Betreuung und Pflege dienen, ein **Bedarf an Arbeitskraft zu verschiedenen Zeitspannen eines Tages,** ohne dass diese zusammenhängen.

Beispiel 58

In einer Wohneinrichtung für Menschen mit Behinderungen, die tagsüber ihren Arbeitsplatz, eine Werkstatt, eine Förderstätte oder Bildungsangebote aufsuchen, fällt zunächst in den Morgenstunden bei der Betreuung und Begleitung des Aufstehens, der Morgentoilette, des Frühstücks und der Abfahrt ein Assistenzbedarf an. Während des Tages, in der Regel bis 15:00/16:00 Uhr, verbleiben für die Mitarbeitenden meist „nur" organisatorische Aufgaben, Dokumentation, Kommunikation mit Angehörigen und Behörden u. ä. Der Bedarf an Arbeitskraft besteht daher nicht im gleichen Umfang wie bei Anwesenheit der Betreuten. Kommen diese indes am Nachmittag zurück, erhöht sich der Bedarf wieder entsprechend bis zur Schlafenszeit. In der Nacht wird dann meist mit Bereitschaftsdiensten oder Rufbereitschaft operiert. Der Dienstgeber hat in solchen Konstellationen ggf. ein Interesse daran, dieselben Mitarbeitenden im Laufe eines Tages wiederholt einzusetzen. Arbeitet ein Mitarbeitender deshalb in zwei voneinander getrennten Zeitabschnitten an einem Werktag, spricht man von einem geteilten Dienst.

59 Gesetzliche Regelungen finden sich zu solch einer Arbeitszeitgestaltung nicht; das **ArbZG verbietet geteilte Dienste** jedoch auch **nicht.** Es ist vielmehr mit seinen Regelungen auch auf geteilte Dienste anzuwenden. Nach der Rechtsprechung handelt es sich bei einer solchen Dienstgestaltung unabhängig von der über eine Ruhepause hinausgehenden Unterbrechung dennoch um **„eine" werktägliche Arbeitszeit;** diese wird nur einmal begonnen und im zweiten Zeitabschnitt schlicht fortgesetzt. Deshalb handelt es sich auch nicht allein wegen einer solchen Unterteilung um Schichtdienst (► Rn. 43 ff.), wenn dessen übrige Merkmale nicht vorliegen.[25] Die Anordnung geteilter Dienste ist vom **Direktionsrecht** (► Rn. 70 ff.) des Dienstgebers gedeckt, denn es handelt sich um eine Weisung zur Lage der Arbeitszeit.[26] Es bedarf deshalb auch keiner ausdrücklichen vertraglichen Regelung mit dem Mitarbeitenden.[27] Auch der Umstand, dass geteilte Dienste nicht als Sonderform der Arbeit in den Arbeitsvertragsrichtlinien der Caritas (AVR) geregelt sind, steht dem nicht entgegen.[28] In Anlage 1 Abschnitt VII lit. c treffen die AVR jedoch eine gesonderte Vergütungsregelung, nämlich eine **Zulage für geteilte Dienste,** womit auch das mit ihnen verbundene, besondere Erschwernis ausgeglichen wird. Ohne weitergehende gesonderte Regelung besteht jedoch kein Anspruch auf eine zusätzliche Vergütung für die „doppelten" Wegekosten der Mitarbeitenden.[29]

60 Geteilte Dienste können daher **grundsätzlich auch im Anwendungsbereich der Anlagen 30 bis 33** angeordnet werden. Dass die Vergütungsregelung der

[25] BAG 12.12.2012 – 10 AZR 354/11, NJOZ 2013, 707.

[26] LAG Hamm 17.5.2013 – 18 Sa 219/13, BeckRS 2013, 198647, Rn. 20 ff.

[27] LAG Köln 14.12.2011 – 9 Sa 798/11, öAT 2012, 92.

[28] So ausdrücklich: LAG Hamm 17.5.2013 – 18 Sa 219/13, BeckRS 2013, 198647, Rn. 24.

[29] LAG Niedersachsen 9.9.2011 – 12 Sa 175/11, BeckRS 2011, 78363.

Anlage 1 Abschnitt VII keine Anwendung findet (§ 1 Abs. 2 Anlagen 30 bis 33), steht dem nicht entgegen.[30] Mit dieser Regelung haben die Arbeitsvertragsrichtlinien der Caritas (AVR) schließlich nicht das Direktionsrecht des Dienstgebers eingeschränkt, sondern das Verhältnis der spezifischen Regelungen der Anlagen 30 bis 33 zur Anlage 1 geregelt. Einer gesonderten Ermächtigung bedarf der Dienstgeber nicht. Ein Verbot geteilter Dienste enthalten auch die Anlagen 30 bis 33 nicht. Arbeitszeitrechtlich sind sie ohnehin nicht ausgeschlossen, soweit sie nicht gegen anderweitige Vorgaben des ArbZG verstoßen.[31] Sollte der Dienstgeber nicht nur im Einzelfall, sondern grundsätzlich geteilte Dienste als Instrument der Dienstplangestaltung nutzen wollen, ist jedoch an die Mitbestimmungsrechte (► Rn. 140 ff.) der MAV nach § 36 MAVO zu denken. Praktisch sind geteilte Dienste daher häufig auch Gegenstand von Dienstvereinbarungen.

e) Kurzarbeit

In für den Dienstgeber existenziell bedrohlichen Konstellationen kann auf das 61
Instrument der sog. Kurzarbeit zurückgegriffen werden. Entsteht ein **„erheblicher Arbeitsausfall“** (§ 96 SGB III), dann kann der Dienstgeber Kurzarbeit anordnen. Dies setzt voraus, dass hierfür zwischen Dienstgeber und Mitarbeitenden eine Rechtsgrundlage besteht. Diese kann sich bereits aus dem Arbeits- bzw. Dienstvertrag selbst ergeben oder durch Dienstvereinbarung zwischen Dienstgeber und Mitarbeitervertretung (MAV) geschaffen werden. § 5 der Anlage 5 AVR, der auch auf Mitarbeitende, die in den Anwendungsbereich der Anlagen 30 bis 33 fallen, anwendbar ist (vgl. jeweils deren § 1 Abs. 2 Satz 2), sieht eine solche für den Fall vor, dass ein „vorübergehender unvermeidbarer Arbeitsfall“ aufgrund „wirtschaftlicher Ursachen“ oder „eines unabwendbaren Ereignisses“ eintritt. Dieser Arbeitsausfall muss dazu führen, dass mindestens ein Drittel der in der betroffenen Einrichtung Beschäftigten (ohne Auszubildende) einen mit der verkürzten Arbeitszeit einhergehenden Vergütungsverlust von mindestens 10 % erleiden. Denkbar ist eine

[30] So aber Zwosta / Schiering / Jacobowsky, Arbeitszeit – Arbeitszeitorganisation – Dienstplangestaltung, 2013, Rn. 264 f.; krit. auch Die AVR von A bis Z, Stand Mai 2020, Modul A 7.2, Ziffer 2.11.

[31] Vgl. nochmals LAG Hamm 17.5.2013 – 18 Sa 219/13, BeckRS 2013, 198647.

Reduzierung der Arbeitszeit auf Null und damit ein Vergütungsverlust von 100 %. Die in der Arbeitslosenversicherung versicherten Mitarbeitenden haben in dieser Konstellation einen Anspruch auf sog. **Kurzarbeitergeld** nach §§ 95 ff. SGB III in Höhe von 60 % der Netto-Entgeltdifferenz (mit Kindern in Höhe von 67 %); die persönlichen Anspruchsvoraussetzungen ergeben sich aus § 98 SGB III. Der Dienstgeber kann diesen Betrag seinerseits aufstocken.

62 **Beispiel**

Entgelt ohne Arbeitsausfall:	€ 1.000,00
Entgelt bei Reduzierung des Arbeitsumfangs um 30 %	€ 700,00
Kurzarbeitergeld in Höhe von 60 % der Differenz von € 300,00	€ 180,00
oder	
Kurzarbeitergeld in Höhe von 67 % der Differenz von € 300,00	€ 201,00

Addiert man reduziertes Entgelt (€ 700,00) und Kurzarbeitergeld (€ 180,00 bzw. € 201,00), ergibt sich danach ein tatsächlicher Einkommensverlust in Höhe von € 120,00 bzw. € 99,00.

63 Mit dieser Versicherungsleistung sollen im Ergebnis die **betroffenen Arbeitsplätze erhalten** werden. Die Dienstverhältnisse mit den betroffenen Mitarbeitenden dürfen daher während des Kurzarbeitergeldbezugs vom Dienstgeber nicht betriebsbedingt gekündigt oder einvernehmlich beendet werden. Der Dienstgeber hat den Arbeitsausfall **bei der zuständigen Agentur für Arbeit** nach § 99 SGB III **anzuzeigen.**

64 Im Zuge der **COVID-19 Pandemie** wurden die Bedingungen für die Kurzarbeit befristet verbessert.[32] Danach müssen insbesondere nur noch 10 % der Beschäftigten von dem o. g. Vergütungsausfall betroffen sein. Auch auf den vorrangigen Einsatz negativer Arbeitszeitsalden kann verzichtet werden. Durch die Erstattung der Sozialversicherungsbeiträge durch die Agentur für Arbeit

[32] Gesetz zur befristeten krisenbedingten Verbesserung der Regelungen für das Kurzarbeitergeld vom 13.3.2020, BGBl. I 2020 Nr. 12, S. 493.

wurden die Dienstgeber zusätzlich entlastet (§ 109 Abs. 5 Nr. 3 SGB III).[33] Zuletzt wurden eine ebenfalls befristete Verlängerung der maximalen Bezugsdauer von zwölf Monaten (§ 104 Abs. 1 SGB III) auf bis zu 24 Monate und eine gestaffelte Erhöhung des Kurzarbeitergeldes ab dem vierten Bezugsmonat auf 70 % bzw. 77 % und ab dem siebten Bezugsmonat auf 80 % bzw. 87 % auf den Weg gebracht.[34]

In § 36 MAVO wurde das **Mitbestimmungsrecht der Mitarbeitervertretung (MAV)** auf die Einführung von Kurzarbeit durch eine explizite Ergänzung (§ 36 Abs. 1 Nr. 14 MAVO) erstreckt. Die Rechtsgrundlage für eine Dienstvereinbarung zwischen Dienstgeber und MAV wurde – befristet bis zum 31.3.2022, teilweise bis 2021 – durch Ergänzung des § 38 Abs. 1 Nr. 16 MAVO geschaffen (► Rn. 150). 65

4. Grundlage für die Dienstplanung

Die vertraglich zwischen Dienstgeber und Mitarbeitenden vereinbarte Arbeitszeit stellt die Grundlage für die weiteren Entscheidungen des Dienstgebers in der Organisation seiner Einrichtungen und Dienste dar. Im Rahmen der arbeitszeitrechtlichen Vorgaben und der Konkretisierungen durch die Arbeitsvertragsrichtlinien der Caritas (AVR) erstreckt sich das Leistungsversprechen der Mitarbeitenden jedoch nicht nur auf die regelmäßige wöchentliche Arbeitszeit, sondern umfasst eine Verpflichtung zur Leistung von Überstunden, Wochenend- und Feiertagsarbeit, Schichtdienst und besondere Dienstformen wie den Bereitschaftsdienst oder die Rufbereitschaft. Die zwischen den Vertragsparteien so definierten **Einsatzmöglichkeiten** sind also **vielfältig** und eröffnen grundsätzlich ein großes Maß an Flexibilität für den Dienstgeber. 66

[33] Vgl. aus dem schon zahlreichen Schrifttum Bertz, Kurzarbeit in Zeiten der Corona-Krise, NJW-Spezial 2020, 242; Zieglmeier, Corona-Schutzschirm: Kurzarbeit und Kurzarbeitergeld, DStR 2020, 729.

[34] Gesetz zu sozialen Maßnahmen zur Bekämpfung der Corona-Pandemie vom 20.5.2020, BGBl. I 2020 Nr. 24, S. 1055; Zweite Kurzarbeitergeldbezugsverordnung vom 12.10.2020, BGBl. I 2020 Nr. 46, S. 2165.

67 Die Vorgaben des Arbeitszeitrechts, der Arbeitsvertragsrichtlinien der Caritas (AVR) und nicht zuletzt die Mitbestimmungsrechte der Mitarbeitervertretung (MAV) lassen die konkrete Gestaltung der betrieblichen Wirklichkeit indes häufig zu einem komplexen Unterfangen werden. Dies gilt vor allem aufgrund des gerade in den personalintensiven Bereichen häufig auftretenden akuten Änderungsbedarfs, etwa infolge krankheitsbedingter Ausfälle, bei Beschäftigungsverboten, Kündigungen und nicht zuletzt auch wegen des bestehenden Fachkräftemangels.

68 Dass deshalb auch **Konflikte** zwischen Dienstgeber und Mitarbeitenden entstehen, überrascht nicht. Der dienstgeberseitige Versuch, die rechtlichen Möglichkeiten auszureizen, begegnet dabei dem ebenso legitimen Versuch von Mitarbeitervertretung und Mitarbeitenden, Rechte und Ansprüche möglichst umfassend wahrzunehmen und durchzusetzen. Das **Wechselspiel** zwischen den Einsatzrechten des Dienstgebers und den davon abhängenden Vergütungsansprüchen der Mitarbeitenden führt insoweit zu mancher Dynamik. Die Dienstplanung erweist sich dabei sowohl von ihrem Verfahren wie auch in der Sache häufig als **Ausgleich dieser beiderseits berechtigten Interessen.**

II. Einteilung zur Arbeit durch den Dienstgeber

69 Die Entscheidung des Dienstgebers, ein Dienst- bzw. Arbeitsverhältnis zu begründen, beruht auf seiner Einschätzung über seinen Bedarf an Arbeitskraft. Dieser Einschätzung liegt regelmäßig die Absicht zugrunde, die betreffende Person auf einem bestimmten Arbeitsplatz einzusetzen und sie mit den dafür vorgesehenen Aufgaben zu betrauen. Dem Dienstgeber kommen hier weitreichende Entscheidungsbefugnisse im Rahmen des sog. **Direktionsrechts** zu (► Rn. 70 ff.). Diese Entscheidungen fußen auf einer übergreifenden **Dienstplanung,** die wiederum eine Berechnung des gesamten Personalbedarfs voraussetzt und in Dienstpläne mündet, die auch den Ansprüchen der Mitarbeitenden auf Pausen, Ruhezeiten, Urlaub und Freizeitausgleich genügen müssen (► Rn. 78 ff.). Mit all diesen Entscheidungen des Dienstgebers sind zentrale und für die Mitarbeitenden wesentliche Umstände berührt, die sich mit der Festlegung der Arbeitszeiten auch unmittelbar auf das Privatleben auswirken. Die auf dieser Grundlage erstellten Soll-Planungen des Dienstgebers in Zusammenarbeit mit der Mitarbeitervertretung (► Rn. 140 ff.) bedürfen schließlich der täglichen Überprüfung, erfahren kurzfristige Änderungen und nicht selten muss Ersatz für abwesende Mitarbeitende gefunden werden. Der tatsächliche **Ist-Einsatz** der Mitarbeitenden weicht von den vorangegangenen Planungen insofern regelmäßig ab (► Rn. 117 ff.).

1. Direktionsrecht

70 Das Direktionsrecht des Dienstgebers ist seit 2003 in § 106 der Gewerbeordnung (GewO) normiert:

71 **§ 106 GewO Weisungsrecht des Arbeitgebers**

Der Arbeitgeber kann Inhalt, Ort und Zeit der Arbeitsleistung nach billigem Ermessen näher bestimmen, soweit diese Arbeitsbedingungen nicht durch den Arbeitsvertrag, Bestimmungen einer Betriebsvereinbarung, eines anwendbaren Tarifvertrages oder gesetzliche Vorschriften festgelegt sind. Dies gilt auch hinsichtlich der Ordnung und des Verhaltens der Arbeitnehmer im Betrieb. Bei der Ausübung des Ermessens hat der Arbeitgeber auch auf Behinderungen des Arbeitnehmers Rücksicht zu nehmen.

72 Unbeschadet dieser gesetzlichen Grundlage ergibt sich das Direktionsrecht aber auch aus dem Dienst- bzw. Arbeitsvertrag selbst. Auch in einer Dienstgemeinschaft gilt: Die Mitarbeitenden haben den Weisungen des Dienstgebers Folge zu leisten – soweit sich der Dienstgeber mit seinen Weisungen innerhalb des für ihn geltenden rechtlichen Rahmens bewegt. Verweigert sich der Mitarbeitende, führt dies zu arbeitsrechtlichen Konsequenzen bis hin zur außerordentlichen Kündigung. Dieses **Recht zur Weisung** erstreckt sich nach § 106 GewO auf Inhalt, Ort und Zeit der Arbeitsleistung, also die wesentlichen Umstände, unter denen die versprochene Leistung der Mitarbeitenden zu erbringen ist. Der Dienstgeber ist auch berechtigt, solcherlei Weisungen zu ändern oder zurückzunehmen. Hierbei gilt die **Grenze des sog. billigen Ermessens.** Überschreitet der Dienstgeber diese Grenze, muss der Mitarbeitende entsprechenden Weisungen nicht Folge leisten.

73 **Billiges Ermessen**

Das „billige Ermessen" ist ein unbestimmter Rechtsbegriff. Seine Ausübung verlangt, die wechselseitigen Interessen nach verfassungsrechtlichen und gesetzlichen Wertentscheidungen, den allgemeinen Wertungsgrundsätzen der Verhältnismäßigkeit und Angemessenheit sowie der Verkehrssitte und Zumutbarkeit zu bewerten. In die Abwägung sind alle Umstände des Einzelfalls einzubeziehen. Die Ausübung des billigen Ermessens durch den Dienstgeber kann durch die Gerichte daraufhin überprüft werden, ob diese Grenzen des Weisungsrechts eingehalten wurden.

(vgl. BAG 18.10.2017 – 10 AZR 330/16, Rz. 45)

Für die Bestimmung der **Arbeitszeit** bestehen dabei eine Reihe von Besonderheiten. Soweit keine abschließende Regelung im Dienst- bzw. Arbeitsvertrag vereinbart wurde, z. B. eine Festlegung, wonach der Mitarbeitende an vier Tagen in der Woche zu je 6 Stunden einzusetzen ist, kann der Dienstgeber grundsätzlich auch über die Verteilung des vereinbarten Arbeitsumfangs, z. B. 39 Stunden / Woche, entscheiden. Zu beachten sind jedoch gesetzliche Vorgaben oder auch Regelungen einer Dienstvereinbarung. So muss die Einteilung zur Arbeit den Anforderungen des Arbeitszeitgesetzes (ArbZG) bzgl. der Pausen und der Ruhezeiten entsprechen. Besondere Regelungen der Arbeitsvertragsrichtlinien der Caritas (AVR), z. B. für Schicht- und Wechselschichtarbeit, sind einzuhalten. Wurden Beginn und Ende der täglichen Arbeitszeit oder ihre Verteilung auf einzelne Wochentage in einer **Dienstvereinbarung** nach § 38 Abs. 1 Nr. 2 MAVO geregelt, ist der Dienstgeber auch hieran gebunden. 74

Die alleinige Bestimmung des Dienstgebers ist demnach im Hinblick auf die Arbeitszeit durchaus eingeschränkt. Die Rechtsprechung räumt dem Dienstgeber dennoch einen weiten **Spielraum** ein. So besteht weder ein Anspruch darauf, z. B. an Sonn- und Feiertagen regelmäßig eingesetzt zu werden, noch kann ein Ausschluss von Sonn- und Feiertagsarbeit damit begründet werden, dass ein Mitarbeitender auch über Jahre hinweg nie an solchen Tagen zur Arbeitsleistung herangezogen wurde. Etwas anderes gilt nur, wenn die Vertragsparteien hierzu eine entsprechende Vereinbarung geschlossen haben.[1] Entsprechendes greift etwa auch für die Frage von Nachtarbeit (► Rn. 50). In gewisser Weise umgekehrt gilt aber auch: Der tatsächliche Umfang der Arbeitszeit führt nicht zu einer Änderung des vertraglich Vereinbarten.[2] Weder der Dienstgeber noch die Mitarbeitenden erwerben also durch die gelebte Praxis einen Anspruch auf ein bestimmtes Maß an Überstunden oder Mehrarbeit (► Rn. 21 ff.). 75

Die bei der Ausübung billigen Ermessens **zu beachtenden persönlichen Umstände der Mitarbeitenden** sind dennoch vielfältig. Ggf. muss der Dienstgeber angesichts bestehender betrieblicher Notwendigkeiten für einen bestimmten Arbeitseinsatz eine soziale Auswahlentscheidung treffen.[3] 76

1 BAG 15.9.2009 – 9 AZR 757/08; krit. hierzu Preis / Ulber, NZA 2010, 394.

2 ErfK / Preis, 20. Aufl. 2020, § 106 GewO Rn. 32.

3 BAG 23.9.2004 – 6 AZR 567/03.

77 **Beispiele**

- Betreuungsnotwendigkeiten für die eigenen Kinder (BAG 23.9.2004 – 6 AZR 567/03)
- Verzicht auf Nachtarbeit aus gesundheitlichen Gründen (BAG 9.4.2014 – 10 AZR 637/13)
- Ausschluss bestimmter Arbeitszeiten aufgrund religiöser Gründe (ArbG Kassel 7.3.2011 – 9 Ca 379/10)

2. Dienstplanung

78 Ausgehend von der **konkreten Berechnung des jeweiligen Personalbedarfs** für die Tage eines Dienstplanzeitraumes ist der sog. Soll-Dienstplan zu erstellen. Dieser enthält die Einteilung der erforderlichen Mitarbeitenden für die zu besetzenden Dienstzeiten unter Berücksichtigung der notwendigen Ruhepausen und Ruhezeiten. Ggf. ist im Rahmen dieser Dienstplanung zusätzlich Freizeitausgleich aufgrund vorhergehender Arbeitsleistung zu berücksichtigen. Daneben hat eine Urlaubs- und Fortbildungsplanung zu erfolgen.

a) Personalbedarfsberechnung

79 Die Personalbedarfsberechnung muss **qualitativ und quantitativ** erfolgen. Maßgebend ist nicht nur eine schlichte Anzahl an Köpfen, sondern festzustellen ist zunächst, welche Qualifikationen die Mitarbeitenden aufzuweisen haben und wie viele der entsprechend Qualifizierten benötigt werden. Ausgangspunkt für diese Feststellungen muss das jeweilige Leistungsangebot der Einrichtung bzw. des Dienstes sein. Existiert bereits ein festgelegtes Schichtsystem, fallen beide Ermittlungsschritte leichter. Zu unterscheiden ist dann noch zwischen dem Brutto- und dem Netto-Personalbedarf. Maßgeblich für die Dienstplanung sind die konkret „netto“ zur Verfügung stehenden Arbeitsstunden der Mitarbeitenden. Diese liegen zum Teil deutlich unterhalb

der „brutto" vereinbarten regelmäßigen Wochenarbeitszeit. Der erforderliche Personalbedarf ist deshalb größer, als er sich durch einfache Addition des insgesamt vereinbarten regelmäßigen Wochenarbeitszeitumfangs mit den Mitarbeitenden ergäbe.

Die **Qualifikationsanforderungen an das Personal** ergeben sich vorzugsweise aus ordnungs- und sozialrechtlichen Vorschriften bzw. Vereinbarungen. Zum Teil fehlt es jedoch auch an konkreten Vorgaben. 80

Beispiel 81

Versorgungsvertrag nach § 111 Sozialgesetzbuch (SGB) V

§ 2 Gegenstand
Die Einrichtung erbringt für die Versicherten der gesetzlichen Krankenversicherung stationäre geriatrische Rehabilitationsleistungen (Indikationsgruppe 19) gemäß § 40 Abs. 2 SGB V.

Wenn keine verbindlichen Vereinbarungen über das einzusetzende Personal existieren, etwa nach Maßgabe sog. Personalschlüssel, die im Verhältnis der Anzahl der Betten / Patienten eine bestimmte **Anzahl Mitarbeitende einer bestimmten Personalgruppe** vorsehen, muss der Dienstgeber entscheiden, welches und wieviel Personal er für eine so vereinbarte Leistung benötigt. Gerade im Bereich der Rehabilitation ist dies häufig der Fall. Dort finden sich oft nur Empfehlungen von Fachverbänden oder Arbeitsgemeinschaften, die indes nur eine Orientierung bieten und einrichtungsindividuell umgesetzt werden. 82

Beispiel 83

Festlegung der notwendigen Personalgruppen (Qualifikationen)

- Ärztlicher Dienst
- Psychologen
- Sozialdienst
- Pflegerischer Dienst

- Therapeutischer Dienst (Logopädie, Ergotherapie, Physiotherapie, Massage)
- Medizinische Diagnostik
- Verwaltungsdienst
- Schreibkräfte
- Wirtschafts- und Versorgungsdienst
- Technischer Dienst
- Hauswirtschaftlicher Dienst

84 In anderen Leistungsbereichen finden sich dagegen deutlich konkretere Vorgaben. **Ordnungsrechtlich** werden etwa für den Betrieb einer stationären Einrichtung, also z. B. einem Pflegeheim im Sinn des Sozialgesetzbuch (SGB) XI, konkrete Regelungen getroffen.

85 **Beispiel**

Verordnung zur Ausführung des Bayerischen Pflege- und Wohnqualitätsgesetzes (AVPfleWoqG)

§ 15 Betreuende Tätigkeiten

(1) Betreuende Tätigkeiten dürfen nur durch Fachkräfte oder unter angemessener Beteiligung von Fachkräften wahrgenommen werden. Hierbei muss mindestens eine betreuend tätige Person, bei mehr als 20 nicht pflegebedürftigen Bewohnerinnen und Bewohnern oder bei mehr als vier pflegebedürftigen Bewohnerinnen und Bewohnern [...] mindestens jede zweite weitere betreuend tätige Person eine Fachkraft [...] sein. In der Nacht muss ausreichend Personal, mindestens aber eine Fachkraft ständig anwesend sein, um [...]

(3) In stationären Einrichtungen der Pflege und für ältere Menschen müssen gerontopsychiatrisch qualifizierte Fachkräfte [...] entsprechend dem Verhältnis von je einer Fachkraft pro 30 Bewohnerinnen und Bewohnern, in gerontopsychiatrischen Einrichtungen oder Wohnbereichen entsprechend dem Verhältnis von je einer Fachkraft pro 20 Bewohnerinnen und Bewohnern, eingesetzt werden.

In weitergehenden Verwaltungsvorschriften werden die **Anforderungen an Ausbildung und Qualifikationsstand** der jeweiligen Fachkräfte konkret definiert. 86

Auch in sozialrechtlichen Leistungsvereinbarungen, z. B. für Angebote in der Eingliederungshilfe für Menschen mit Behinderungen, finden sich konkrete Regeln. So werden dort regelmäßig **Personalschlüssel** vereinbart. 87

Beispiel 88

Leistungsvereinbarung nach § 125 Sozialgesetzbuch (SGB) IX (früher § 75 ff. SGB XII)

1. Leitung / Verwaltung	1:60
2. Gruppenübergreifende Dienste	1:48
3. Betreuung / Pflege	1:2,5
4. Wirtschafts- und Versorgungsdienst	1:8
5. Technischer Dienst	1:8

Auf diese Weise lässt sich mit Blick auf die Platzzahl der Einrichtung jeweils die maximal notwendige Personalmenge bestimmen. Je nach Auslastung muss der Dienstgeber dann tatsächlich entsprechend weniger vorhalten, um den so definierten Qualitätsstandard einzuhalten. Häufig finden sich in den Leistungsvereinbarungen auch konkrete Angaben zu den Studien- und Ausbildungsgängen, deren Absolventen als **Fachkräfte** anerkannt werden, während andere nur als sog. **Hilfskräfte** eingesetzt werden dürfen. So sind etwa Sozialpädagogen und Erzieherinnen Fachkräfte, während ein Heilerziehungspflegehelfer eine Hilfskraft wäre. 89

Der konkrete Bedarf an Mitarbeitenden einer bestimmten Berufs- bzw. Personalgruppe lässt sich auch auf einer **Zeitschiene,** im Grunde einen Dienstplan vorwegnehmend, berechnen, etwa wenn man die ordnungsrechtliche Vorgabe zugrunde legt, wonach immer eine Fachkraft im Dienst sein muss, wenn die Bewohner einer Wohneinrichtung für Menschen mit Behinderungen anwesend sind. 90

91 **Beispiel**

Personalmengenberechnung auf der Zeitschiene (Regelwoche)

Anwesenheitszeiten der Bewohner	
Montag 00:00 bis 7:00 Uhr sowie 16:00 bis 00:00 Uhr	= 15 Std.
Dienstag 00:00 bis 7:00 Uhr sowie 16:00 bis 00:00 Uhr	= 15 Std.
Mittwoch 00:00 bis 7:00 Uhr sowie 16:00 bis 00:00 Uhr	= 15 Std.
Donnerstag 00:00 bis 7:00 Uhr sowie 16:00 bis 00:00 Uhr	= 15 Std.
Freitag 00:00 bis 7:00 Uhr sowie 13:00 bis 00:00 Uhr	= 18 Std.
Samstag ganztägig	= 24 Std.
Sonntag ganztägig	= 24 Std.
Zu Erfüllung der ordnungsrechtlichen Vorgabe sind danach erforderlich:	126 Std.

92 Die Komplexität der Personalmengenberechnung wird deutlich, wenn man nun noch die Feiertage, die auf Werktage fallen, Schließzeiten derjenigen Einrichtungen, die die Bewohner werktags tagsüber aufsuchen, oder auch Krankheitstage der Bewohner, die ggf. eine 24-Stunden-Betreuung in der Wohneinrichtung erforderlich machen, hinzunimmt. Eine **völlig exakte Personalmengenberechnung** ist dann **nicht möglich.** Der Dienstgeber ist also gezwungen, Reserven einzuplanen, muss also mehr Mitarbeitende vorhalten, um im Eventualfall entsprechend Personal zur Verfügung zu haben. Diese Umstände sind am Ende auch für die Vergütungsverhandlungen des Dienstgebers mit den Sozialleistungsträgern maßgebend.

93 Hat der Dienstgeber die Personalmenge bestimmt, muss er, um die Anzahl der notwendigen Mitarbeitenden (Vollzeitkräfte) feststellen zu können, schließlich die **effektive Jahresarbeitszeit** ermitteln, also diejenigen Stunden, für die ein Mitarbeitender nicht nur vergütet wird, sondern auch tatsächlich für den Einsatz (netto) in der Einrichtung zur Verfügung steht.

Beispiel 94

Berechnung effektive (Netto-)Jahresarbeitszeit je Vollzeitkraft

Ausgangspunkt: Werktage des Kalenderjahres		z. B. 251

Besteht in der Einrichtung ein Anspruch auf 30 Tage Urlaub und 5 Fortbildungstage im Kalenderjahr, sind bereits 35 Tage abzuziehen. Hinzu kommen kalkulatorische Annahmen des Dienstgebers, die auf seinen Erfahrungswerten beruhen. So kommen regelmäßig Abwesenheiten wegen Zusatzurlaub von schwerbehinderten Mitarbeitenden, Sonderurlaub und Wiedereingliederungszeiten hinzu. Diese individuellen Ansprüche einzelner Mitarbeitender lassen sich durchschnittlich auf alle Mitarbeitenden umrechnen. Entsprechendes gilt für die durchschnittlichen krankheitsbedingten Fehltage. Schließlich sind kalkulatorisch auch die Zeiten für die Einarbeitung neuer Mitarbeitender, Aufgaben z. B. als Beauftragter für Arbeitsschutz und die Zeiten für die Mitbestimmung nach der MAVO anzusetzen, denn die betreffenden Mitarbeitenden stehen nicht oder nicht in vollem Umfang für die eigentlich zu erbringenden Dienstleistungen zur Verfügung. Fällt Bereitschaftsdienst oder Rufbereitschaft an, stehen die entsprechenden eingesetzten Mitarbeitenden für weniger „aktive" Stunden zur Verfügung. Insbesondere bei ambulanten Diensten kommt weiterer Zeitaufwand hinzu, den Mitarbeitende etwa mit Koordination oder auch Wegezeiten verbringen, die je nach Vergütungsvereinbarung mit dem Leistungsträger ggf. nicht oder nur zu geringeren Sätzen abzurechnen sind.

Insoweit sind z. B. abzuziehen	Urlaub	- 30
	Fortbildung	- 5
	Zusatzurlaub	- 0,23
	Sonderurlaub	- 2,75
	Wiedereingliederung	- 0,5
	Krankheitstage	- 18
	Mitbestimmung	- 3,5
	Beauftragte	- 0,4
	Einarbeitung	- 4
		= 186,62

Multipliziert man allein die so errechneten effektiven 186,62 Arbeitstage einer durchschnittlichen Vollzeitkraft mit 7,8 Stunden pro Tag (= 39 Stundenwoche), dann ergibt sich in diesem Beispiel eine effektive Jahresarbeitszeit von 1.456 Stunden im Kalenderjahr.

b) Soll-Dienstplan

95 Steht nach der so ermittelten effektiv zur Verfügung stehenden Personalmenge fest, über wie viele Mitarbeitende der Dienstgeber für die jeweiligen Leistungsangebote verfügt bzw. verfügen muss, ist nach den ggf. bestehenden ordnungs- oder sozialrechtlichen Vorgaben die konkrete **Soll-Dienstplanung** vorzunehmen.

96 **Beispiel**

Soll-Dienstplanung einer Wohngruppe (39-Stunden-Woche)

Mitarbeitende	Mo	Di	Mi	Do	Fr	Sa	So
Fachkraft 1	F 1	F 1	F 1	-	F 3	F 1	-
Fachkraft 2	-	S 1 NR	S 1 NR	S 1 NR	S 1 NR	-	F 3
Fachkraft 3	S 1 NR	F 2	-	F 1	-	S 1 NR	S 1 NR
Hilfskraft 1	F 1	F 1	F 1	F 1	F 3	-	-
Hilfskraft 2	S 1	-	S 1	S 1	-	S 3	S 3
Hilfskraft 3	S 2	S 2	S 2	-	S 3	F 1	F 1

F1 – Frühschicht 1: 6:00 - 14:30 (= 8 Stunden zzgl. 30 Minuten Ruhepause)
F2 – Frühschicht 2: 9:00 - 15:00 (= 6 Stunden ohne Pause)
F3 – Frühschicht 3: 6:00 - 13:30 (= 7 Stunden zzgl. 30 Minuten Ruhepause)
S1 – Spätschicht 1: 13:30 - 22:00 (= 8 Stunden zzgl. 30 Minuten Ruhepause)
S2 – Spätschicht 2: 16:00 - 22:00 (= 6 Stunden ohne Pause)
S3 – Spätschicht 3: 18:00 - 24:00 (= 6 Stunden ohne Pause)
NR – Nacht-Rufbereitschaft: 22:00 - 6:00 Uhr (= 8 Stunden)

Jede Dienstplanung dieser Art ist vom Dienstgeber daraufhin **zu überprüfen,** ob die jeweils zwingenden Vorgaben eingehalten werden. So sind schon die Schichtlängen systematisch auf das jeweilige Leistungsangebot, etwa die An- und Abwesenheiten der Betreuten oder erfahrungsgemäß höheren Betreuungsbedarf zu bestimmten Zeiten, etwa am Wochenende, abzustimmen. Gilt etwa für die Wohngruppe im obigen Beispiel, dass jederzeit eine Fachkraft im Dienst sein muss, wäre die Besetzung einzelner Schichten nur mit einer Hilfskraft unzulässig. Ist in der Nacht ein Bereitschaftsdienst aufgrund des Hilfebedarfs der Bewohner erforderlich, wäre die hier geplante Rufbereitschaft unzureichend. Mit Blick auf die zur Verfügung stehende Arbeitszeit einer Vollzeitkraft und die arbeitszeitrechtlichen Vorgaben, wäre für einen Bereitschaftsdienst mindestens eine weitere Fachkraft erforderlich. Beinahe selbstverständlich führen Schichtsysteme, wie im Beispiel, dazu, dass die regelmäßige Wochenarbeitszeit nicht exakt verplant wird, sondern die Mitarbeitenden einige Stunden zu wenig oder zu viel arbeiten (die Hilfskraft 3 ist im Beispiel etwa zu 40 Arbeitsstunden eingeteilt). 97

c) Ruhepausen

Eines der häufigeren Probleme – insbesondere auch bei der Kontrolle durch Aufsichtsbehörden – ist die Einhaltung der **gesetzlichen Vorgaben** für die Ruhepausen. § 4 ArbZG trifft hier präzise Vorgaben. Danach ist bei einer Arbeitszeit von mehr als sechs Stunden eine Pause von mindestens 30 Minuten einzuplanen; geht die Arbeitszeit über neun Stunden hinaus, beläuft sich die notwendige Pause auf 45 Minuten.[4] Die jeweiligen Pausen können zu je 15 Minuten gewährt werden. Von diesen Vorgaben kann **durch die Arbeitsvertragsrichtlinien der Caritas (AVR) oder durch Dienstvereinbarung abgewichen** werden (§ 7 Abs. 1 Nr. 2, Abs. 2 Nr. 4, Abs. 4 ArbZG). Die AVR haben davon wie folgt Gebrauch gemacht: 98

4 Vgl. zu den zusätzlichen Ansprüchen stillender Mütter § 7 Abs. 2 Mutterschutzgesetz (MuSchG); zu den Ansprüchen von Jugendlichen § 11 Jugendarbeitsschutzgesetz (JArbSchG).

99 **§ 1 Abs. 7 Anlage 5***

Die Arbeitszeit ist mindestens durch die gesetzlich vorgeschriebenen Ruhepausen zu unterbrechen. Die Ruhepausen werden nicht in die Arbeitszeit eingerechnet.

Durch Dienstvereinbarung kann
a) in Schichtbetrieben die Gesamtdauer der Ruhepausen nach § 4 Satz 2 ArbZG auf Kurzpausen von angemessener Dauer aufgeteilt werden,
b) bei der Behandlung, Pflege und Betreuung von Personen die Lage und Dauer der Ruhepausen der Eigenart dieser Tätigkeit entsprechend unter Berücksichtigung des Wohls dieser Personen angepasst werden.

** gilt jeweils gemäß ihres § 1 Abs. 2 Satz 3 auch für den Anwendungsbereich der Anlagen 30 bis 33*

100 Die Ruhepausen müssen **im Voraus festgelegt** werden. Dafür genügt es, wenn **zu Beginn der Arbeitsunterbrechung** deren Länge feststeht. Ruhepausen müssen also nicht schon zu Beginn des Arbeitstages feststehen, praktisch wird dies aber häufig der Fall sein.[5] Während der Pause muss der Mitarbeitende keine Arbeit leisten, sondern soll sich erholen können; er muss daher grundsätzlich auch entscheiden können, wo und wie er diese Pause verbringt[6]; eine Verpflichtung, die Ruhepause auf dem Gelände der Einrichtung zu verbringen, ist aber möglich.[7] Nach Ziff. 4.2 des Anhangs zur Arbeitsstättenverordnung (ArbStättV) hat der Dienstgeber einen Pausenraum vorzuhalten. Bereitschaftsdienst und Arbeitsbereitschaft (► Rn. 34 ff.) sind mit einer Pause unvereinbar; dagegen können **Ruhepausen während einer Rufbereitschaft** (► Rn. 19 f.) gewährt werden.[8] Bei der Bemessung der Pausen ist die Zeit von Bereitschaftsdiensten zu berücksichtigen; auch während des

5 BAG 29.10.2002 – 1 AZR 603/01, NZA 2003, 1212; BAG 25.2.2015 – 5 AZR 886/12, NZA 2015, 494, 495; ErfK-Wank, 20. Aufl. 2020, § 4 ArbZG Rn. 4; Baeck / Deutsch / Winzer, ArbZG, 4. Aufl. 2020, § 4 Rn. 24.

6 BAG 25.2.2015 – 5 AZR 886/12, NZA 2015, 494.

7 BAG 21.8.1990 – 1 AZR 567/89, NZA 1991, 154.

8 ErfK-Wank, 20. Aufl. 2020, § 4 ArbZG Rn. 1.

Bereitschaftsdienstes sind Pausen entsprechend § 4 ArbZG zu gewähren. Allein die inaktive Bereitschaft stellt dabei noch keine Ruhepause dar, sondern die Bereitschaft selbst muss unterbrochen werden.[9]

Eine gesetzliche Vorgabe zur Lage der Ruhepausen während des Arbeitstages 101 besteht nicht. Die Ruhepausen sollen die Arbeit aber unterbrechen und der zwischenzeitlichen Erholung dienen. Eine Ruhepause unmittelbar zu Beginn oder Ende des Arbeitstages verfehlt diesen Zweck in aller Regel. Da sowohl die persönlichen wie auch betrieblichen Interessen bei der Arbeitszeitgestaltung zu berücksichtigen sind, ist jedoch im Einzelfall festzustellen, wann die Ruhepausen sinnvoll zu machen sind. Denkbar ist auch die **Festlegung von Zeitkorridoren,** z. B. zwei Stunden, für Pausen, etwa für eine Frühstücks- oder für eine Mittagspause, deren konkrete Lage der Mitarbeitende dann selbst bestimmen kann.[10]

Wird von § 1 Abs. 7 Buchst. a Anlage 5 AVR Gebrauch gemacht, müssen die 102 Kurzpausen in Summe 30 bzw. 45 Minuten erreichen. Kurzpausen sind echte Ruhepausen. Es gelten daher für sie dieselben Regeln. Eine Kürzung der Ruhepause ist auf diesem Wege also nicht erlaubt. Durch Lage und Länge der **Kurzpausen** muss der Erholungszweck der Ruhepause ebenfalls erreicht werden. Die Kurzpausen müssen für sich genommen von angemessener Dauer sein; dies dürfte bei fünf Minuten erreicht sein. In der Rechtsprechung sind acht Minuten anerkannt worden.[11]

Ruhepausen **zählen nicht zur vergütungspflichtigen Arbeitszeit.** Einzelver- 103 tragliche oder kollektive Regelungen, wonach Pausenzeiten vergütet werden, sind gleichwohl möglich. Arbeitszeitrechtlich bleibt es jedoch dabei, dass Ruhepausen nicht zur Arbeitszeit gehören.[12] Eine Arbeitszeit von acht Stunden ist deshalb von der **„Anwesenheitszeit"** zu unterscheiden. Die nach § 4 ArbZG notwendige Pause von 30 Minuten kommt also hinzu, so dass der „Arbeitstag"

---

[9] BAG 16.12.2009 – 5 AZR 157/09, NZA 2010, 505.

[10] Baeck / Deutsch / Winzer, ArbZG, 4. Aufl. 2020, § 4 Rn. 24a.

[11] BAG 13.10.2009 – 9 AZR 139/08, NZA-RR 2010, 623.

[12] Vgl. Baeck / Deutsch / Winzer, ArbZG, 4. Aufl. 2020, § 4 Rn. 26.

insgesamt 8,5 Stunden umfasst. Für tatsächlich nicht gewährte Pausen besteht deshalb auch kein Abgeltungsanspruch, denn für einen Anspruch auf unbezahlte Freizeit besteht – anders als etwa für den bezahlten Erholungsurlaub – kein finanzieller Gegenwert[13], jedoch ist die geleistete Mehrarbeit zu vergüten.

d) Ruhezeit

104 Das europäische Recht versteht unter Ruhezeit jede Zeitspanne außerhalb der Arbeitszeit (Art. 2 Nr. 2 der Richtlinie 2003/88/EG). Praktisch handelt es sich dabei um den Zeitraum zwischen zwei Arbeitseinsätzen; maßgeblich ist deshalb auch nicht der Kalendertag, sondern die ggf. auch kalendertagübergreifende Einteilung des Mitarbeitenden. Ausreichend ist die Ruhezeit, wenn die Mitarbeitenden über regelmäßige, ausreichend lange und kontinuierliche Ruhezeiten verfügen. Durch die Ruhezeit soll sichergestellt werden, dass die Mitarbeitenden nicht wegen Übermüdung oder wegen eines unregelmäßigen Arbeitsrhythmus sich selbst, ihre Kollegen oder sonstige Personen verletzen oder ihre Gesundheit schädigen (Art. 2 Nr. 9 der Richtlinie). Entsprechend Art. 3 der Richtlinie bestimmt das deutsche Recht, dass die Ruhezeit nach Beendigung der täglichen Arbeitszeit **grundsätzlich elf Stunden** betragen muss (§ 5 Abs. 1 ArbZG).[14] Diese Ruhezeit darf **nicht unterbrochen** werden; eine Aufteilung in mehrere Abschnitte ist unzulässig. Neben der in Abs. 2 geregelten Möglichkeit zur Verkürzung dieser Ruhezeit auf zehn Stunden für bestimmte Wirtschaftszweige ist hier vor allem die Regelung des § 5 Abs. 3 ArbZG von Bedeutung, wonach in Krankenhäusern und Einrichtungen zur Behandlung, Pflege und Betreuung von Personen die Ruhezeit gekürzt werden kann, wenn diese Kürzung durch Inanspruchnahme während Rufbereitschaften entsteht. Beträgt diese Inanspruchnahme nicht mehr als die Hälfte der Ruhezeit, dann kann sie zu anderen Zeiten ausgeglichen werden.

[13] BAG 28.9.1972 – 5 AZR 198/72.

[14] Vgl. die Sonderregelung für Jugendliche in § 13 JArbSchG (12 Stunden).

Das Regelungskonzept ist einfach: **Entweder liegt Arbeitszeit vor oder Ruhezeit.** Die Mitarbeitenden sind immer einer dieser beiden Kategorien zuzuordnen. Ruhezeit und sog. Vollarbeit, aber auch Bereitschaftsdienst und Arbeitsbereitschaft schließen einander danach aus. Da indes weder die Wegezeiten der Mitarbeitenden noch Rufbereitschaft zur Arbeitszeit gerechnet werden, gehören sie zur Ruhezeit. Auch während eines Freizeitausgleichs, im Urlaub oder an arbeitsfreien Feiertagen befinden sich die Mitarbeitenden in der Ruhezeit, denn diese setzt – ohne Blick auf die Ursache – materiell nur voraus, dass keine Arbeitsleistung erfolgt.[15] Dies führt jedoch auch dazu, dass eine durch Arbeitsleistung **unterbrochene Ruhezeit,** also vor Vollendung der elften Stunde, im Anschluss neu begonnen werden muss. Dies gilt insbesondere für den Fall der Inanspruchnahme während einer Rufbereitschaft, soweit keine Ausnahmeregelung greift. Eine **kurzzeitige Unterbrechung,** z.B. bis zu einer Viertelstunde für eine telefonische Auskunft oder das Beantworten einer E-Mail, soll jedoch unschädlich sein. So nachvollziehbar dies im Zuge der Digitalisierung von Arbeitsabläufen und von Arbeit im sog. Home Office auch erscheint, ist das Risiko, dass der Zweck der Ruhezeit – der Gesundheitsschutz – verfehlt wird, nicht zu unterschätzen.[16] Grundsätzlich ist der Mitarbeitende daher auch berechtigt, eine Arbeitsaufnahme während der Ruhezeit abzulehnen, sofern kein Notfall oder außergewöhnliche Umstände (§ 14 ArbZG) vorliegen. 105

Eine besondere zeitliche Lage der Ruhezeit ist nicht geregelt; sie kann also auch tagsüber gewährt werden.[17] Bei sog. **geteilten Diensten** (► Rn. 57 ff.) beginnt die Ruhezeit erst mit Beendigung des zweiten Arbeitsabschnitts. Entsprechendes gilt auch für den Fall, dass ein Mitarbeitender für zwei Dienstgeber am Tag tätig ist.[18] 106

In den Arbeitsvertragsrichtlinien der Caritas (AVR) wurde von den Möglichkeiten des § 5 Abs. 3 sowie des § 7 Abs. 1 Nr. 3, Abs. 4 ArbZG Gebrauch gemacht: 107

---

15 BAG 22.7.2010 – 6 AZR 87/09, NZA 2010, 1194.

16 Baeck / Deutsch / Winzer, ArbZG, 4. Aufl. 2020, § 5 Rn. 14 m. w. N. zur Diskussion.

17 Vgl. für Jugendliche die besondere Regelung in § 14 Abs. 1 JArbSchG (20:00 bis 6:00 Uhr).

18 Baeck / Deutsch / Winzer, ArbZG, 4. Aufl. 2020, § 5 Rn. 10.

108 **§ 1 Abs. 10 Anlage 5***

Die Mitarbeiter müssen nach Beendigung der täglichen Arbeitszeit eine ununterbrochene Ruhezeit von mindestens elf Stunden haben. Die Ruhezeit kann auf mindestens neun Stunden verkürzt werden, wenn die Art der Arbeit dies erfordert und die Kürzung der Ruhezeit innerhalb von dreizehn Wochen ausgeglichen wird.

Abweichend von Unterabsatz 1 Satz 1 sind in Krankenhäusern und anderen Einrichtungen zur Behandlung, Pflege und Betreuung von Personen Kürzungen der Ruhezeit durch Inanspruchnahmen während der Rufbereitschaft, die mindestens die Hälfte der Ruhezeit betragen, unmittelbar anschließend auszugleichen. Beträgt die Inanspruchnahme während der Rufbereitschaft weniger als die Hälfte der Ruhezeit, ist ein Ausgleich zu anderer Zeit möglich.

** gilt jeweils gemäß ihres § 1 Abs. 2 Satz 3 auch für den Anwendungsbereich der Anlagen 30 bis 33*

109 Auch bei einer auf mindestens neun Stunden verkürzten Ruhezeit müssen die übrigen Anforderungen des § 5 ArbZG erfüllt werden; insbesondere muss die Ruhezeit ununterbrochen bleiben. Wird die werktägliche Arbeitszeit auf über zwölf Stunden hinaus verlängert, muss die unmittelbar anschließende Ruhezeit zwingend elf Stunden betragen (§ 9 ArbZG). **Voraussetzung für die Verkürzung der Ruhezeit** ist nach der Regelung des § 1 Abs. 10 Anlage 5 AVR, dass dies mit den spezifischen Anforderungen der Einrichtung begründet werden kann. Dies kann sich z. B. aus dem System der Schichtwechsel und einem notwendigen Informationsaustausch im Rahmen persönlicher Dienstübergaben ergeben. Der Beurteilungsspielraum ist angesichts der offenen Formulierung groß.[19] Jede Verkürzung der Ruhezeit muss durch eine entsprechende Verlängerung einer anderen Ruhezeit ausgeglichen werden; erfolgt eine Kürzung um eine Stunde, muss eine andere Ruhezeit also um eine Stunde verlängert werden.[20] Der gesetzlich zugelassene **Ausgleichszeitraum,** in dem im Durchschnitt eine wöchentliche Arbeitszeit von 48 Stunden nicht

[19] ErfK / Wank, 20. Aufl. 2020, § 7 ArbZG Rn. 10.

[20] Baeck / Deutsch / Winzer, ArbZG, 4. Aufl. 2020, § 5 Rn. 76.

überschritten wird, beträgt zwölf Monate (§ 7 Abs. 8 Satz 1 ArbZG). Nach § 1 Abs. 10 Anlage 5 ist dieser Zeitraum auf 13 Wochen begrenzt und bei längeren Dienstplanzyklen daher im Zweifel unmittelbar einzuplanen.

e) Freizeitausgleich

Der Dualismus von Arbeitszeit und Ruhezeit findet sich auch im Verhältnis von 110
Arbeit und Freizeit wieder: Freizeit ist im arbeitsrechtlichen Sinne schlicht das Gegenteil von Arbeit. Freizeitausgleich ist eine Art der **Freistellung.** Anstelle der an sich bestehenden Pflicht des Mitarbeitenden zur Arbeitsleistung wird **bezahlte Freizeit** gewährt. Die Soll-Arbeitszeit des Mitarbeitenden wird also in diesem Umfang reduziert. Mit der Gewährung eines solchen Freizeitausgleichs wird eine anderweitige Arbeitsleistung des Mitarbeitenden abgegolten, die andernfalls die Zahlung einer zusätzlichen Vergütung erforderlich gemacht hätte. Verbreitet ist z. B. die Gewährung von Freizeitausgleich im Gegenzug zu Bereitschaftsdiensten oder als Ausgleich für zuvor geleistete Überstunden.[21] Freizeitausgleich erfolgt regelmäßig auch zum Abbau eines Zeitguthabens auf einem Arbeitszeitkonto[22] (► Rn. 183 ff.). Sowohl kollektiv wie einzelvertraglich sind Regelungen denkbar, nach denen es allein dem Dienstgeber obliegt, über die Art der Bezahlung zu entscheiden, also ob er einen Freizeitausgleich gewährt, bei dem die zu zahlende Monatsvergütung unverändert bleibt, oder ob er zusätzliche Zahlungen im Gegenzug für die jeweilige Leistung erbringt.[23]

Im **Rahmen einer Dienstplanung** kann ein solcher Freizeitausgleich dadurch 111
bewirkt werden, dass bereits die Einteilung eines Mitarbeitenden in entsprechend geringerem Umfang, als vertraglich vorgesehen, erfolgt, z. B. indem statt der vereinbarten 39-Stunden-Woche nur eine 30-Stunden-Woche geplant wird. Ist eine Dienstplanung bereits erfolgt, kann Freizeitausgleich auch durch das Streichen von zugewiesenen Schichten gewährt werden. Unbeschadet der Mitbestimmungsrechte nach der MAVO kann der Dienstgeber Freizeitausgleich in Ausübung seines Direktionsrechts (► Rn. 70 ff.), also einseitig, anordnen.

[21] BAG 22.7.2010 – 6 AZR 78/09, NZA 2010, 1194.

[22] BAG 17.3.2010 – 5 AZR 296/09, NJOZ 2010, 1710.

[23] BAG 22.7.2010 – 6 AZR 78/09, NZA 2010, 1194 zur Regelung des § 12 Abs. 4 Satz 1 TV-Ärzte/VKA.

112 Mit der Gewährung von Freizeitausgleich erfüllt der Dienstgeber seine zivilrechtliche Schuld. Auch im Falle einer **Erkrankung** des Mitarbeitenden an einem Tag, an dem ihm Freizeitausgleich gewährt wurde, ist die Leistungspflicht des Dienstgebers erfüllt. Es besteht also **kein Anspruch der Mitarbeitenden** darauf, diesen **Freizeitausgleich erneut zu erhalten.** Die Rechtsprechung[24] lehnt eine entsprechende Anwendung des § 9 Bundesurlaubsgesetz (BUrlG) ab, wonach ärztlich attestierte Tage der Arbeitsunfähigkeit nicht auf den Erholungsurlaub angerechnet werden, die Urlaubstage also erhalten bleiben. Dies begründet sich mit dem unterschiedlichen Zweck der Freizeitgewährung. Während der Urlaub der zusätzlichen Erholung des Mitarbeitenden dient und damit einen weitergehenden Zweck aufweist, soll der Freizeitausgleich nur die geleistete Arbeit durch bezahlte Freizeit kompensieren. Das Risiko, an einem arbeitsfreien Tag zu erkranken, liegt indes grundsätzlich beim Mitarbeitenden. Für einen Tag, an dem Freizeitausgleich gewährt wird, kann daher nichts anderes gelten als etwa für arbeitsfreie Sonn- oder Feiertage. Dem steht auch der Entgeltfortzahlungsanspruch nach § 3 Entgeltfortzahlungsgesetz (EFZG) nicht entgegen, denn dieser setzt voraus, dass allein die krankheitsbedingte Arbeitsunfähigkeit Ursache für den Arbeitsausfall ist. War der Mitarbeitende jedoch bereits zuvor von der Arbeitsleistung freigestellt, trifft dies nicht zu.[25] Sowohl kollektiv, etwa im Wege einer Dienstvereinbarung, wie auch einzelvertraglich können jedoch abweichende Regelungen getroffen werden. Insbesondere im Rahmen der Einführung von Arbeitszeitkonten und einem größeren Maß an Flexibilisierung der Arbeitszeiten vereinbaren die Betriebsparteien gelegentlich, dass zumindest in bestimmtem Umfang Freizeitausgleichstage im Falle einer Erkrankung erneut zu gewähren sind.

f) Urlaubsplanung

113 Schließlich ist für die Dienstplanung das Management der Urlaubsansprüche der Mitarbeitenden von entscheidender Bedeutung. Ausgehend vom **gesetzlichen Mindesturlaub** nach § 3 BUrlG von vier Wochen (20 Tage bei einer 5-Tage-Woche, 24 Tage bei einer 6-Tage-Woche) regelt die **Anlage 14** zu den

[24] LAG Rheinland-Pfalz 19.11.2015 – 5 Sa 342/12.

[25] BAG 11.9.2003 – 6 AZR 374/02.

Arbeitsvertragsrichtlinien der Caritas (AVR) den Erholungsurlaub der Mitarbeitenden. Nach dessen § 3 Abs. 1 beträgt der Urlaubsanspruch 30 Tage bei einer 5-Tage-Woche. Im Falle einer 6-Tage-Woche erhöht sich der Urlaubsanspruch nach Maßgabe des § 3 Abs. 4 Anlage 14. Darüber hinaus wird bei bestimmten Arbeitsanforderungen Zusatzurlaub nach § 4 Anlage 14 gewährt, z. B. bei einer Arbeitsleistung zwischen 20:00 und 6:00 Uhr in bestimmtem Umfang (gilt nicht für Mitarbeitende im Anwendungsbereich der Anlagen 30 bis 33). Hinzu treten verschiedene Sonderurlaubsansprüche, z. B. für Jugendliche oder Mitarbeitende mit einer Schwerbehinderung. Der gesetzliche Mindesturlaub ist unabdingbar; er kann auch nicht durch die Arbeitsvertragsrichtlinien in Frage gestellt werden. **Weitergehende Urlaubsansprüche** können jedoch besonders ausgestaltet werden, insbesondere auch im Hinblick auf ihre Übertragbarkeit und den Verfall nicht genommener Urlaubstage.[26] Die Regelungen zur Vergütung während des Urlaubs der §§ 6 bis 9 Anlage 14 finden bei Mitarbeitenden im Bereich der Anlagen 30 bis 33 keine Anwendung.

Der Urlaub ist **tageweise zu gewähren.** Ein stundenweiser Verbrauch eines 114
Urlaubstages ist nicht vorgesehen und kann insbesondere vom Dienstgeber auch nicht verlangt werden. Ein Urlaubstag kann dabei einen unterschiedlich hohen „Gegenwert“ in Arbeitsstunden aufweisen. Erfolgt die Urlaubsgewährung vor einer konkreten Dienstplanung, entspricht der Urlaubstag dem durchschnittlichen Arbeitstag. Erhält der Mitarbeitende dagegen kurzfristiger Urlaub, dann entspricht der Urlaubstag dem Planungsstand, kann also z. B. eine Freistellung im Umfang von zehn oder auch nur von sechs Arbeitsstunden bedeuten, ohne dass der Mitarbeitende dafür „mehr“ oder „weniger“ Urlaub aufzuwenden bräuchte.

Bei der Gewährung des Urlaubs sind die Wünsche des Mitarbeitenden zu be- 115
rücksichtigen; der Mitarbeitende muss jedoch auch auf dringende betriebliche Belange und die Urlaubswünsche anderer Mitarbeitender Rücksicht nehmen (§ 7 Abs. 1 BUrlG). Dies kann sogar bedeuten, dass Urlaub zu nehmen ist, obwohl der Mitarbeitende dies so nicht unbedingt wollte. Im Zuge der COVID-19 Pandemie konnte ein Dienstgeber mit Blick auf einen Nachfrageeinbruch

[26] ErfK-Gallner, 20. Aufl. 2020, § 3 BUrlG Rn. 24.

oder ordnungsrechtlich verfügte Einschränkungen von seinen Mitarbeitenden verlangen, dass sie zumindest einen Teil ihres Urlaubs nahmen. Auch Betriebsferien oder Schließzeiten von Einrichtungen sind möglich, in denen dann vorrangig Urlaub zu gewähren und zu nehmen ist. Der Urlaub ist **möglichst zusammenhängend** zu gewähren, jedenfalls, soweit ein entsprechender Urlaubsanspruch besteht, an zwölf aufeinander folgenden Werktagen (§ 7 Abs. 2 BUrlG).

116 Die Mitarbeitervertretung (MAV) hat bei der Aufstellung von Urlaubsrichtlinien und bei der Urlaubsplanung ein **Mitbestimmungsrecht** nach § 36 Abs. 1 Nr. 2 MAVO. Dieses umfasst auch die Einführung von Betriebsferien (► Rn. 145).

3. Tägliche Administration

117 Seneca wird folgender Ausspruch zugeschrieben (101. Brief an Lucilius):

> *„Wie töricht ist es, Pläne für das ganze Leben zu machen,*
> *da wir doch nicht einmal Herren des morgigen Tages sind."*

118 Dies lässt sich auch auf die Dienstplanung übertragen. Je umfangreicher diese ausfällt, je weiter die Planung in der Zukunft liegt, desto wahrscheinlicher ist es, dass sie nicht verwirklicht wird bzw. jedenfalls an die täglichen Gegebenheiten anzupassen ist. In der betrieblichen Praxis kann jeder davon „ein Lied singen". Insbesondere der krankheitsbedingte Ausfall von Mitarbeitenden führt beinahe täglich zu kurzfristigem Änderungsbedarf. Private Lebensumstände lassen Mitarbeitende ebenso nach Urlaub fragen oder auch Kolleginnen und Kollegen nach einem Diensttausch (► Rn. 119 ff.). Soweit der Dienstgeber von vornherein gegen derlei tagesaktuelle Unwägbarkeiten gewappnet sein will, bietet sich die Planung sog. Springer-Dienste an (► Rn. 124 ff.). Im Falle eines längerfristigen Ausfalls von Mitarbeitenden besteht gerade angesichts des akuten Fachkräftemangels immer wieder die Notwendigkeit, durch die Beschäftigung von sog. Zeitarbeitskräften oder auch den Einsatz selbstständiger Fachkräfte für Ersatz zu sorgen (► Rn. 126 ff.).

a) Ausfall und Diensttausch

Je nach Länge der Dienstplanzyklen erfolgt die Einteilung der Mitarbeitenden zur Arbeit mit einem Vorlauf von mehreren Wochen, ggf. sogar Monaten. Dies führt einerseits zu einem bestimmten Maß an Planungssicherheit für alle Beteiligten und ermöglicht auch die ordnungsgemäße Beteiligung der Mitarbeitervertretung, doch bleibt es andererseits nicht aus, dass die Planung deshalb aufgrund kurzfristiger Umstände tatsächlich nicht umgesetzt werden kann. **Krankheitsbedingte Ausfälle** von zur Arbeit eingeteilten Mitarbeitenden stellen dabei das größte Planungsrisiko dar. Nach den Erhebungen der Krankenkassen beläuft sich die durchschnittliche Fehlzeit aufgrund von Arbeitsunfähigkeit in Gesundheits- und Erziehungsberufen auf rund 16 eigentlich geplante Arbeitstage. In der Pflege liegt der Wert mit rund 23 Tagen (2019) bzw. rund 20 Tagen (2020) nochmals deutlich darüber. Ursächlich dafür sind nicht nur Erkrankungen des Bewegungsapparates, sondern insbesondere auch psychische Erkrankungen.[27] 119

Neben **Kurzzeiterkrankungen** spielen für die Dienstplanung daneben auch **Langzeiterkrankungen** von Mitarbeitenden einerseits, aber auch die **Wiedereingliederung** von Mitarbeitenden nach einer Erkrankung eine besondere Rolle. Sind Mitarbeitende innerhalb eines Jahres länger als sechs Wochen ununterbrochen oder wiederholt arbeitsunfähig, muss der Dienstgeber den Mitarbeitenden auf das sog. **betriebliche Eingliederungsmanagement (BEM)** hinweisen, ggf. mit ihm die Möglichkeiten zur Überwindung der Arbeitsunfähigkeit erörtern und etwaige Änderungen des Arbeitsplatzes prüfen.[28] Unterlässt der Dienstgeber diese Schritte und spricht stattdessen eine Kündigung aus, hängt deren Wirksamkeit zwar nicht formal von der Durchführung des BEM ab, doch trifft den Dienstgeber eine erhöhte Darlegungs- und Beweislast, dass tatsächlich keine anderweitige Beschäftigung des Mitarbeitenden möglich ist. Häufig wird eine Kündigung ohne BEM deshalb unverhältnismäßig und damit unwirksam sein.[29] Durchaus verbreitet ist mittlerweile das Vorgehen der sog. **stufenweisen Wiedereingliederung,** bei dem der immer noch 120

27 Vgl. TK-Gesundheitsreport 2020, S. 34 ff.

28 ErfK-Rolfs, 20. Aufl. 2020, § 167 SGB IX Rn. 4 ff.; Schiefer, RdA 2016, 196.

29 BAG 25.1.2018 – 2 AZR 382/17, NZA 2018, 845.

arbeitsunfähige Mitarbeitende auf der Grundlage eines Wiedereingliederungsplanes stunden- und tageweise geeigneten Tätigkeiten in der Einrichtung nachgeht, ggf. mit Unterstützung anderer Mitarbeitender, um sukzessive seine Arbeitsfähigkeit wieder aufzubauen und die Arbeitsunfähigkeit zu beenden.[30]

121 Während Dienstgeber und Mitarbeitende krankheitsbedingten Ausfällen häufig „machtlos" gegenüberstehen, führen auch persönliche Umstände und Wünsche der Mitarbeitenden immer wieder zu Änderungen in der Dienstplanung. Dies kann sich ergeben aus Betreuungsnotwendigkeiten in der Familie, der Erledigung unaufschiebbarer Angelegenheiten, aber auch schlicht aufgrund privater Vorhaben. Mit der wirksamen Einteilung zum Dienst sind die Mitarbeitenden indes nicht mehr frei in ihrer Zeiteinteilung, sondern vorrangig zur Arbeitsleistung verpflichtet. Das probate Mittel ist deshalb der **Tausch** eines Dienstes mit einem anderen Mitarbeitenden. Soweit keine Notwendigkeit der persönlichen Leistungserbringung besteht, dürfte der Dienstgeber gegen einen solchen Tausch meist nichts einzuwenden haben. Insbesondere der Tausch von Schichten zwischen Angehörigen derselben Berufsgruppe ist häufig unproblematisch. Der Tausch von Diensten zwischen Mitarbeitenden bedarf jedoch grundsätzlich der Zustimmung des Dienstgebers (vgl. § 9b AVR AT).

122 **§ 9b AVR – Allgemeiner Teil: Arbeitsversäumnis**

Ein Fernbleiben vom Dienst, soweit es nicht durch Krankheit bedingt ist, bedarf vorheriger Zustimmung des Dienstgebers. Wenn die rechtzeitige Einholung der Zustimmung nicht möglich war, hat der Mitarbeiter seinen Dienstvorgesetzten unverzüglich über die Gründe des Fernbleibens zu unterrichten und die nachträgliche Genehmigung einzuholen. Bei nichtgenehmigtem Dienstversäumnis kann eine entsprechende Kürzung der Dienstbezüge (Abschnitt II der Anlage 1 zu den AVR) und der in Monatsbeträgen festgelegten Zulagen für die versäumte Zeit oder eine Anrechnung auf den Erholungsurlaub erfolgen, wobei jedoch der gesetzliche Mindesturlaub nicht unterschritten werden darf. Außerdem kann sie die Kündigung des Dienstverhältnisses nach sich ziehen.

[30] Vgl. Lützeler / Scholz, öAT 2020, 140.

Dabei kann der Dienstgeber selbstverständlich auch dem Streben von Mitarbeitenden entgegentreten, bestimmte Dienste möglichst nicht leisten zu müssen oder nur mit bestimmten Mitarbeitenden zusammen eingeteilt zu werden. Um den Bedarf an solchen Wechseln möglichst von vornherein zu vermeiden, sehen die betrieblichen Regeln für die Dienstplanerstellung häufig das Instrument des sog. **Wunsch-Dienstplanes** vor. Danach können die Mitarbeitenden bis zu einem bestimmten Zeitpunkt ihre Wünsche für den kommenden Dienstplanzeitraum konkret angeben und diese werden soweit wie möglich berücksichtigt. 123

b) Springer-Dienste

Das Vorhalten einer **geplanten Mitarbeitenden-Reserve** erweist sich je nach Größe der Einrichtung und der erfahrungsgemäßen Häufigkeit kurzfristiger Änderungen für die Gewährleistung der betrieblichen Abläufe als sinnvoll. Mitarbeitende, die dienstplanmäßig nicht zur Arbeit eingeteilt sind, müssen nämlich nicht kurzfristig zur Arbeit erscheinen oder Änderungen ihrer Diensteinteilung hinnehmen. Auch die Anordnung von Überstunden oder Mehrarbeit ist nicht immer ohne Weiteres möglich. Ein sog. Springer wird vor diesem Hintergrund regulär zum Dienst eingeteilt; er erfährt jedoch ggf. erst mit Arbeitsbeginn seinen tatsächlichen Einsatzort, z. B. in welcher Abteilung des Krankenhauses er tätig werden oder welchen Aufgaben er im Einzelnen nachgehen soll. Denkbar ist auch, nicht nur einzelne Mitarbeitende zu solchen Springer-Diensten einzuteilen, sondern sogar ein eigenständiges Team aufzubauen, um wiederum auch den Ersatz für ausfallende Springer sicherzustellen. Je nach Ausgestaltung kann es sich bei solchen Springer-Diensten auch um Arbeitsbereitschaft, Bereitschaftsdienst oder Rufbereitschaft handeln (► Rn. 34 ff.). 124

Dienstplanmodelle, bei denen sich Mitarbeitende bis zu einem gewissen Zeitpunkt bereithalten müssen, um ggf. zu einem späteren Zeitpunkt einen Dienst zu übernehmen, begegnen jedoch auch **Bedenken.** So soll es billigem Ermessen (► Rn. 73) widersprechen, wenn sog. **disponible Dienste** als Ausfallreserve bis zum Vortag um 18:00 Uhr aufrechterhalten werden, für den Fall, dass sie tatsächlich nicht in Anspruch genommen werden, jedoch ohne Vergütung bzw. Zeitgutschrift bleiben sollen. Der mit einer solchen Gestaltung einhergehende 125 massive Eingriff in die freie Verfügbarkeit über die Freizeit der Mitarbeitenden kann nicht ohne Ausgleich bleiben. Der Dienstgeber muss insoweit eine angemessene Ankündigungsfrist für die endgültige Freigabe solcher Reservezeiten wählen, wenn er keine Vergütung zahlen möchte. Praktisch dürfte eine nach Zeitabschnitten gestaffelte Vergütung nahe liegen (vgl. zur Arbeit auf Abruf ► Rn. 199 ff.).[31]

c) Einsatz von Zeitarbeitskräften und Selbstständigen

126 Der Einsatz von „Fremdpersonal", insbesondere Zeitarbeitskräften, oder auch Selbstständigen ist weit verbreitet und im Falle von Personalengpässen häufig leider unvermeidbar. Mit Blick auf die Dienstgemeinschaft zwischen Dienstgeber und den der Einrichtung zugehörigen Mitarbeitenden mag man diese Formen des Personalmanagements skeptisch sehen, doch gehören sie schlicht zur betrieblichen Wirklichkeit.[32] Dass auch caritative Dienstgeber von der Möglichkeit der sog. **Leiharbeit** Gebrauch machen (müssen), ist inzwischen auch in der Mitarbeitervertretungsordnung abgebildet (vgl. § 7 Abs. 2a MAVO).[33] Für solche Zeitarbeitskräfte existiert mit dem Arbeitnehmerüberlassungsgesetz (AÜG) ein eigener Rechtsrahmen. Der Einsatz von Selbstständigen ist dagegen nicht gesondert geregelt und nicht zuletzt deshalb gerade in jüngster Vergangenheit Gegenstand durchaus kontroverser Rechtsprechung gewesen (► Rn. 128 ff.).

(1) Zeitarbeitskräfte

127 Mittlerweile kommen Zeitarbeitskräfte in Krankenhäusern und anderweitigen Einrichtungen immer häufiger zum Einsatz. Wendet sich der Dienstgeber an ein sog. Zeitarbeitsunternehmen, um kurzfristig Personalausfälle zu kompensieren, fällt dies in den Anwendungsbereich des Arbeitnehmerüberlassungsrechts. Nach § 1 Abs. 1 AÜG besteht das Arbeitsverhältnis hierbei zwischen

[31] Vgl. LAG Berlin-Brandenburg 25.1.2017 – 15 Sa 1891/16 (juris).

[32] Vgl. KGH.EKD 9.10.2006 – II-0124/M 35-06, NZA 2007, 761; Joussen, ZMV 2014, 66.

[33] Vgl. hierzu Eichstätter Kommentar / Weber, 2. Aufl. 2018, § 7 MAVO Rn. 27 ff.

dem sog. Leiharbeitnehmer und dem Zeitarbeitsunternehmen als Verleiherin. Dienstgeber und Zeitarbeitsunternehmen schließen einen **Arbeitnehmerüberlassungsvertrag.** Nach dessen Maßgaben überlässt das Zeitarbeitsunternehmen seinen Arbeitnehmer tatsächlich dem Dienstgeber. In dessen Einrichtung wird der entliehene Arbeitnehmer dann vorübergehend nach den tätigkeitsbezogenen Anweisungen des Dienstgebers tätig.[34] Das Arbeitsverhältnis zwischen dem Zeitarbeitsunternehmen und dem Leiharbeitnehmer bleibt davon unberührt; dieser erbringt in Erfüllung seiner arbeitsvertraglichen Pflichten gegenüber dem Zeitarbeitsunternehmen seine Tätigkeit in der jeweiligen Einrichtung und erhält dafür von dem Zeitarbeitsunternehmen seine Entlohnung. Weder dieses **zeitlich und inhaltlich begrenzte Weisungsrecht** noch die **Eingliederung in die Arbeitsstruktur** der Einrichtung des Entleihers führen dazu, dass mit diesem ein Arbeitsverhältnis begründet wird.[35] Der Dienstgeber wiederum zahlt dem Zeitarbeitsunternehmen hierfür ein Entgelt, das regelmäßig deutlich oberhalb der Vergütung liegt, die er eigenen vergleichbaren Mitarbeitenden zahlen würde. Dies überrascht auch nicht, bildet dieser Preis doch nicht nur den Lohn des entliehenen Arbeitnehmers ab, sondern auch die Kosten und den Gewinn des Zeitarbeitsunternehmens zzgl. der Umsatzsteuer. Die Mitarbeitervertretung muss dem Einsatz von Zeitarbeitskräften im Sinn des AÜG nach § 34 Abs. 1 Satz 3 MAVO zustimmen.[36]

(2) Selbstständige

Eine selbstständige ärztliche oder pflegerische Tätigkeit in Krankenhäusern 128
oder Einrichtungen zur Behandlung, Pflege und Betreuung von Personen ist nach jüngster Rechtsprechung heikel. Die Rigorosität dieser Entscheidungen ist jedoch kaum nachvollziehbar. Dreh- und Angelpunkt ist die Frage, ob die jeweiligen Personen tatsächlich selbstständig tätig sind oder ob nicht doch ggf. auch wider Willen beider Seiten mit dem Dienstgeber ein **sozialversicherungspflichtiges Beschäftigungsverhältnis** im Sinne des § 7 SGB IV begründet wird.

[34] Vgl. Schüren / Hamann-Hamann, AÜG, 5. Aufl. 2018, § 1 Rn. 38.

[35] Schüren / Hamann-Hamann, AÜG, 5. Aufl. 2018, § 1 Rn. 129.

[36] Vgl. hierzu Eichstätter Kommentar / Reiter, 2. Aufl. 2018, § 34 MAVO Rn. 13 ff.

129 Beschäftigung in diesem Sinne setzt die persönliche Abhängigkeit des Mitarbeitenden vom Dienstgeber voraus. Dies ist der Fall, wenn die betroffene Person in die Einrichtung eingegliedert wird und dabei einem umfassenden **Weisungsrecht** des Dienstgebers über Ort, Zeit, Dauer und Art der Tätigkeit unterliegt. Der Grad der persönlichen Abhängigkeit hängt entscheidend von der Eigenart der jeweiligen Tätigkeit ab. Abstrakte, für alle Dienst- bzw. Arbeitsverhältnisse geltende Merkmale lassen sich insofern nicht aufstellen. Eine selbstständige Tätigkeit ist durch die **Verfügungsmöglichkeit über die eigene Arbeitskraft,** die frei gestaltete Tätigkeit und Arbeitszeit sowie durch ein Unternehmerrisiko bzw. eine Gewinnchance gekennzeichnet. Maßgebend ist, welche Merkmale in einer **Gesamtschau** der Tätigkeit überwiegen.

130 Dass Ärzte grundsätzlich einer selbstständigen Tätigkeit nachgehen können, bedarf keiner weiteren Erläuterung. Dies gilt aber auch für Pflegefachkräfte, da diese ihren Beruf grundsätzlich sowohl im Rahmen eines abhängigen Beschäftigungsverhältnisses als auch im Rahmen eines freien Dienstverhältnisses ausüben können (vgl. § 2 Nr. 2 SGB VI). Die Beurteilung bestimmt sich nach den tatsächlichen Verhältnissen, wobei Ausgangspunkt das Vertragsverhältnis der Beteiligten sein soll und zwar so, wie es sich aus den von ihnen getroffenen Vereinbarungen ergibt.[37] Grundsätzlich ist deshalb auch eine **selbstständige Tätigkeit** von Ärzten und Pflegefachkräften **innerhalb von Krankenhäusern oder anderweitigen Einrichtungen denkbar.**[38] Dies gilt etwa, wenn ein begrenzter Einsatz der betreffenden Person erfolgt, deutlich höhere Stundenvergütungen als für die eigenen Mitarbeitenden gezahlt werden[39], keine persönliche Aufnahme in den Dienstplan erfolgt, angebotene Stundenkontingente auch abgelehnt werden können, am Zeiterfassungssystem oder an Mitarbeiterversammlungen nicht teilgenommen wird, eigene Arbeitskleidung verwendet wird, eine eigene Berufshaftpflichtversicherung unterhalten wird und ein Tätigkeitsnachweis vom Dienstgeber gesondert bestätigt werden muss. Schließlich sind auch der Vergütungsausschluss im Krankheitsfall oder ein fehlender Urlaubsanspruch Indizien für eine selbstständige Tätigkeit.

[37] BSG 24.1.2007 – B 12 KR 31/06 R, Rn. 17.

[38] LSG Hessen 10.8.2017 – L 1 KR 394/15; BayLSG 24.11.2009 – L 5 R 867/08; Hofmann, NZS 2015, 42.

[39] Explizit noch BSG 31.3.2017 – B 12 R 7/15 R, NZS 2017, 664.

Eine **abhängige Beschäftigung** ergibt sich auch nicht zwingend dadurch, dass Arbeitsmittel gestellt werden, die Pflegedienstleitung die Aufsicht führt, der Leistungsort mit der jeweiligen Einrichtung feststeht und Tätigkeiten ausgeübt werden, die im Übrigen die eigenen Mitarbeitenden des Dienstgebers ausüben. Dies gilt zumindest dann, wenn man nur auf die in der Einrichtung vorhandenen Pflegebetten, vorgefertigte Dokumentationsunterlagen, gestellte Medikamente u. ä. abstellt, denn im Wesentlichen handelt es sich dabei um persönlich zugeordnete Hilfsmittel oder Gegenstände, die der Erfüllung von Sozialleistungsansprüchen der betreuten Personen dienen. Auch die Kontrolle durch den Auftraggeber steht einer selbstständigen Tätigkeit nicht entgegen, nimmt dieser doch Dienstleistungen – in allen Wirtschaftsbereichen – naturgemäß ab und prüft deren Qualität. Die Absprache des Zeitpunkts der Dienstleistung allein spricht auch noch nicht dafür, dass eine Abhängigkeit des Arztes oder der Pflegekraft vom Dienstgeber besteht. Sogar die Aufnahme in den Dienstplan soll unschädlich sein können.[40] Übernimmt dagegen ein Arzt regelmäßig Bereitschaftsdienste in einer Klinik, spricht dies im Zweifel für ein **abhängiges Beschäftigungsverhältnis.**[41] 131

Die jüngsten Entscheidungen fallen dagegen deutlich strenger aus. Danach sollen der Versorgungsauftrag einer **stationären Pflegeeinrichtung** und damit die Regelungen über die Erbringung stationärer Pflegeleistungen nach dem SGB XI wie auch die ordnungsrechtlichen Vorschriften für stationäre Einrichtungen indiziell einen zu engen Rahmen für eine selbstständige Tätigkeit einer Pflegefachkraft stecken. Diese Rahmenbedingungen sollen deshalb im Regelfall die Eingliederung von Pflegefachkräften in die **Organisations- und Weisungsstruktur** der stationären Pflegeeinrichtung mit sich bringen, weshalb eine sozialversicherungsfreie selbstständige Tätigkeit nur ausnahmsweise und unter besonderen Umständen in Frage komme.[42] Auch **Honorarärzte** sind bei einer Tätigkeit im Krankenhaus, z. B. in der Anästhesie oder Notfallmedizin, deshalb regelmäßig sozialversicherungspflichtig beschäftigt.[43] 132

---

40 LSG Berlin-Brandenburg 14.9.2017 – L 1 KR 404/15 (juris).

41 LSG Niedersachsen-Bremen 21.8.2017 – L 2 R 248/17; anders wiederum LSG Baden-Württemberg 23.5.2017 – L 11 R 771/15 (beide juris).

42 BSG 7.6.2019 – B 12 R 6/18 R, SRa 2019, 229.

43 BSG 4.6.2019 – B 12 R 11/18 R, NZA 2019, 1583.

133 **Mitbestimmungsrechtlich** liegt im Falle des Einsatzes von tatsächlich Selbstständigen keine Einstellung im Sinn des § 34 MAVO vor, denn ein Dienst- bzw. Arbeitsverhältnis wird mit der betroffenen Person gerade nicht begründet. Es erfolgt gerade keine Eingliederung in die Einrichtung zum Zwecke einer weisungsabhängigen Tätigkeit. Der Mitarbeitervertretung kommt daher nur das Recht auf Anhörung und Mitberatung nach § 29 Abs. 1 Nr. 1 MAVO zu.[44]

d) Ist-Dienstplan

134 Nach Maßgabe des europäischen Rechts ist der Dienstgeber verpflichtet, die täglich **tatsächlich geleistete Arbeitszeit** der Mitarbeitenden **systematisch zu dokumentieren.** Der EuGH begründet die entsprechende Auslegung der Richtlinie 2003/88/EG damit, dass andernfalls keine wirksame Kontrolle möglich sei und die Gefahr bestehe, dass die in der Richtlinie den Mitgliedstaaten vorgegebenen arbeitszeitrechtlichen Mindeststandards deshalb nicht eingehalten würden.[45] Das deutsche Recht bleibt bislang in § 16 Abs. 2 ArbZG hinter dieser Maßgabe zurück, wenn es den Dienstgeber nur dazu verpflichtet, die über die regelmäßige werktägliche Arbeitszeit **von acht Stunden hinausgehende Arbeitszeit** aufzuzeichnen und zwei Jahre aufzubewahren sowie ein Verzeichnis der Mitarbeitenden zu führen, deren werktägliche Arbeitszeit nach § 7 ArbZG verlängert wurde. Arbeitszeiten an Sonn- und Feiertagen sind dabei grundsätzlich aufzuzeichnen, weil sie nicht an einem Werktag erbracht werden und daher über die werktägliche Arbeitszeit immer hinausgehen.[46] Die nach Landesrecht zuständige Aufsichtsbehörde kann jedoch nach § 17 Abs. 2 ArbZG zusätzliche **Aufzeichnungspflichten** anordnen, wenn der hinreichende Verdacht besteht, dass Verstöße gegen das Arbeitszeitrecht im Betrieb erfolgen.[47]

[44] Vgl. die Entscheidungen des KAG Rottenburg-Stuttgart 15.6.2007 – AS 15/07, ZMV 2007, 258, sowie 20.3.2009 – AS 29/08, bestätigend KAGH 27.11.2009 – M 06/09, ZMV 2010, 37, zum Einsatz von Leiharbeitskräften nach alter Rechtslage der MAVO.

[45] EuGH 14.5.2019 – C-55/18, NZA 2019, 683.

[46] Baeck / Deutsch / Winzer, ArbZG, 4. Aufl. 2020, § 16 Rn. 23.

[47] Vgl. VG Augsburg 27.5.2013 – Au 5 K 12.665, Rn. 40 ff., BeckRS 2013, 52887.

Aufzeichnungspflichten können sich auch aus anderen Vorschriften ergeben. So zwingt etwa § 17 Abs. 1 **Mindestlohngesetz (MiLoG)** i. V. m. der Mindestlohnaufzeichnungsverordnung den Dienstgeber, Beginn, Ende und Dauer der täglichen Arbeitszeit der vom Gesetz erfassten Mitarbeitenden zu dokumentieren und ebenfalls zwei Jahre aufzubewahren. Auch ordnungsrechtlich können sich weitere Pflichten des Dienstgebers ergeben. Auch das sog. **Heimrecht** setzt voraus, dass die hierfür zuständigen Aufsichtsbehörden den ordnungsrechtlich zwingenden Personaleinsatz durch Einsichtnahme in entsprechende Aufzeichnungen überprüfen können müssen. Teilweise werden die Dienstpläne dabei explizit genannt.[48] 135

Eine **bestimmte Form** der Aufzeichnung ist arbeitszeitrechtlich **nicht vorgeschrieben.** Selbstverständlich sind elektronische **Zeiterfassungssysteme** hierfür geeignet, sofern die Daten jederzeit abrufbar sind; es kommen aber auch **Stundenzettel,** Stempeluhrkarten, Lohnlisten und anderweitige Arbeitszeitkarteien in Betracht. Es ist auch zulässig, die Aufzeichnungspflicht auf die Mitarbeitenden zu delegieren und sie zur **Eigendokumentation** zu verpflichten.[49] Voraussetzung für eine geeignete Aufzeichnungsform ist deren Eindeutigkeit und ein hinreichender Schutz vor nachträglicher Manipulation. Praktisch erfolgt die Dokumentation des tatsächlichen Arbeitseinsatzes für die überwiegende Anzahl der Mitarbeitenden in caritativen Einrichtungen im sog. **Ist-Dienstplan.** Regelmäßig werden hierfür im Soll-Dienstplan in einer zweiten Zeile unter der jeweiligen Einteilung etwaige Abweichungen vermerkt. Die Richtigkeit der Eintragungen wird hiernach durch Kürzel und die Unterschrift des Dienstplanverantwortlichen bestätigt. 136

[48] Vgl. § 12 Abs. 1 Nr. 3 des Wohn-, Teilhabe- und Pflegegesetzes Baden-Württemberg; ohne eine solche Präzisierung in Art. 7 dagegen das Bayerische Pflege- und Wohnqualitätsgesetz.

[49] ErfK / Wank, 20. Auf. 2020, § 16 ArbZG Rn. 5.

137 **Beispiel**

Ist-Dienstplan

Mitarbeitender	Mo	Di	Mi	Do	Fr	Sa	So
Fachkraft 1	F 1	F 1	F 1	-	F 3	F 1	-
	6:00 - 15:30		7:00 - 14:30		K		

F1 – Frühschicht 1: 6:00 - 14:30 Uhr
(= 8 Stunden zzgl. 30 Minuten Ruhepause)
K – Arbeitsunfähig erkrankt

138 Verstöße gegen Aufzeichnungspflichten sind regelmäßig bußgeldbewehrt. Verletzt der Dienstgeber seine Pflichten nach § 16 Abs. 2 ArbZG, kann dies mit einer **Geldbuße** von bis zu € 15.000,00 geahndet werden (§ 22 Abs. 1 Nr. 9, Abs. 2 ArbZG). Auch im Anwendungsbereich anderer ordnungsrechtlicher Vorgaben bestehen vergleichbare Bußgeldvorschriften.

139 Der Ist-Dienstplan ist schließlich auch maßgeblich für die Vergütung der Mitarbeitenden, denn grundsätzlich wird diese nur für angeordnete und tatsächlich geleistete Arbeit gezahlt. Im Falle eines **Arbeitsversäumnisses** kann die Vergütung dagegen entsprechend gekürzt werden, sofern keine entsprechende Nacharbeit erfolgt (§ 9b AVR AT).

III. Mitbestimmungsrechte der Mitarbeitervertretung

In der betrieblichen Wirklichkeit nimmt der Dienstgeber eine starke Stellung ein. Das Direktionsrecht (► Rn. 70 ff.) verschafft ihm insbesondere eine erhebliche Entscheidungsmacht im Hinblick auf die Zeiteinteilung. Damit korrespondieren die Mitbestimmungsrechte der Mitarbeitervertretung (MAV). Diese betreffen zum einen die **Zustimmungstatbestände** des § 36 MAVO, zum anderen die Möglichkeit von **Dienstvereinbarungen** nach § 38 MAVO zur einrichtungsweiten Regelung von Fragen der Arbeitszeit und Dienstplanung im Rahmen der in den Arbeitsvertragsrichtlinien der Caritas (AVR) vorgesehenen Spielräume. Beide Formen der Mitbestimmung stehen in einer **Wechselwirkung** zueinander. Treffen Dienstgeber und MAV in einer Dienstvereinbarung weitgehende und abschließende Regelungen, dann unterliegt deren Umsetzung ggf. nicht erneut der Mitbestimmung. Werden etwa die allgemeinen Regeln der Dienstplanerstellung in einer Dienstvereinbarung festgelegt, ist der weitere Vollzug mitbestimmungsfrei. Das Mitbestimmungsrecht ist durch den Abschluss der Dienstvereinbarung ausgeübt und verbraucht.[1] 140

1. Zustimmungstatbestände nach § 36 MAVO

Die Mitbestimmungsrechte „in **Angelegenheiten der Dienstelle**" nach § 36 MAVO entsprechen in weiten Teilen denjenigen von Betriebsräten in sozialen Angelegenheiten nach § 87 Betriebsverfassungsgesetz (BetrVG), so dass vielfach auch auf die zu dessen Vorschriften ergangene Rechtsprechung zurückgegriffen werden kann. Gegenstand der Mitbestimmung sind in der Regel die beabsichtigten **Maßnahmen des Dienstgebers,** der MAV kommt nach § 37 141

[1] BAG 1.7.2003 – 1 ABR 22/02, NZA 2003, 1209; Eichstätter Kommentar / Schmitz, 2. Aufl. 2018, Vorb. §§ 33–38 MAVO Rn. 3.

MAVO in den erfassten Regelungsbereichen aber auch ein **Initiativrecht** zu. Die Mitbestimmungstatbestände des § 36 MAVO sind abschließend formuliert; sie sind nicht erweiterungsfähig.[2] Gegenstand der einzelnen Tatbestände sind Angelegenheiten, die die Mitarbeitenden einer **Einrichtung als Kollektiv** betreffen; individuelle Fragen sind von § 36 MAVO nicht erfasst.[3] Enthalten die Arbeitsvertragsrichtlinien der Caritas (AVR) ihrerseits bereits abschließende Regelungen, bleibt für eine weitere Mitbestimmung durch die MAV kein Raum. Dieser verbleiben dann ggf. nur die Ausfüllung der von den Arbeitsvertragsrichtlinien offen gelassenen Lücken bzw. Konkretisierungen auf der betrieblichen Ebene.[4]

a) Beginn und Ende der täglichen Arbeitszeit, Pausen, Verteilung auf Wochentage

142 Das Mitbestimmungsrecht in § 36 Abs. 1 Nr. 1 MAVO weist der MAV eine **Kontrollaufgabe** zu. Sie soll prüfen, ob die vom Dienstgeber beabsichtigten Entscheidungen die arbeitszeitrechtlichen Vorgaben, also jene nach dem ArbZG und den Arbeitsvertragsrichtlinien der Caritas (AVR), einhalten. Dies dient zugleich auch dem **Gesundheitsschutz** der Mitarbeitenden.[5] Mitbestimmungsrechtlich ist unter Arbeitszeit nicht nur die sog. Vollarbeit, der Bereitschaftsdienst und die Arbeitsbereitschaft, sondern auch die Rufbereitschaft (► Rn. 38 f.) zu verstehen.[6] Das Mitbestimmungsrecht umfasst aber nur deren Lage („wie"). Kein Mitbestimmungsrecht besteht dagegen über den vertraglich mit jedem Mitarbeitenden zu regelnden Umfang der individuellen Arbeitszeit; also auch nicht zu der Frage, ob (!) ein Mitarbeitender Bereitschaftsdienst oder Rufbereitschaft zu leisten hat und sich deshalb ggf. seine regelmäßige wöchentliche Arbeitszeit verändert.[7] Dienstgeber und MAV können daher auch nicht über

---

2 Thiel / Fuhrmann / Jüngst-Jüngst, MAVO, 8. Aufl. 2019, § 36 Rn. 3.

3 Vgl. BAG 7.2.2012 – 1 ABR 63/10, NZA 2012, 685.

4 Eichstätter Kommentar / Schmitz, 2. Aufl. 2018, § 36 MAVO Rn. 5.

5 Vgl. BAG 28.5.2002 – 1 ABR 40/01, NZA 2003, 1352; BVerwG 30.6.2005 – 6 P 9/04, NZA-RR 2005, 665.

6 Vgl. zu § 40 MVG.EKD KGH.EKD 8.12.2008 – I-0124/P16-08, ZMV 2009, 100.

7 Vgl. KGH.EKD 4.6.2012 – II-0124/R90-09, ZMV 2013, 36; Fey / Rehren, MVG.EKD, § 40 Rn. 22.

eine Änderung der regelmäßigen Wochenarbeitszeit bestimmen. Ebenso wenig besteht ein Mitbestimmungsrecht im Hinblick auf die Öffnungszeiten der Einrichtungen für das Publikum.[8]

Mitbestimmungspflichtig ist zunächst die Festlegung eines Dienstplansys- 143
tems, insbesondere die **Einführung eines Schichtsystems,** die **zeitliche Lage** der einzelnen Schichten, deren nähere Ausgestaltung, die Pausen sowie damit verbunden auch die Verteilung auf die Wochentage und auch die **Zuordnung der Mitarbeitenden zu den einzelnen Schichten.** Das Zustimmungsrecht bzgl. der **Pausen** erstreckt sich nicht nur auf deren Lage, sondern auch auf die jeweilige Länge. Zur **Verteilung auf die Wochentage** gehört die Entscheidung, ob es kürzere oder längere Tage geben soll (z. B. ein früherer Dienstschluss am Freitag), ob es gleitende Arbeitszeiten gibt oder auch **Arbeit auf Abruf** (► Rn. 199 ff.). Auch eine **nachträgliche Abweichung** von aufgestellten Dienstplänen, insbesondere aus betrieblichen Gründen angeordnete Überstunden (► Rn. 24), unterliegt der Mitbestimmung.[9] **Jeder Dienstplan** bedarf vor seiner Umsetzung der Zustimmung der MAV. Hierzu gehören auch die Modalitäten von Bereitschaftsdienst und Rufbereitschaft (Zeiträume, Mitarbeitende), jedoch nicht die Frage, ob Bereitschaftsdienst und Rufbereitschaft zu leisten sind.[10]

Kommt zwischen Dienstgeber und MAV keine Einigung zustande, entscheidet 144
die **Einigungsstelle** nach §§ 40, 45 Abs. 1 Nr. 1 MAVO. **Dulden Maßnahmen** des Dienstgebers **keinen Aufschub,** kann er sie vorläufig umsetzen. Im Übrigen ist jedoch eine verweigerte Zustimmung durch das Kirchliche Arbeitsgericht (KAG) zu ersetzen. In Krankenhäusern wie auch in Einrichtungen zur Behandlung, Pflege und Betreuung von Personen läuft diese Systematik praktisch ins Leere, denn der Einsatz von hinreichendem Personal duldet in diesen Einrichtungen nie Aufschub, da weder die Schließung der Einrichtung noch die Verlegung der Betreuten rechtlich wie tatsächlich in Betracht kommen. Regelmäßig wird die Entscheidung des Kirchengerichts in der Hauptsache zu spät kommen und die jeweils streitgegenständliche Diensteinteilung sich durch Zeitablauf erledigt

8 Freiburger Kommentar / Sroka, § 36 Rn. 13.

9 Vgl. BAG 3.5.2006 – 1 ABR 14/05, NZA 2006, 1240; BAG 28.7.2020 – 1 ABR 18/19 (juris); Umkehrschluss aus § 36 Abs. 3 MAVO – zutreffend Eichstätter Kommentar / Schmitz, 2. Aufl. 2018, § 36 MAVO Rn. 150.

10 Thiel / Fuhrmann / Jüngst-Jüngst, MAVO, 8. Aufl. 2019, § 36 Rn. 17.

haben. Auch die im Schrifttum[11] vorgeschlagene Verpflichtung des Dienstgebers, im Wege einstweiliger Verfügung der MAV die Duldung des Vollzugs des streitigen Dienstplanes auferlegen zu lassen, dürfte kaum zielführend sein, hinge dieses Verfahren doch vom Antrag des Dienstgebers ab, der seine vorläufigen Maßnahmen aber ohnehin faktisch durchsetzen kann. Letztlich kann die MAV nur im Wege der **einstweiligen Verfügung** nach § 52 Kirchliche Arbeitsgerichtsordnung (KAGO) versuchen, die Durchführung des Dienstplanes untersagen zu lassen. Angesichts der dabei zu berücksichtigenden überwiegenden Interessen der Betreuten an der jeweiligen jederzeit sach- und fachgerecht zu erbringenden Dienstleistung dürfte sie damit aber (zu Recht) **regelmäßig keinen Erfolg** haben. Letztlich bleibt beiden Seiten nur die Möglichkeit, etwaige Streitpunkte von grundsätzlicher Bedeutung im **Hauptsache-Verfahren vor dem Kirchlichen Arbeitsgericht** zu klären und anschließend umzusetzen. Solange setzt sich die notwendige Entscheidungsmacht des Dienstgebers ggf. unter Verletzung der Mitbestimmungsrechte der MAV tatsächlich durch. Dies gilt auch für die kurzfristige Anordnung von Überstunden für einzelne Mitarbeitende, auch wenn die Auswahlentscheidung des Dienstgebers die Mitarbeitenden als Kollektiv betrifft und deshalb ein Mitbestimmungsrecht bejaht wird.[12]

b) Richtlinien zum Urlaubsplan und zur Urlaubsregelung

145 Um Urlaubsrichtlinien im Sinn des § 36 Abs. 1 Nr. 2 MAVO handelt es sich, wenn **abstrakt-generell** Regeln für die Umsetzung der individuellen Urlaubspläne formuliert werden, nach denen die Mitarbeitenden also ihren Urlaub verlangen und nach denen über dieses Verlangen vom Personalverantwortlichen entschieden wird. Hierzu gehören etwa Vorgaben zur zeitlichen Lage des Urlaubs, zur Gewährung zusammenhängenden Urlaubs, zum Zeitpunkt der Abgabe von Urlaubswünschen, zu ihrer Gewichtung anhand sozialer Kriterien bei Überschneidungen, Art und Zeitpunkt der Bekanntgabe der Entscheidungen u. ä. Der Urlaubsplan ist im Ergebnis die längerfristige Planung für ein Halbjahr, bestimmte Ferienzeiten oder auch das gesamte Kalenderjahr und enthält häufig

[11] Eichstätter Kommentar / Schmitz, 2. Aufl. 2018, § 36 MAVO Rn. 16.

[12] Kaum umsetzbar daher LAG Hamm 9.1.2009 – 10 TaBV 99/08.

bereits auch ggf. notwendige Vertretungsregeln. Nicht erforderlich ist, dass dieses Regelwerk gegenüber den Mitarbeitenden bekannt gemacht wird; es reicht vielmehr, wenn nach Maßgabe des Dienstgebers anhand dieser Regeln entschieden wird. Schon dann gelten Urlaubsrichtlinien als „aufgestellt".[13] Die eigentliche Entscheidung über die individuellen Urlaubswünsche ist jedoch nicht mitbestimmungspflichtig.[14] Auch die Einführung von **Betriebsferien** bzw. Schließzeiten, Regeln zur Urlaubsvertretung oder auch eine **Urlaubssperre** sind mitbestimmungspflichtig. Die wechselseitigen Interessen des Dienstgebers wie der Mitarbeitenden sind in einen **Ausgleich nach billigem Ermessen** zu bringen. Im Falle der Einführung von Betriebsferien geht die Rechtsprechung davon aus, dass ein entsprechender Ausgleich dann erfolgt, wenn die Mitarbeitenden bis zu ³/₅ ihres Jahresurlaubs in den Betriebsferien nehmen müssen, im Übrigen aber den Urlaubszeitpunkt selbst bestimmen können. Dringende betriebliche Gründe sind für die Einführung von Betriebsferien jedoch nicht erforderlich.[15] Nicht vom Mitbestimmungsrecht umfasst sind dagegen der individuelle Urlaubsanspruch der Mitarbeitenden und dessen Berechnung.[16]

c) Technische Einrichtungen

Insbesondere im Zusammenhang mit der Erfassung tatsächlich geleisteter 146
Arbeit und der daran geknüpften Vergütung stellt sich zunehmend die Frage nach technischen Hilfsmitteln, die die Administration vereinfachen. Nach § 36 Abs. 1 Nr. 9 MAVO ist die Zustimmung der MAV einzuholen, wenn „technische Einrichtungen" eingeführt und angewendet werden sollen, die dazu bestimmt sind, das Verhalten oder die Leistung der Mitarbeitenden zu überwachen. Das berechtigte Interesse des Dienstgebers an der Nutzung solcher Hilfsmittel ist in einen **Ausgleich mit den Persönlichkeitsrechten der Mitarbeitenden** zu bringen. Der Anwendungsbereich dieses Mitbestimmungsrechts ist immer Gegenstand von Abgrenzungsproblemen. So soll noch keine technische Einrichtung im Sinn des Vorschrift vorliegen, wenn ein technisches Gerät im

[13] Vgl. LAG Rheinland-Pfalz 19.2.2009 – 11 TaBV 29/08.

[14] Freiburger Kommentar / Sroka, § 36 Rn. 38.

[15] BAG 28.7.1981 – 1 ABR 79/79, NJW 1982, 959.

[16] Eichstätter Kommentar / Schmitz, 2. Aufl. 2018, § 36 MAVO Rn. 31.

Wesentlichen durch einen Menschen gesteuert wird, da der Zweck des Mitbestimmungsrechts darin bestehe, eine **anonyme technische, andauernde und automatisierte Kontrolle** zu regulieren.[17] Überwachung im Sinn des Regelung ist sowohl die Sammlung der Informationen wie auch deren Auswertung.[18]

147 **Definition: „zur Überwachung bestimmt"**

Ein datenverarbeitendes System ist zur Überwachung von Verhalten oder Leistung der Arbeitnehmer bestimmt, wenn es individualisierte oder individualisierbare Verhaltens- oder Leistungsdaten selbst erhebt und aufzeichnet, unabhängig davon, ob der Arbeitgeber die erfassten und festgehaltenen Verhaltens- oder Leistungsdaten auch auswerten oder zu Reaktionen auf festgestellte Verhaltens- oder Leistungsdaten verwenden will. Überwachung in diesem Sinne ist sowohl das Sammeln von Informationen als auch das Auswerten bereits vorliegender Informationen.

(BAG 14.11.2006 – 1 ABR 4/06, Rn. 27)

148 Eine solche technische Einrichtung soll aber auch vorliegen, wenn sie der Verarbeitung von Informationen dient, die nicht auf technischem Wege gewonnen werden.[19] Zu diesen technischen Hilfsmitteln gehören auch elektronische Zeiterfassungssysteme oder Personalmanagementprogramme, mit denen Fehlzeiten erfasst werden und damit eine Aussage über deren Häufigkeit, Dauer und Anlass ermöglichen, oder auch GPS-Ortungsgeräte, Mobilgeräte und Tablets, die zur Aufzeichnung der Arbeitsleistung, z. B. in der ambulanten Pflege, verwendet werden.[20] Maßgebend ist allein die **objektive Eignung** zur Überwachung, nicht eine entsprechende Absicht des Dienstgebers.[21] Soweit Leistungs- und Verhaltensdaten durch die technische Einrichtung erhoben

17 Eichstätter Kommentar / Schmitz, 2. Aufl. 2018, § 36 MAVO Rn. 88.

18 Vgl. BAG 14.11.2006 – 1 ABR 4/06, NZA 2007, 399.

19 BVerwG 9.12.1992 – 6 P 16.91.

20 Vgl. auch Freiburger Kommentar / Sroka, § 36 Rn. 94, 106.

21 Eichstätter Kommentar / Schmitz, 2. Aufl. 2018, § 36 MAVO Rn. 92; Freiburger Kommentar / Sroka, § 36 Rn. 92; Thiel / Fuhrmann / Jüngst-Jüngst, MAVO, 8. Aufl. 2019, § 36 Rn. 120.

werden, unterliegt auch deren weitere Verwendung der Mitbestimmung; Gleiches gilt für Schulungsmaßnahmen in diesem Zusammenhang[22]. Insoweit sind auch Dienstvereinbarungen nach § 38 Abs. 1 Nr. 9 MAVO möglich. Wird ein Programm gewechselt, verändert oder ergänzt, unterliegt dies dann erneut der Mitbestimmung, wenn die bestehenden Möglichkeiten der Überwachung ausgeweitet werden.[23] Sind jedoch aufgrund einer Datenerhebung keine Rückschlüsse auf einzelne Mitarbeitende oder Gruppen von Mitarbeitenden durch die erfassten Daten möglich, etwa im Rahmen von Qualitätsprüfungen oder der Abrechnung erbrachter Dienstleistungen gegenüber Leistungsträgern, dann besteht kein Mitbestimmungsrecht.[24] Eine denkbare Leistungskontrolle für ganze Abteilungen unterliegt deshalb noch nicht der Mitbestimmung.[25]

d) Zuweisung zu den einzelnen Stufen des Bereitschaftsdienstes

Nach § 36 Abs. 1 Nr. 12 MAVO bestimmt die MAV schließlich mit, wenn es darum geht, die Mitarbeitenden den einzelnen Stufen des Bereitschaftsdienstes zuzuordnen, soweit solche in den Arbeitsvertragsrichtlinien vorgesehen sind. Dies setzt voraus, dass in den Arbeitsvertragsrichtlinien der Caritas (AVR) noch keine abschließende Regelung getroffen wurde. Besteht für den Dienstgeber keinerlei Spielraum, besteht auch kein Mitbestimmungsrecht. § 7 Anlage 31 kennt z. B. drei Stufen (I bis III); § 7 Anlage 32 dagegen vier Stufen (A bis D). In § 7 Abs. 2 der Anlagen 31 bis 33 wird explizit festgehalten, dass die Zuordnung der Mitarbeitenden durch Dienstgeber (Einrichtungsleitung) und MAV erfolgt; nach § 8 Abs. 1 Satz 2 Anlage 30 erfolgt die Zuordnung dagegen in Gestalt einer Nebenabrede zum Dienstvertrag, also einzelvertraglich zwischen Dienstgeber und Mitarbeitendem. 149

---

22 KAG Münster 5.8.2014 – 7/14-KAG-MS, ZMV 2014, 335; KAGH 25.5.2020 – M 20/2019, ZMV 2020, 194.

23 LAG Hamm 7.4.2006 – 10 TaBV 1/06, NZA-RR 2007, 20, 21 f.

24 BAG 18.4.2000 – 1 ABR 22/99, NZA 2000, 1176.

25 A.A. Eichstätter Kommentar / Schmitz, 2. Aufl. 2018, § 36 MAVO Rn. 92; BAG 26.7.1994 – 1 ABR 6/94 unter Verweis auf den mittelbar durch die Überwachung ausgelösten etwaigen Gruppendruck; differenzierend und überzeugender BAG 13.12.2016 – 1 ABR 7/15, NZA 2017, 657.

e) Kurzarbeit

150 Das Mitbestimmungsrecht nach § 36 Abs. 1 Nr. 1 MAVO ist ergänzt worden durch § 36 Abs. 1 Nr. 14 MAVO, der die Mitbestimmung der MAV bei einer vorübergehenden Verkürzung oder Verlängerung der einrichtungsüblichen Arbeitszeit, insbesondere die Einführung von Kurzarbeit im Sinn des SGB III vorsieht. Durch die entsprechende Ergänzung des § 37 Abs. 1 Nr. 1a MAVO besteht je nach Diözese auch ein Initiativrecht der MAV. § 38 Abs. 1 Nr. 16 MAVO eröffnet die Möglichkeit entsprechender Dienstvereinbarungen.

2. Einschränkungen nach § 36 Abs. 3 MAVO

151 Das Mitbestimmungsrecht nach § 36 Abs. 1 Nr. 1 MAVO ist – § 75 Abs. 4 BPersVG nachgebildet – nach den Regeln des § 36 Abs. 3 MAVO eingeschränkt. Dies setzt voraus, dass aus den spezifischen Umständen der Einrichtung die Dienstplanung nur unregelmäßig erfolgen kann oder zwischen der konkreten Diensteinteilung und dem Dienstantritt regelmäßig so wenig Zeit liegt, dass die Mitbestimmung der MAV praktisch nicht stattfinden kann und damit leerliefe. Maßgeblich ist mithin die fehlende Planbarkeit oder Vorhersehbarkeit des jeweiligen Diensteinsatzes der Mitarbeitenden. In diesen Konstellationen wird ein Mindestmaß an Mitbestimmung dadurch gewährleistet, dass die MAV die Grundsätze für die Aufstellung der Dienstpläne, vor allem auch die damit verbundene Anordnung von Arbeitsbereitschaft und Überstunden, mitbestimmt.[26] Sinnvoll dürfte der Abschluss einer Dienstvereinbarung nach § 38 Abs. 1 Nr. 1 MAVO sein, um diese Grundsätze festzulegen.

[26] Vgl. Eichstätter Kommentar / Schmitz, 2. Aufl. 2018, § 36 MAVO Rn. 150; Freiburger Kommentar / Sroka, § 36 Rn. 25 ff.

3. Dienstvereinbarungen nach § 38 MAVO

Mit einer Dienstvereinbarung können Dienstgeber und MAV im Rahmen der ihnen gesetzlich oder durch Arbeitsvertragsrichtlinien eingeräumten Entscheidungsspielräume einrichtungsspezifische Regeln vertraglich festlegen. Diese Form der Ausübung des Mitbestimmungsrechts ist immer dann sinnvoll, wenn eine Vielzahl gleich gelagerter mitbestimmungspflichtiger Einzelfälle zu erwarten ist. Durch **abstrakt-generelle Regelungen** im Rahmen einer Dienstvereinbarung können solche Fälle bereits im Vorfeld gelöst werden. Durch den Abschluss einer Dienstvereinbarung ist das jeweilige Mitbestimmungsrecht der MAV verbraucht.[27] Eine Dienstvereinbarung **wirkt normativ** auf die Einzeldienst- bzw. Arbeitsverhältnisse ein und gestaltet diese verbindlich aus, wenn dies im Rechtsverhältnis zwischen Dienstgeber und Mitarbeitendem so vereinbart ist[28]; ohne normative Wirkung sind dagegen sog. formlose **Regelungsabreden**.[29] Aufgrund dieser zwingenden Wirkung einer Dienstvereinbarung kann der Dienstgeber einzelvertraglich nicht zu Lasten des Mitarbeitenden von den so getroffenen Regeln abweichen. Wurde mit einem Mitarbeitenden jedoch eine „bessere" Regelung im Einzelfall getroffen, kann er sich hierauf nach dem sog. **Günstigkeitsprinzip** berufen. Ist eine solche Feststellung nicht möglich, etwa weil verschiedene Leistungen und Gegenleistungen nicht eindeutig vergleichbar sind, geht die Dienstvereinbarung der einzelvertraglichen Regelung vor.[30] Bei entsprechender offener Gestaltung des Dienst- bzw. Arbeitsvertrages (Aufnahme entsprechender Vorbehalte) können einzelne Regelungen auch durch spätere Dienstvereinbarungen abgelöst werden.[31] Derlei dienstvereinbarungsoffene Vertragsgestaltungen sind in der Praxis weit verbreitet und üblich, um die im kirchlichen Bereich fehlenden zwingenden Mechanismen des staatlichen Rechts zu ersetzen. 152

[27] Vgl. LAG Hamm – 6.8.2004 – 10 TaBV 33/04 (juris).

[28] BAG 29.9.2011 – 2 AZR 523/10, ZMV 2012, 228; vgl. auch Wiszkocsill, ZMV 2017, 78.

[29] Eichstätter Kommentar / Schmitz, 2. Aufl. 2018, § 38 MAVO Rn. 4; Freiburger Kommentar / Thüsing, § 38 Rn. 12.

[30] Vgl. BAG 27.1.2004 – 1 AZR 148/03, NZA 2004, 667.

[31] Vgl. LAG Rheinland-Pfalz 24.7.2012 – 3 Sa 82/12, NZA-RR 2012, 639.

153 Zulässig sind Dienstvereinbarungen nach der MAVO, wenn sie in § 38 MAVO **ausdrücklich vorgesehen** sind oder Arbeitsvertragsrichtlinien entsprechende Öffnungsklauseln enthalten. Aus § 38 Abs. 2 MAVO folgt im Übrigen eine **Regelungssperre für Dienstvereinbarungen,** wenn und soweit Arbeitsvertragsrichtlinien Arbeitsentgelte und sonstige Arbeitsbedingungen geregelt haben.[32] Sog. freiwillige Dienstvereinbarungen sind daher nicht möglich. Anders als die Betriebsparteien nach § 88 BetrVG verfügen Dienstgeber und MAV nicht über eine umfassende Regelungskompetenz für alle formellen und materiellen Arbeitsbedingungen.[33] Widersprechen Dienstvereinbarungen Rechtsnormen, insbesondere Arbeitsvertragsrichtlinien, sind sie unwirksam (§ 38 Abs. 3 MAVO); insoweit findet also auch das sog. Günstigkeitsprinzip keine Anwendung. Wird eine Dienstvereinbarung gekündigt, wirkt sie gem. § 38 Abs. 5 MAVO nach; endet eine Dienstvereinbarung aus anderem Grund, etwa weil sie nur befristet gelten sollte, kommt eine Nachwirkung nicht in Betracht. Im Falle der **Nachwirkung** gelten die an sich ausgelaufenen Regelungen fort, allerdings nicht mehr normativ, so dass sie auch – kollektiv wie einzelvertraglich – zum Nachteil der Mitarbeitenden durch anderweitige Regelungen ersetzt werden können, wobei ggf. die Mitbestimmungsrechte der MAV nach § 36 MAVO zu beachten sind. Auch die Nachwirkung selbst kann auf diese Weise beendet werden. In der Dienstvereinbarung kann deshalb auch von vornherein die Nachwirkung ausgeschlossen werden.[34]

154 Die möglichen **Regelungsinhalte von Dienstvereinbarungen** nach § 38 Abs. 1 Nr. 1 bis 16 MAVO[35] entsprechen denjenigen der Mitbestimmungstatbestände des § 36 Abs. 1 MAVO (► Rn. 141 ff.). Auf der Grundlage des § 38 Abs. 1 Nr. 2 MAVO werden häufig Dienstvereinbarungen geschlossen, die flexible Arbeitszeiten, insbesondere sog. Arbeitszeitkorridore und die Einrichtung sog. Arbeitszeitkonten, ermöglichen, ein Schichtsystem regeln oder auch die Möglichkeit sog. **Vertrauensarbeitszeit** eröffnen (► Rn. 196 ff.). Dienstgeber und MAV können auch nach § 38 Abs. 1 Nr. 3 MAVO die Regeln zur Urlaubsplanung

[32] Freiburger Kommentar / Thüsing, § 38 Rn. 39 ff.

[33] BAG 16.3.2004 – 9 AZR 93/03, ZMV 2004, 251.

[34] Freiburger Kommentar / Thüsing, § 38 Rn. 84 ff.

[35] Nr. 16 wurde neu eingefügt; die Regelung gilt befristet bis 31.3.2022 mit diözesanen Abweichungen.

zum Gegenstand einer Dienstvereinbarung machen. Die Einführung technischer Hilfsmittel, die eine Leistungs- und Verhaltenskontrolle ermöglichen, wird regelmäßig durch eine Dienstvereinbarung ermöglicht. Diese enthalten dann meist auch besondere Vorschriften zu den Voraussetzungen, zum Verfahren einer konkreten Kontrolle einzelner Mitarbeitender, wenn z. B. der konkrete Verdacht eines Fehlverhaltens besteht, und zur weiteren Beteiligung der MAV in solchen Konstellationen.

IV. Vergütung der geleisteten Arbeit

Das von den Mitarbeitenden gegebene Versprechen, in bestimmtem Umfang ihre Arbeitskraft dem Dienstgeber zur Verfügung zu stellen, korrespondiert nicht nur mit einem Anspruch auf vertragsgemäße Beschäftigung, sondern auch mit dem Anspruch auf eine entsprechende Vergütung der geleisteten Arbeit. 155

1. Tabellenentgelt

Dafür ist zunächst die **monatliche Grundvergütung** der Mitarbeitenden maßgebend. Diese folgt aus der **Eingruppierung der Mitarbeitenden** in eine Vergütungs- bzw. Entgeltgruppe nach der jeweils maßgeblichen Anlage zu den Arbeitsvertragsrichtlinien der Caritas (AVR) und der Zuordnung zu einer Entgeltstufe. 156

Beispiel 157

Eingruppierung nach Anlage 31 AVR

§ 11: Die Eingruppierung der Mitarbeiter [...] richtet sich nach den Tätigkeitsmerkmalen des Anhangs D dieser Anlage.

§ 12 Abs. 1: Der Mitarbeiter erhält monatlich ein Tabellenentgelt. Die Höhe bestimmt sich nach der Entgeltgruppe, in die er eingruppiert ist, und nach der für ihn geltenden Stufe.

Anhang D: Entgeltgruppe P 7
Pfleger mit mindestens dreijähriger Ausbildung und entsprechender Tätigkeit.

Tabellenwerte ab 1.1.2020

	Grundentgelt		Entwicklungsstufen			
	Stufe 1	Stufe 2	Stufe 3	Stufe 4	Stufe 5	Stufe 6
P7	-	2.830,56	3.003,48	3.269,54	3.402,54	3.539,56

Die Stufenzuordnung erfolgt bei Einstellung nach der Berufserfahrung (§ 13 Abs. 1); die nächsthöhere Stufe wird dann nach Ablauf bestimmter Jahreszeiträume in der vorherigen Stufe erreicht (§ 13 Abs. 3).

158 Die Eingruppierung folgt nach diesen Regelungen gleichsam automatisch. Sie ist nicht Verhandlungsgegenstand zwischen dem Dienstgeber und dem Mitarbeitenden. Zum Tabellenentgelt kommen ggf. ein sog. **Leistungsentgelt** (z. B. nach § 15 Anlage 31) und eine **Jahressonderzahlung** (z. B. nach § 16 Anlage 31) hinzu.

2. Besondere Entgeltbestandteile

159 In unmittelbarem Zusammenhang mit den vorstehend dargestellten arbeitszeitrechtlichen Besonderheiten stehen nach Abschnitt II Anlage 1 AVR weitere Vergütungskomponenten: die **Zuschläge bzw. Zulagen** für bestimmte Dienstformen nach der jeweils für den Mitarbeitenden geltenden Anlage. Mit diesen werden regelmäßig die mit diesen Dienstformen einhergehenden besonderen Anforderungen bzw. Erschwernisse gesondert abgegolten. Die Anlagen 30 bis 33 AVR enthalten in § 7 (Anlage 30) bzw. jeweils § 6 (Anlagen 31 – 33) gesonderte Regeln für die Vergütung der sog. **Sonderformen der Arbeit** und in ihren § 8 (Anlage 30) bzw. jeweils § 7 (Anlagen 31 – 33) Vorgaben für die Vergütung des Bereitschaftsdienstes (► Anhang).

160 Die damit verbundene Steigerung des monatlichen Einkommens ist für die Mitarbeitenden durchaus entscheidend. Die entsprechenden Tätigkeiten stellen daher nicht nur eine „Zumutung“ des Dienstgebers dar, sondern werden von den Mitarbeitenden mit Blick auf ihre Einkommenssituation auch eingefordert. Mitarbeitende und Mitarbeitervertretung verlangen daher auch

deshalb zu Recht, dass die mit Zuschlägen oder Zulagen versehenen Dienstformen unter den Mitarbeitenden gerecht verteilt werden. Nach § 4 Entgeltfortzahlungsgesetz (EFZG) sind diese zusätzlichen Zahlungen auch mit Blick auf das **Entgeltausfallprinzip** für die **Lohnfortzahlung** im Krankheitsfall von Bedeutung. Während Überstundenvergütungen nach § 4 Abs. 1a EFZG und arbeitsfreie Ausgleichstage unberücksichtigt bleiben, werden die Zuschläge etwa für Sonn- und Feiertagsarbeit eingerechnet.[1]

a) Bereitschaftsdienstentgelt

Nach § 8 Anlage 30 bzw. jeweils § 7 Anlagen 31 bis 33 AVR erhalten die Mit- 161
arbeitenden ein Bereitschaftsdienstentgelt nach Maßgabe der zugewiesenen Stufe des Bereitschaftsdienstes. Die **Entgeltberechnung** erfolgt dabei einschließlich der geleisteten Arbeit **nach dem Maß der** während des Bereitschaftsdienstes erfahrungsgemäß **durchschnittlich anfallenden Arbeitsleistung.** Die Arbeitsvertragsrichtlinien der Caritas (AVR) staffeln diesen Entgeltbestandteil also nach der üblichen Belastung, nicht nach der tatsächlichen Arbeitsleistung während eines Bereitschaftsdienstes. Zugleich wird auf den Umfang des Bereitschaftsdienstes abgestellt, wobei wegen der geringeren Belastung eine Stunde Bereitschaftsdienst geringer vergütet wird als eine Stunde Vollarbeit. Diese **vergütungsrechtliche** Bewertung ändert aber nichts daran, dass der Bereitschaftsdienst **arbeitszeitrechtlich** insgesamt zur Arbeitszeit zählt (► Rn. 34 ff.). Die Grundstrukturen der Vergütungsregelungen der Anlagen 30 bis 33 AVR ähneln sich dabei durchaus, in den Details bestehen aber zum Teil erhebliche Unterschiede.

Für Ärztinnen und Ärzte werden nach § 8 Abs. 1 Anlage 30 ab dem 1.1.2021 bei 162
einem durchschnittlichen Arbeitsanfall von bis zu 25 % die Zeiten des Bereitschaftsdienstes zu 70 % als **vergütungspflichtige Arbeitszeit** gewertet (Stufe I), bei einem Arbeitsanfall von mehr als 25 % bis zu 40 % gilt dies für 85 % der Bereitschaftszeiten (Stufe II) und bei mehr als 40 % bis zu 49 % Arbeitsanfall werden 100 % des Bereitschaftsdienstes (Stufe III) als zu vergütende Arbeitszeit angesehen. Das danach zu zahlende Entgelt je errechneter Stunde ist in § 8 Abs.

[1] BAG 14.1.2009 – 5 AZR 89/08, DB 2009, 909; ErfK / Reinhard, 20. Aufl. 2020, § 4 EFZG Rn. 8.

2 Anlage 30 festgelegt. Die seit dem 1.1.2020 geltenden **Stundensätze** werden mit Wirkung ab dem 1.10.2021 prozentual um die für die jeweilige Entgeltgruppe noch zu vereinbarende Steigerungsrate erhöht (§ 8 Abs. 2 Satz 3 Anlage 30).[2]

163 **Beispiel**

Bereitschaftsdienstentgelt nach Anlage 30 AVR

Facharzt nach sechsjähriger fachärztlicher Tätigkeit
(Eingruppierung, § 14): EG II Stufe 3

Tatsächlich geleistete Bereitschaftsdienststunden Stufe II
(ohne Ruhepause): 6 Stunden

Bewertung als Arbeitszeit mit 85 % (§ 8 Abs. 1): 5,1 Stunden

Entgelt je Stunde EG II Stufe 3: € 37,11 (§ 8 Abs. 2) x 5,1 Stunden = € 189,26

164 **Zusätzlich** erhalten Ärztinnen und Ärzte nach den jüngsten Änderungen der Anlage 30 nach deren § 8 Abs. 3 einen Zuschlag in Höhe von 15 % des Stundenentgelts nach § 8 Abs. 2 für jede Stunde des eingeteilten Bereitschaftsdienstes. **Alternativ** kann für Bereitschaftsdienst nach § 8 Abs. 6 Anlage 30 AVR anstelle der Zahlung einer solchen Vergütung im Umfang der errechneten Arbeitszeit auch **Freizeitausgleich** gewährt werden; im obigen Beispiel also 5,1 Stunden; der Zuschlag nach § 8 Abs. 3 ist davon ausgenommen.

165 Fallen Bereitschaftsdienste auf **Feiertage,** erhöht sich die Vergütung nach § 8 Abs. 4 Anlage 30 um 25 % des Stundenentgelts. Im obigen Beispielsfall erhielte der Mitarbeitende daher ein weiteres Entgelt in Höhe von € 47,32 (25 % von € 37,11 x 5,1 Stunden). Auch dieser Zeitzuschlag kann in Freizeit abgegolten werden. Für Bereitschaftsdienste **in der Nachtzeit** von 21:00 bis 6:00 Uhr (► Rn. 50) besteht gem. § 8 Abs. 5 Anlage 30 AVR ein Anspruch auf einen weiteren Zuschlag in Höhe von 15 %. Im obigen Beispielsfall beliefe sich dieser auf € 28,39 (15 % von € 37,11 x 5,1 Stunden). Ein Freizeitausgleich für den Nachtzuschlag ist ausgeschlossen (§ 8 Abs. 5 Satz 2 Anlage 30). Wäre im obigen

2 Vgl. Beschlüsse 2/2020 der Bundeskommission der AK vom 18.6.2020.

Beispielsfall der sechsstündige Bereitschaftsdienst nachts an einem Feiertag erfolgt, erhielte der Mitarbeitende also insgesamt € 264,97 zzgl. des Zuschlages nach § 8 Abs. 3 Anlage 30.

Die Bereitschaftsdienstzeiten der Mitarbeitenden im Anwendungsbereich der **Anlage 31** werden ebenfalls in die drei oben genannten Stufen unterteilt, jedoch in der ersten Stufe nur zu 60 %, in der zweiten Stufe zu 75 % und in der dritten Stufe zu 90 % als Arbeitszeit bewertet. Dies entspricht der bis zum 31.12.2020 geltenden Bewertung der Anlage 30. Das Entgelt bestimmt sich nach Anhang C zur Anlage 31, in dem nach Entgeltgruppen differenzierte Stundensätze festgelegt wurden. Nach § 7 Abs. 5 Anlage 31 werden auch hier für Bereitschaftsdienste an Feiertagen zusätzlich 25 % dieses Stundensatzes und für solche zur Nachtzeit weitere 15 % dieses Stundensatzes für die errechnete Arbeitszeit gezahlt. Für Mitarbeitende gemäß § 5 Abs. 9 Anlage 31[3] werden 28,5 % der Bereitschaftsdienstzeit als Arbeitszeit gewertet. Die Möglichkeit, anstelle einer Zahlung Freizeitausgleich zu gewähren, besteht auch hier unter Einschluss etwaiger Feiertagszeitzuschläge (§ 7 Abs. 6 Anlage 31), wenn dieser bis zum Ende des dritten folgenden Kalendermonats gewährt wird, andernfalls wird das Bereitschaftsdienstentgelt zur Zahlung fällig. Im Falle der Faktorisierung nach § 7 Abs. 7 in Verbindung mit § 9 Abs. 3 entspricht eine Stunde Bereitschaftsdienst der Stufe I 37 Minuten, der Stufe II 46 Minuten und der Stufe III 55 Minuten; bei Mitarbeitenden nach § 5 Abs. 9 entspricht eine Stunde 17,5 Minuten; bei Feiertagsarbeit jeweils zzgl. 15 Minuten. 166

Nach jeweils § 7 Abs. 1 **Anlagen 32 und 33** wird der durchschnittliche Arbeitsanfall im Bereitschaftsdienst in vier Stufen (A bis D) unterteilt. Von 0 % bis 10 % (A) werden 15 % der Bereitschaftsdienstzeit als vergütungspflichtige Arbeitszeit bewertet, bei mehr als 10 % bis zu 25 % (B) durchschnittlichem Arbeitsanfall werden 25 % der Zeit als Arbeitszeit, bei mehr als 25 % bis zu 40 % (C) durchschnittlichem Arbeitsanfall werden 40 % und bei mehr als 40 % bis 167

[3] Das betrifft Mitarbeitende in Einrichtungen und Heimen, die der Förderung der Gesundheit, der Erziehung, Fürsorge oder Betreuung von Kindern und Jugendlichen, der Fürsorge und Betreuung von obdachlosen, alten, gebrechlichen, erwerbsbeschränkten oder sonstigen hilfsbedürftigen Personen dienen, auch wenn diese Einrichtungen nicht der ärztlichen Behandlung der betreuten Personen dienen, sowie Mitarbeitende in Einrichtungen, in denen die betreuten Personen nicht regelmäßig ärztlich behandelt und beaufsichtigt werden (Erholungsheime).

zu 49 % (D) werden 55 % der Bereitschaftsdienstzeit als Arbeitszeit bewertet. Wird ein Mitarbeitender, der danach der Stufe A zugeordnet ist, erfahrungsgemäß mehr als drei Mal während einer Bereitschaftsdienstzeit zwischen 22:00 und 6:00 Uhr tatsächlich in Anspruch genommen, wird er der Stufe B zugeordnet. Mit der Anzahl der Bereitschaftsdienste im Kalendermonat erhöht sich die Bewertung der Arbeitszeit. Vom ersten bis zum achten Bereitschaftsdienst werden zusätzlich 25 % als Arbeitszeit gewertet, vom neunten bis zum zwölften Bereitschaftsdienst 35 % und bei 13 und mehr Bereitschaftsdiensten 45 %. Für Mitarbeitende im Sinne des § 5 Abs. 9 Anlage 32 gilt abweichend, dass 25 % der Bereitschaftsdienstzeiten als Arbeitszeit gewertet werden sowie ab dem achten Bereitschaftsdienst im Kalendermonat 15 % hinzukommen. Für Bereitschaftsdienste in der Nachtzeit kommen wiederum 15 % der Bereitschaftsdienstzeit als zu vergütende Arbeitszeit hinzu (jeweils § 7 Abs. 3a Anlagen 31 und 32). Im Anhang C zur Anlage 32 sind wiederum die Stundensätze geregelt. Im Anwendungsbereich der Anlage 33 wird die bewertete Arbeitszeit nach Maßgabe des auf einen Stundensatz umgerechneten individuellen Tabellenentgelts bezahlt (§ 7 Abs. 4 Anlage 33). Die Abgeltung des Bereitschaftsdienstes in Freizeit ist nach § 7 Abs. 5 Anlage 32 faktorisiert auf einem Arbeitszeitkonto nach § 9 Abs. 3 möglich.

168 **Beispiel**

Bereitschaftsdienstentgelt nach Anlage 32 AVR

Ein Pfleger (Eingruppierung, § 11: P 7 Stufe 4) leistet 14 Bereitschaftsdienste im Kalendermonat zu je 8 Stunden der Stufe C. Dies sind ohne Ruhepausen 112 Stunden.

Bewertung als Arbeitszeit mit 40 % (Stufe C) zzgl. 25 % / 35 % / 45 % Anzahl):

1. bis 8. Bereitschaftsdienst: 8 x 8 Std. = 64 Std. zu 65 %	41,6 Std.
9. bis 12. Bereitschaftsdienst: 4 x 8 Std. = 32 Std. zu 75 %	24,0 Std.
13. u. 14. Bereitschaftsdienst: 2 x 8 Std. = 16 Std. zu 85 %	13,6 Std.
	79,2 Std.
Entgelt je Stunde € 18,29 (Anhang C) x 79,2 Stunden	= € 1.448,57

Die Regelungen der Anlagen 32 und 33 AVR entsprechen weitgehend auch denjenigen für die Mitarbeitenden, die in den Anwendungsbereich der **Anlage 5 AVR** fallen. Für diese ist das Bereitschaftsdienstentgelt in deren § 9 geregelt. Neben der dort ebenfalls in den Stufen A bis D bewerteten Arbeitszeit und der Staffelung nach der Anzahl der Bereitschaftsdienste finden sich zusätzliche Entgelte für Dienste während der Zeit von 20:00 bis 6:00 Uhr, die mit einem Zuschlag in Höhe von 15 % der Stundenvergütung bezahlt werden (§ 9 Abs. 2a Anlage 5). Bei Mitarbeitenden, die im Sinne des § 7 Abs. 7 Anlage 5 ständig (zum Begriff ► Rn. 179) Bereitschaftsdienste leisten, kann auch eine pauschale Abgeltung erfolgen (§ 9 Abs. 6 Anlage 5). 169

b) Rufbereitschaftspauschale und Stundenvergütung

Die Vergütung der Rufbereitschaft (► Rn. 39) erfolgt demgegenüber vergleichsweise unkompliziert. 12,5 % der inaktiven Rufbereitschaftszeit wird nach § 9 Abs. 5 Anlage 5 als Arbeitszeit gewertet und entsprechend der Überstundenvergütung nach Anlage 6a vergütet (100 % des auf eine Stunde umgerechneten Tabellenentgelts zzgl. 15 % / 20 % / 25 % je nach Vergütungsgruppe). Tatsächlich in Anspruch genommene Zeit wird zusätzlich mit der Überstundenvergütung abgegolten, wobei mindestens drei Stunden angesetzt werden und auch die Wegezeit berücksichtigt wird. 170

Ärztinnen und Arzte erhalten nach § 7 Abs. 3 **Anlage 30** für Rufbereitschaft eine tägliche Pauschale. Diese beträgt montags bis freitags das 2-fache, am Wochenende und an Feiertagen das 4-fache des auf eine Stunde umgerechneten Tabellenentgelts der jeweiligen Entgeltgruppe und Stufe (gem. § 2 Anlage 6a höchstens Stufe 4). 171

! Die Formel für Stundenberechnung nach § 2 Anlage 6a AVR lautet: 172

$$\frac{\text{Regelvergütung bzw. Tabellenentgelt bis zur Stufe 4}}{\text{durchschnittliche regelmäßige Wochenarbeitszeit x 4,348}}$$

173 Bei Inanspruchnahme wird jede (nach oben aufgerundete) Stunde einschließlich der Wegezeiten mit der Überstundenvergütung in Höhe von 115 % des auf eine Stunde umgerechneten Tabellenentgelts bezahlt. Bei stundenweiser Rufbereitschaft (weniger als zwölf Stunden am Stück) beträgt die Vergütung 12,5 % des auf eine Stunde entfallenen Tabellenentgelts. Für Mitarbeitende im Anwendungsbereich der **Anlagen 31 bis 33 AVR** gilt nach deren § 6 Abs. 3 jeweils Entsprechendes, wobei der Überstundenzuschlag in den Entgeltgruppen 1 bis 9b 30 %, in den höheren Entgeltgruppen ebenfalls 15 % beträgt. Etwaige Zeitzuschläge fallen dagegen nur an, wenn der Mitarbeitende auch tatsächlich in Anspruch genommen wurde.

174 **Beispiel**

Rufbereitschaftsvergütung nach Anlage 33 AVR

Heilerziehungspflegerin
Eingruppierung nach § 11: EG S 7 Stufe 3 – Tabellenentgelt: € 3.157,39
Rufbereitschaft Montag bis Freitag von 20:00 bis 00:00 Uhr

Umfang der Rufbereitschaft: 5 x 4 Stunden =	20 Std.
Stundenweise Vergütung, da keine 12-Stunden-Rufbereitschaft am Stück	
Stundenentgelt: € 3.157,39 : (39 Std. x 4,348 = 169,57 Std.) =	€ 18,62 / Std.
Davon 12,5 % = € 2,33 x 20 Std. =	€ 46,55

Während der 5 Tage fallen 3 Stunden tatsächliche Arbeit in der Zeit nach 21:00 Uhr zzgl. 1 Stunde Wegezeit an:

Überstundenentgelt für 4 Std.: € 18,62 x 4 =	€ 74,48
Zeitzuschlag für Überstunden 30 %: € 5,59 x 4 =	€ 22,34
Nachtzuschlag 20 %: € 3,72 x 4 =	€ 14,89
Gesamtvergütung für die Rufbereitschaft:	€ 158,26

c) Feiertagszuschlag

Für die Arbeitsleistung an einem Feiertag, der auf einen Werktag fällt, erhalten die Mitarbeitenden im Anwendungsbereich der Anlagen 30 bis 33 (§ 7 Abs. 1 Anlage 30 bzw. jeweils § 6 Abs. 1 Anlagen 31 bis 33) einen Zuschlag und zwar in Höhe von 35 % des auf die Stunde umgerechneten Tabellenentgelts. Wird die Feiertagsarbeit durch Freizeitausgleich kompensiert, verbleibt es bei diesem Zuschlag. Erfolgt **kein Freizeitausgleich,** erhalten die Mitarbeitenden eine Vergütung in Höhe von 135 % des auf die Stunde entfallenden Tabellenentgelts. Werden die Soll-Stunden der Mitarbeitenden mit Blick auf die auf Werktage fallenden Feiertage verkürzt, dann entspricht dies einem (vorweggenommenen) Freizeitausgleich, so dass allein der Zuschlag von 35 % zu zahlen ist.[4] Dies entspricht auch den Regelungen des § 1 lit. c **Anlage 6a,** wobei hier noch die Besonderheit gilt, dass für gesetzliche Feiertage (mit Ausnahme von Oster- und Pfingstsonntag), die auf einen Sonntag fallen, sogar ein Zuschlag von 50 % gewährt wird. 175

d) Zuschlag für Nachtarbeit

Der Zuschlag für Nachtarbeit beträgt im Anwendungsbereich der Anlage 30 (§ 7 Abs. 1) 15 % des auf die Stunde umgerechneten Tabellenentgelts; im Anwendungsbereich der Anlagen 31 bis 33 (jeweils § 6 Abs. 1) dagegen 20 %. Dies gilt nach § 5 Abs. 3 Anlage 30 bzw. jeweils § 4 Abs. 3 der Anlagen 31 bis 33 für die Zeit zwischen 21:00 und 6:00 Uhr. Nach § 1 Abs. 1 lit. e Anlage 6a erhalten die Mitarbeitenden je Stunde einen Zuschlag von € 1,68 für eine Arbeitsleistung in der Zeit zwischen 20:00 und 6:00 Uhr. 176

e) Überstundenentgelt

Auch das Entgelt für Überstunden wird als Zuschlag auf der Grundlage des auf die Stunde umgerechneten Tabellenentgelts berechnet. Im Anwendungsbereich der Anlage 30 beläuft sich der Zuschlag auf 15 % (§ 7 Abs. 1), im 177

[4] BAG 9.7.2008 – 5 AZR 902/07, NZA-RR 2009, 262.

Anwendungsbereich der Anlagen 31 bis 33 wird zwischen den Entgeltgruppen differenziert. Danach erhalten Mitarbeitende in den Entgeltgruppen 1 bis 9b einen Zuschlag in Höhe von 30 %, ab der Entgeltgruppe 9c beläuft sich dieser ebenfalls auf 15 %. Die Anlage 6a kennt in § 1 Abs. 1 lit. a ebenfalls eine Staffelung nach Entgeltgruppen und zwar mit Zuschlägen in Höhe von 15 %, 20 % und 25 %.

f) Schichtzulage

178 Nach 7 Abs. 5 Anlage 30 bzw. jeweils § 6 Abs. 5 Anlagen 31 bis 33 erhalten diejenigen Mitarbeitenden, die „ständig" Schichtarbeit leisten, eine monatliche Schichtzulage in Höhe von € 40,00. Nach Anlage 1 Abschnitt VII lit. c beläuft sich die monatliche Schichtzulage bei einer Zeitspanne von mindestens 13 Stunden auf € 35,79; bei einer Zeitspanne von mindestens 18 Stunden auf € 46,02. Im Gegensatz zur Anlage 1 kennen die Anlagen 30 bis 33 auch eine Zulage für Mitarbeitende, die nicht ständig Schichtarbeit leisten. Diese erhalten eine Schichtzulage von € 0,24 je Stunde.

179 **Definition: Ständige Schichtarbeit**

Unter ständiger Schichtarbeit ist die regelmäßige und dauerhafte Zuweisung dieser Tätigkeit zu verstehen; erfolgt der Einsatz im Schichtdienst nur gelegentlich oder vertretungsweise, liegt keine ständige Schichtarbeit vor.

(BAG 24.3.2010 – 10 AZR 570/09)

g) Wechselschichtzulage

180 Die Wechselschichtzulage beläuft sich nach § 7 Abs. 4 Anlage 30 bzw. jeweils § 6 Abs. 4 Anlagen 31 bis 33 auf € 105,00 monatlich bei **ständiger** Wechselschicht. Bei **gelegentlicher Wechselschicht** erhalten die Mitarbeitenden € 0,63 je Stunde. Im Anwendungsbereich der Anlage 1 Abschnitt VII lit. b erhalten die Mitarbeitenden eine monatliche Zulage von € 102,26, wenn in je fünf Wochen

mindestens 40 Arbeitsstunden in der dienstplanmäßigen oder betriebsüblichen Nachtschicht geleistet werden. Die Zulage beläuft sich auf € 61,36, wenn diese Nachtschichten in je sieben Wochen geleistet werden.

h) Weitere Zeitzuschläge

Schließlich ist auf die Zuschläge für **Sonntagsarbeit** in Höhe von 25% des auf die Stunde umgerechneten Tabellenentgelts im Anwendungsbereich der Anlagen 30 bis 33 (§ 7 Abs. 1 Anlage 30 bzw. jeweils § 6 Abs. 1 Anlagen 31 bis 33) hinzuweisen; Gleiches gilt nach § 1 Abs. 1 lit. b auch für die Mitarbeitenden im Anwendungsbereich der **Anlage 6a.** Letztere kennt überdies auch noch einen Zuschlag für **Samstagsarbeit** in der Zeit von 13:00 bis 20:00 Uhr in Höhe von € 0,83 je Stunde (§ 1 Abs. 1 lit. f). Hinzu kommt schließlich ein Zuschlag für die Arbeit an den sog. **Vorfesttagen.** Dieser beläuft sich nach § 1 Abs. 1 lit. d auf 25% bei einer Arbeitsleistung an Karsamstag und Pfingstsamstag in der Zeit von 12:00 bis 24:00 Uhr und auf 35% an Heiligabend und Silvester (ganztags). Die Anlagen 30 bis 33 AVR kennen nur diesen Zuschlag für Heiligabend und Silvester. 181

V. Flexibilisierung der Arbeitszeitgestaltung

Arbeitszeitrechtlich wie auch vergütungsrechtlich sind Dienstgeber und Mitarbeitende in der Gestaltung ihrer täglichen Arbeitsbedingungen danach deutlich beschränkt. Von der eingangs postulierten Vertragsfreiheit bleibt tatsächlich nicht viel. Der gesetzliche Rahmen, die Arbeitsvertragsrichtlinien der Caritas (AVR) wie auch die etwaigen Dienstvereinbarungen bewirken in der Regel jedoch einen sachgerechten Interessenausgleich, der kaum zu erwarten wäre, wenn ein Dienstgeber mit jedem Mitarbeitenden die Arbeitsbedingungen individuell vereinbaren würde. Dies gilt gerade auch mit Blick auf den Gleichbehandlungsgrundsatz. Dennoch ist es kaum verwunderlich, dass sich insbesondere die Dienstgeber ein **größeres Maß an Flexibilität** wünschen. Nicht selten stoßen sie damit aber auch bei den Mitarbeitenden auf großes Interesse, denn **starre Arbeitszeiten** und **fixe Vergütungen** schränken auch diese ein und sind im Zweifel nicht besonders stimulierend. Die Möglichkeiten sind insoweit durchaus vielfältig und können gerade im Wege von Dienstvereinbarungen einrichtungsbezogen von Dienstgeber und MAV ausgestaltet werden. 182

1. Arbeitszeitkonten

Insbesondere die Einrichtung von Arbeitszeitkonten nach § 9 Anlagen 31 bis 33 bzw. § 3 Anlage 5b stellt ein probates Instrument zur Flexibilisierung dar. Auf ein Arbeitszeitkonto können vor allem nicht durch Freizeit ausgeglichene Zeiten sowie in Zeit umgewandelte Zuschläge oder – bei entsprechender Vereinbarung – auch die Entgelte für Bereitschaftsdienst und Rufbereitschaft gebucht werden (vgl. § 9 Abs. 3 Anlagen 31 bis 33). Durch Leistung von mehr Arbeitsstunden, als vertraglich vereinbart, kann durch solche sog. **Plus-Stunden** ein beachtliches Guthaben auf einem Arbeitszeitkonto entstehen. Umgekehrt ist auch das Entstehen sog. **Minus-Stunden** möglich, wenn ein Mitarbeitender zu weniger Dienstzeiten eingeteilt wird, als vertraglich vereinbart wurde. Da die regelmäßige Wochenarbeitszeit nicht jede Woche exakt erreicht werden 183 muss, sondern erst in dem jeweils geltenden Zeitraum im Durchschnitt, sind sogar ganz erhebliche Schwankungen in verschiedenen Wochen denkbar. Überstunden im formalen Sinne können dabei nur unter den dargestellten Voraussetzungen anfallen (► Rn. 21 ff.), praktisch wird dies jedoch nur selten der Fall sein. Die **monatliche Lohnzahlung** bleibt während solcher Schwankungen zunächst **unverändert.** Je nach den Regeln zum Ausgleich des Arbeitszeitkontos fallen gesonderte Vergütungen erst tatsächlich an, wenn der Ausgleich des Arbeitszeitkontos nicht in der dafür maximal vorgesehenen Zeit erfolgt. Derlei Regeln sind durch Dienstvereinbarung zwischen Dienstgeber und Mitarbeitervertretung zu vereinbaren.

184 ► **Beispiel**

Plus- und Minus-Stunden

Mitarbeitender mit einer regelmäßigen wöchentlichen Arbeitszeit von 39 Stunden

	1. Wo.	2. Wo.	3. Wo.	4. Wo.
Soll	34 Std.	40 Std.	39 Std.	38 Std.
Ist	34 Std.	43 Std.*	39 Std.	36 Std.
Plus		4 Std.		
Minus	5 Std.			3 Std.

* ggf. Überstunden

185 Um das Ausmaß solcher Schwankungen zu begrenzen und für beide Seiten den Ausgleich des Arbeitszeitkontos durch Mehr- oder Minderarbeit innerhalb des vereinbarten Zeitraums tatsächlich nicht unmöglich zu machen, enthalten diese Dienstvereinbarungen häufig eine sog. **Ampel.** Für die drei Stufen grün, gelb und rot definiert die Dienstvereinbarung jeweils eine **maximale Schwankungsbreite** von Minus- und Plus-Stunden und verknüpft dies mit **Verhaltensvorgaben** für Mitarbeitende und Dienstplaner. Während im grünen Bereich im sprichwörtlichen Sinne alles in Ordnung ist und weiter von der Flexibilität Gebrauch gemacht werden kann, sollen bei „gelb" bereits erste Schritte zum Abbau eines zu groß gewordenen Guthabens durch zusätzliche

freie Tage oder zur Verringerung eines negativen Kontostandes durch die Einteilung zu zusätzlichen Diensten unternommen werden. Steht die Ampel auf „rot", sind die maximalen Grenzen des Kontorahmens nahezu erreicht oder sogar überschritten. In dieser Konstellation endet die Flexibilität vorübergehend. Zumeist sind dann verbindliche Absprachen erforderlich, um das Konto in einem absehbaren Zeitraum wieder in den grünen Bereich zurückzuführen. Der weitere Aufbau von Plus- oder Minus-Stunden ist dann ausgeschlossen.

Die Arbeitsvertragsrichtlinien der Caritas (AVR) geben Dienstgeber und Mit- 186
arbeitervertretung einen gewissen **Rahmen** vor. Nach § 9 Abs. 5 Anlage 31 darf die höchstmögliche Zeitschuld 40 Stunden und das höchstmögliche Zeitguthaben dagegen bis zu einem Vielfachen von 40 Stunden betragen. Darüber hinaus sind Regelungen für das Abbuchen von Zeitguthaben bzw. den Abbau von Zeitschulden (Umfang, Fristen) zu treffen. Dies gilt insbesondere für die Nutzung von Zeitguthaben an sog. Brückentagen oder auch den kurzfristigen Widerruf bereits gewährter Freizeit.

Beispiel 187

Ampel-Regelung in einer Dienstvereinbarung

(1) Der Abrechnungszeitraum des Arbeitszeitkontos beträgt ein Kalendervierteljahr. Jeweils zum letzten Werktag eines Quartals ist der Stand des Arbeitszeitkontos zu prüfen. Die nachfolgend geregelte Ampelfunktion soll eine Disposition gewährleisten, nach der sich am Ende des jeweiligen Abrechnungszeitraums das Arbeitszeitkonto im grünen Bereich befindet (Ausgleichszeitraum).

(2) Es gelten folgende Ampel-Phasen:
Grüner Bereich: - 10 Stunden bis + 20 Stunden
Gelber Bereich: ab - 11 Stunden bis - 30 Stunden / ab + 21 Stunden bis + 60 Stunden
Roter Bereich: ab - 31 Stunden bis - 40 Stunden / ab + 61 Stunden bis + 80 Stunden

(3) Im grünen Bereich ist bezogen auf den jeweiligen Abrechnungszeitraum eine Über- bzw. Unterschreitung der persönlichen Soll-Arbeitszeit

Stunden im Wege einer Dienstvereinbarung eingeführt werden. Durch diese Vereinbarung wird weder die regelmäßige wöchentliche Arbeitszeit verändert, noch können die arbeitszeitrechtlichen Regelungen zur Höchstarbeitszeit oder zu Ruhezeiten außer Kraft gesetzt werden. Über die regelmäßige Arbeitszeit tatsächlich hinaus geleistete Arbeitsstunden bis zur Grenze des Arbeitszeitkorridors sind jedoch **keine Überstunden** und daher auch nicht entsprechend zu vergüten, wenn sie innerhalb eines Jahres (jeweils § 2 Abs. 1 Anlagen 30 bis 33) ausgeglichen werden. Auf einen Ausgleich bis zum Ende der folgenden Kalenderwoche zur Vermeidung von Überstunden (► Rn. 25 ff.) kommt es hier daher nicht an. Der Arbeitszeitkorridor eröffnet in Verbindung mit dem Arbeitszeitkonto daher ein größeres Maß an Flexibilität für beide Seiten ohne zusätzliche Vergütung.

192 Während der Arbeitszeitkorridor eine Flexibilisierung der wöchentlichen Arbeitszeit bewirkt, kann mit der sog. Rahmenzeit nach § 3 Abs. 8 Anlage 30 bzw. jeweils § 2 Abs. 7 Anlagen 31 bis 33 die Lage der täglichen Arbeitszeit variiert werden. Diese **Rahmenzeit** kann **in der Zeit von 6:00 bis 20:00 Uhr** festgelegt werden und **bis zu zwölf Stunden** betragen. Innerhalb dieser Rahmenzeit sind Dienstgeber und Mitarbeitende dann frei bezüglich der Festlegung der jeweiligen Arbeitszeit. Auch diese Form der Flexibilisierung lässt die vereinbarte regelmäßige wöchentliche Arbeitszeit, individuelle Arbeitshöchstgrenzen und Ruhezeiten unberührt. Hier gilt aber ebenfalls, dass innerhalb der Rahmenzeit keine Überstunden entstehen können. Diese sind unter den allgemeinen Voraussetzungen (► Rn. 21 ff.) nur außerhalb der Rahmenzeit denkbar. Zusätzliche innerhalb der Rahmenzeit geleistete Arbeitsstunden sind ebenfalls innerhalb eines Jahres (jeweils § 2 Abs. 1 Anlagen 30 bis 33) auszugleichen.

193 Arbeitszeitkorridor und Rahmenzeit lassen sich **nicht mit** den Anforderungen von **Schicht- und Wechselschichtarbeit** kombinieren (§ 2 Abs. 8 Anlagen 31 bis 33). Beide Instrumente sind daher sinnvollerweise bei ansonsten starrer Arbeitszeitgestaltung zu verwenden, wenn die zu leistende Arbeit nicht in bestimmten Zeiträumen zu erbringen ist. Dies gilt insbesondere für administrative Aufgaben oder auch für den Fall, dass Mitarbeitende in Gruppen tätig sind, deren Stärke im Laufe des Tages variieren kann. Innerhalb einer Einrichtung können sowohl Arbeitszeitkorridor wie Rahmenzeit eingeführt werden; für den einzelnen Mitarbeitenden kann jedoch nur eines der beiden Instrumente zur Anwendung kommen.

Anderweitige Gleitzeitregelungen sind neben diesen beiden in den Arbeitsvertragsrichtlinien der Caritas (AVR) vorgesehenen Möglichkeiten ebenfalls denkbar. Diese sind meist durch die Festlegung einer sog. Kernarbeitszeit mit Anwesenheitspflicht gekennzeichnet; über die Lage der darüber hinaus gehenden Arbeitszeit können die Mitarbeitenden dann frei entscheiden. Denkbar sind dafür vorstrukturierte sog. tägliche Gleitzonen, etwa ein früherer Arbeitsbeginn oder eine Verlängerung der Arbeitszeit nach hinten. Ebenfalls möglich sind flexiblere Modelle, bei denen die Mitarbeitenden in größeren Zeitabschnitten ihre Arbeitszeit insgesamt erfüllen müssen.[1] 194

Beispiel 195

Gleitzeit- / Kernzeit-Regelung in einer Dienstvereinbarung

§ X Gleitzeit (täglicher Arbeitszeitrahmen)

(1) Der tägliche Arbeitszeitrahmen reicht von 06:00 bis 20:00 Uhr.

(2) Als Kernarbeitszeit gilt die Zeit von 09:00 bis 15:00 Uhr. Während dieser Zeit müssen die Mitarbeitenden in der Einrichtung anwesend sein. Die Abwesenheit während der Kernarbeitszeit ist nur aus berechtigten Gründen und mit Zustimmung durch den Vorgesetzten zulässig.

(3) Im Übrigen können die Mitarbeitenden den Beginn und das Ende der Arbeitszeit innerhalb des täglichen Arbeitszeitrahmens unter Berücksichtigung der dienstlichen Erfordernisse der Einrichtung selbst bestimmen.

3. Vertrauensarbeitszeit

Das Instrument der sog. Vertrauensarbeitszeit entwickelt das herkömmliche Gleitzeitmodell weiter. Auch diese kann im Rahmen einer Dienstvereinbarung nach § 38 Abs. 1 Nr. 1 MAVO vereinbart werden. Dem Mitarbeitenden wird in diesem Fall nur noch die durchschnittliche Arbeitszeit vorgegeben, die mit 196

[1] Vgl. Münchener Handbuch zum Arbeitsrecht / Schüren, Bd. 1, 4. Aufl. 2018, § 47 Rn. 4 ff.

täglichen Über- und Unterschreitungen zu erbringen ist. Dabei kann auf eine Wochen-, eine Monats- oder sogar eine Jahresarbeitszeit abgestellt werden. In dieser Variante bleibt es **dem Mitarbeitenden überlassen, wann er seine Arbeitsleistung erbringt.** Die Kontrolle durch den Dienstgeber erfolgt de facto nur noch über das Arbeitsresultat oder ggf. die Erledigung von Projekten oder Vorhaben zu vereinbarten Zeitpunkten. Die wechselseitigen Interessen von Dienstgeber und Mitarbeitenden sind beiderseits bei der täglichen Praxis einer solchen Zusammenarbeit zu berücksichtigen. So ist der Mitarbeitende verpflichtet, seine Arbeitsleistung am Bedarf des Dienstgebers auszurichten. Der Dienstgeber wiederum muss der Gefahr der Selbstausbeutung des Mitarbeitenden durch übermäßige Tätigkeit vorbeugen.[2] Praktisch vorstellbar ist diese Form der Arbeitszeitgestaltung nur bei Mitarbeitenden, die Leitungs-, Steuerungs- und Planungsaufgaben wahrnehmen oder Aufgaben im Rahmen des Qualitätsmanagements oder der Wirtschaftsführung. Im Zuge weitergehender Home Office-Modelle gewinnt diese Gestaltungsform jedoch weiter an Bedeutung.

197 Die **arbeitszeitrechtlichen Vorgaben** werden durch eine Vereinbarung zur Vertrauensarbeitszeit jedoch nicht suspendiert.[3] Eine Ausnahme besteht insoweit für leitende Angestellte nach § 18 Abs. 1 Nr. 1 ArbZG. Insbesondere sind auch hier die Höchstgrenzen einzuhalten, so dass die Mitarbeitenden verpflichtet werden müssen, ihre Arbeitszeiten aufzuzeichnen (► Rn. 134 ff.). Dies gilt insbesondere für Arbeitszeiten, die über eine werktägliche Zeit von acht Stunden hinausgehen. Auch die notwendigen Ruhezeiten sind einzuhalten. Das vom Dienstgeber gewählte System der Arbeitszeiterfassung muss also verlässlich sowie von ihm selbst und von Dritten prüfbar sein. Eine vollkommen freie Vertrauensarbeit dürfte dagegen bereits mit Blick auf die Vorgaben des europäischen Rechts nach Maßgabe der Rechtsprechung des EuGH[4] (► Rn. 134) problematisch sein.

2 Münchener Handbuch zum Arbeitsrecht / Schüren, Bd. 1, 4. Aufl. 2018, § 47 Rn. 23 ff.

3 Vgl. Schaub, Arbeitsrechts-Handbuch, 18. Aufl. 2019, § 160 Rn. 35.

4 EuGH 14.5.2019 – C 55/18, NZA 2019, 683; vgl. auch Fuhlrott, NZA-RR 2019, 343.

Beispiel 198

Regelung zur Vertrauensarbeitszeit

(1) Die Mitarbeitenden legen ihre Arbeitszeit unter Einhaltung der nachfolgenden Regelung in eigener Verantwortung fest. Die Arbeitszeit darf acht Stunden werktäglich nicht überschreiten. Eine Verlängerung auf bis zu 10 Stunden ist zulässig, wenn innerhalb von 13 Wochen im Durchschnitt 8 Stunden werktäglich nicht überschritten werden. Samstage, Sonn- und Feiertage sind grundsätzlich arbeitsfrei, sofern nicht im Einzelfall etwas anderes vereinbart wird. Die Mitarbeitenden haben Ruhepausen nach § 4 ArbZG einzuhalten. Der Zutritt zur Einrichtung und die Nutzung elektronischer Arbeitsmittel ist in der Zeit zwischen 21:00 und 6:00 Uhr nicht gestattet.

(2) Die Mitarbeitenden zeichnen ihre Arbeitszeiten in geeigneter und verlässlich nachprüfbarer Form auf. Dies gilt insbesondere für Arbeitszeiten, die über eine durchschnittliche werktägliche Arbeitszeit von acht Stunden hinausgehen. Der Vorgesetzte des Mitarbeitenden ist zum Zwecke der Dienstaufsicht und Fürsorge berechtigt und verpflichtet, regelmäßig Einblick in diese Aufzeichnungen zu nehmen und ggf. auf die Einhaltung arbeitszeitrechtlicher Vorgaben hinzuwirken.

(3) Eine finanzielle Kompensation von Überstunden oder Mehrarbeit erfolgt nicht.

(4) Die Mitarbeitenden sind verpflichtet, die im Rahmen von Dienstvereinbarungen festgelegten Regeln zur Arbeitszeit in der Einrichtung einzuhalten. Die Mitbestimmungsrechte der MAV bleiben unberührt.

4. Arbeit auf Abruf

Dienstgeber und Mitarbeitende können nach § 12 Abs. 1 Teilzeit- und Befristungsgesetz (TzBfG) einzelvertraglich auch eine flexible Arbeitszeit vereinbaren, wenn sich die jeweilige Arbeitszeit nach dem tatsächlichen Arbeitsanfall richten soll. Das Gesetz spricht in diesem Fall von Arbeit auf Abruf und macht eine entsprechende Vereinbarung von der Einhaltung einiger Anforderungen 199 abhängig. Danach ist eine **Mindestdauer der wöchentlichen Arbeitszeit** festzulegen. Die Inanspruchnahme des Mitarbeitenden muss überdies in einem Mindestumfang von drei aufeinander folgenden Stunden erfolgen. Vereinbaren die Vertragsparteien eine Mindestarbeitszeit, dann stehen nach § 12 Abs. 2 TzBfG maximal 25 % dieser Zeit **zusätzlich auf Abruf** zur Verfügung. Wird dagegen eine Höchstarbeitszeit vereinbart, darf der Dienstgeber nur auf bis zu 20 % dieser Zeit verzichten. Damit wird ein angemessenes Maß an Planungssicherheit für beide Seiten bewirkt. Schließlich normiert das Gesetz eine **Ankündigungsfrist** von mindestens vier Tagen, in der dem Mitarbeitenden seine Arbeitsverpflichtung durch den Dienstgeber vorab mitzuteilen ist (§ 12 Abs. 3 TzBfG). Dieses Modell flexibler Arbeitszeitgestaltung richtet sich vorwiegend an Teilzeitbeschäftigte, ist aber auch bei Vollzeit denkbar.[5]

200 ▶ **Beispiel**

Vertragsregelung zur Arbeit auf Abruf

§ X Arbeitszeit
Die wöchentliche Arbeitszeit beträgt 24 Stunden. Der Mitarbeitende ist verpflichtet, je nach Arbeitsanfall auf Aufforderung des Dienstgebers bis zu 30 Stunden in der Woche zu arbeiten. Der Dienstgeber teilt dem Mitarbeitenden spätestens bis Mittwoch einer jeden Kalenderwoche die Arbeitszeitdauer für die Folgewoche und die Zeiteinteilung mit.

201 Arbeit auf Abruf ist von den Formen der Arbeitsbereitschaft, des Bereitschaftsdienstes und der Rufbereitschaft zu unterscheiden. Arbeit auf Abruf ist stets **Vollarbeit.** Es handelt sich dabei auch nicht um Überstunden, sondern um die regulär vereinbarte Arbeitszeit des Mitarbeitenden. Für die Vergütung dieser Arbeitszeit gelten daher die allgemeinen Regeln; es fallen also ggf. auch Zeitzuschläge für Sonn- und Feiertagsarbeit oder Nachtarbeit an (► Rn. 175 ff.). Bei der Lohnfortzahlung im Krankheitsfall ist die durchschnittliche Arbeitszeit der letzten drei Monate zugrunde zu legen (§ 12 Abs. 4 TzBfG).[6]

---

5 ErfK / Preis, 20. Aufl. 2020, § 12 TzBfG Rn. 4.

6 ErfK / Preis, 20. Aufl. 2020, § 12 TzBfG Rn. 8 ff.

Da die **Mitbestimmungsrechte** der Mitarbeitervertretung im Hinblick auf die Dienstplanung unberührt bleiben (► Rn. 143), wird dieses Instrument flexibler Arbeitszeitgestaltung jedoch kaum zum Ausgleich kurzfristiger Ausfälle herangezogen werden, sondern eignet sich eher für ein Aufstocken des Deputats im Falle von Langzeiterkrankungen oder Abwesenheiten von anderen Mitarbeitenden etwa infolge von Elternzeit und bei sonstigen planbaren Zeiträumen. Nimmt der Dienstgeber in solchen Konstellationen den auf Abruf zur Verfügung stehenden zusätzlichen Anteil in Anspruch, kann er dies im Zweifel über mehrere Wochen oder auch Monate hinweg sowohl unter Einhaltung der Ankündigungsfrist des § 12 Abs. 3 TzBfG gegenüber dem Mitarbeitenden wie auch im Rahmen der Dienstplanung unter Beteiligung der Mitarbeitervertretung bewerkstelligen. Die einzelvertragliche Vereinbarung von Arbeit auf Abruf mit dem Mitarbeitenden ist dagegen als Regelung zum Umfang der individuellen Arbeitszeit nicht mitbestimmungspflichtig. 202

5. Veränderung der vereinbarten Arbeitszeit (Teilzeit)

Schließlich steht im Hinblick auf die wechselseitigen Bedürfnisse von Dienstgebern wie von Mitarbeitenden selbstverständlich die Möglichkeit offen, den Umfang der Arbeitszeit einzelvertraglich anzupassen. In § 9 Anlage 30 bzw. jeweils § 10 Anlagen 31 bis 33 und in § 1a Anlage 5 der Arbeitsvertragsrichtlinien der Caritas (AVR) wurden weitergehende **Soll-Vorschriften für die Dienstgeber** normiert. Danach ist dem entsprechenden Wunsch von Mitarbeitenden nach einer **Arbeitszeitreduzierung** insbesondere dann zu entsprechen, wenn pflegebedürftige Angehörige betreut oder gepflegt werden sollen und dringende dienstliche bzw. betriebliche Gründe nicht entgegenstehen. Auch in anderen Konstellationen ist dem Wunsch nach Teilzeit möglichst nachzukommen, die Möglichkeiten sind jedenfalls mit dem Ziel einer entsprechenden Vereinbarung zu besprechen. Zuvor vollzeitbeschäftigte Mitarbeitende sollen überdies bevorzugt behandelt werden, wenn sie nach einer Teilzeitphase wieder in die Vollzeit zurückkehren wollen. 203

204 **Arbeitszeitreduzierung nach § 1a Abs. 1 Anlage 5 AVR**

Mit vollbeschäftigten Mitarbeitern soll auf Antrag eine geringere als die regelmäßige Arbeitszeit vereinbart werden, wenn sie
a) mindestens ein Kind bis unter 18 Jahren oder
b) einen nach ärztlichem Gutachten pflegebedürftigen sonstigen Angehörigen
tatsächlich betreuen oder pflegen und dringende dienstliche und betriebliche Belange nicht entgegenstehen.

Die Teilzeitbeschäftigung nach Unterabs. 1 ist auf bis zu 5 Jahre zu befristen, soweit der Mitarbeiter dies in dem Antrag auf Reduzierung der Arbeitszeit verlangt. Sie kann verlängert werden; der Antrag ist spätestens sechs Monate vor Ablauf der vereinbarten Teilzeitbeschäftigung zu stellen.

205 Gesetzlich sind ohnehin in der Zwischenzeit eine ganze Reihe von Ansprüchen auf Arbeitszeitreduzierung, wenn auch unter bestimmten Voraussetzungen, normiert worden. Dies gilt nicht nur für die allgemeine Regelung im Teilzeit- und Befristungsgesetz für die zeitlich nicht begrenzte Verringerung der Arbeitszeit (§ 8 TzBfG), sondern auch für die neu eingeführte zeitlich befristete Teilzeit, die sog. **Brückenteilzeit** (§ 9a TzBfG)[7] oder spezifische **Teilzeitansprüche** wie denjenigen für schwerbehinderte Menschen nach § 164 Abs. 5 Sozialgesetzbuch (SGB) IX oder für Beschäftigte in Elternzeit nach § 15 Abs. 7 Bundeselterngeld- und Elternzeitgesetz (BEEG) oder in Pflegezeit nach §§ 3, 4 Pflegezeitgesetz (PflegeZG) bzw. Familienpflegezeit nach § 2 Familienpflegezeitgesetz (FPfZG).

206 Das Teilzeitrecht ist dabei gekennzeichnet von **Gleichbehandlungsansprüchen.** So dürfen Teilzeitbeschäftigte regelmäßig nicht wegen ihrer Teilzeitbeschäftigung anders behandelt werden als Vollzeitbeschäftigte (vgl. § 4 TzBfG). Dies gilt insbesondere auch für die Vergütung der Arbeitsleistung. Die einzelnen Bestandteile der Vergütung sind den Teilzeitbeschäftigten ggf. anteilig im Verhältnis ihrer Teilzeit zur Vollzeit zu gewähren (§ 4 Abs. 1 TzBfG). Arbeitszeitrechtlich ergeben sich hinsichtlich der Schutzvorschriften, etwa zu Ruhepausen oder Ruhezeiten, keine Unterschiede.

[7] Zur Gesetzesbegründung für die Weiterentwicklung des Teilzeitrechts vgl. BT-Drs. 19/3452.

Mitbestimmungsrechtlich ist die Reduzierung der Arbeitszeit ohne Bedeutung; zu beachten sind allerdings die Informationspflichten nach § 7 Abs. 4 TzBfG. Dagegen unterfällt die Aufstockung der Arbeitszeit von Teil- auf Vollzeit als Einstellung dem Mitbestimmungsrecht aus § 34 MAVO. Dabei wird allerdings eine Erheblichkeitsschwelle eingezogen; eine geringfügige Erhöhung der Arbeitszeit soll ohne Zustimmung der **MAV** möglich sein.[8] 207

6. Opt-out-Regelungen

Auch innerhalb der Arbeitsvertragsrichtlinien der Caritas (AVR) findet sich ein Instrument zur Arbeitszeitflexibilisierung, die sog. Opt-out-Klauseln. Damit sind Regelungen gemeint, die Abweichungen zum Arbeitszeitgesetz zulassen. Zwischen dem Dienstgeber und den von der Vorschrift jeweils erfassten Mitarbeitenden gelten dann von den „normalerweise" geltenden Vorschriften Ausnahmen. 208

Opt-out-Regelung in § 6 Abs. 5 Anlage 30* 209

Wenn in die Arbeitszeit regelmäßig und in erheblichem Umfang Bereitschaftsdienst fällt, kann im Rahmen des § 7 Abs. 2a ArbZG und innerhalb der Grenzwerte nach Absatz 2 eine Verlängerung der täglichen Arbeitszeit über acht Stunden hinaus auch ohne Ausgleich erfolgen. Die wöchentliche Arbeitszeit darf dabei durchschnittlich bis zu 56 Stunden betragen.

** Fassung ab Januar 2021*

Solche Opt-out-Klauseln erlauben danach innerhalb des Systems der AVR-Regeln nochmals Abweichungen und schaffen die nach dem ArbZG dafür notwendige Grundlage. Ihre Anwendung bewirkt für beide Seiten des 210

[8] KAGH 7.11.2008 – M 12/08, ZMV 2009, 33 – dort für eine Erhöhung von 7,25 Wochenstunden angenommen; Eichstätter Kommentar / Reiter, 2. Aufl. 2018, § 34 MAVO Rn. 36.

Dienstverhältnisses ein größeres Maß an Flexibilität und ggf. auch eine den spezifischen Anforderungen der Einrichtung gerecht werdende Lösung. Dennoch dürfte jeweils im Einzelfall zu prüfen sein, ob die mit der jeweiligen Abweichung einhergehende zusätzliche Belastung den jeweils betroffenen Mitarbeitenden tatsächlich zuzumuten ist.

VI. Glossar zu arbeitszeitrechtlichen Begriffen

Anordnung
Unter einer Anordnung des Dienstgebers ist eine einseitige Vorgabe für ein bestimmtes Verhalten (Handeln, Dulden, Unterlassen) der Mitarbeitenden zu verstehen. Dies gilt z. B. für die Leistung von Überstunden.

Arbeit auf Abruf
ist eine vertragliche Gestaltungsmöglichkeit für Dienstgeber und Mitarbeitende, um die Arbeitszeit flexibler festzulegen. Dabei können ausgehend von einer fixierten Wochenarbeitszeit in bestimmtem Umfang vom Dienstgeber mehr oder auch weniger Stunden abgerufen werden, vgl. die gesetzliche Regelung in § 12 TzBfG.

Arbeitnehmerüberlassung
liegt vor, wenn der Dienstgeber mit einem Dritten einen Vertrag darüber schließt, dass dieser ihm seine Arbeitnehmer zur Arbeitsleistung in den Einrichtungen und Diensten überlässt. Der Dienstgeber als Entleiher zahlt dafür dem Dritten als Verleiher dieser Arbeitskräfte eine Vergütung. Ein Arbeitsverhältnis besteht aber nur zwischen der verliehenen Arbeitskraft (Leiharbeitnehmer) und dem Verleiher.

Arbeitsbereitschaft
Während der Arbeitsbereitschaft hält sich der Mitarbeitende an einem vom Dienstgeber bestimmten Ort auf, um jederzeit von sich aus tätig zu werden, wenn eine Arbeitsleistung erforderlich ist. Arbeitsbereitschaft zählt zur regelmäßigen Arbeitszeit.

Arbeitsvertragsrichtlinien
Kollektivvereinbarungen besonderer Art, die allgemeine Bedingungen für die Vertragsverhältnisse zwischen kirchlichen Arbeitgebern (Dienstgeber) und ihren Mitarbeitenden festlegen. Sie werden durch eine paritätisch aus Vertretern der Dienstgeber- und der Mitarbeitenden-Seite zusammengesetzte Arbeitsrechtliche Kommission festgelegt. Die Arbeitsrechtliche Kommission

(AK) des Deutschen Caritasverbandes besteht aus einer Bundeskommission und sechs Regionalkommissionen und beschließt die AVR Caritas.

Arbeitszeitkonto
Arbeitszeitkonten dienen der Flexibilisierung und werden regelmäßig durch Dienstvereinbarungen eingeführt. Sie erlauben das Einstellen von Zeitwerten, z. B. reguläre Arbeitsstunden, Überstunden, aber auch Fehlzeiten und Urlaub, und deren Inanspruchnahme bzw. Verrechnung zu einem späteren Zeitpunkt. Nach den jeweiligen Regelungen können die Mitarbeitenden ein Guthaben durch entsprechende Freizeitgewährung in Anspruch nehmen oder müssen noch nicht erbrachte Arbeitsleistungen durch zusätzliche Dienste nachholen.

Arbeitszeitkorridor
Ein Arbeitszeitkorridor dient der Flexibilisierung der Arbeitszeit, definiert eine mögliche wöchentliche Arbeitszeit und erlaubt so eine höhere Stundenzahl gegenüber den arbeitsvertraglich als regelmäßige Wochenarbeitszeit festgelegten Stunden. Leistet der Mitarbeitende innerhalb des Korridors mehr Arbeitsstunden, fallen keine Überstunden an. Die vereinbarte Wochenarbeitszeit bleibt jedoch unverändert, so dass diese Mehrstunden des Mitarbeitenden zusätzlich anfallen und deshalb auf seinem Arbeitszeitkonto eingestellt werden.

Ausgleichszeitraum
Damit wird der Zeitraum bezeichnet, innerhalb dessen im Durchschnitt die vereinbarte oder vorgegebene Stundenzahl in einem Bezugszeitraum erreicht werden muss, z. B. die durchschnittliche wöchentliche Arbeitszeit.

Bereitschaftsdienst
Im Bereitschaftsdienst ist der Mitarbeitende verpflichtet, sich außerhalb der regelmäßigen Arbeitszeit an einem vom Dienstgeber bestimmten Ort aufzuhalten und auf Anforderung die Arbeit aufzunehmen.

Beschäftigungsverhältnis, sozialversicherungspflichtiges
Ein Beschäftigungsverhältnis im Sinn des § 7 SGB IV liegt im Fall einer abhängigen, d. h. nicht selbstständigen, Tätigkeit im Rahmen von Arbeits- und Dienstverträgen vor. Die Sozialversicherungspflicht ergibt sich aus den weiteren Regeln des SGB IV.

Betriebsferien
sind der Zeitraum, zu dem die Einrichtung bzw. der Dienst seine Tätigkeit vorübergehend einstellt und allen Mitarbeitenden zugleich Urlaub gewährt wird. Synonyme: Werksferien, Schließzeiten.

betriebsüblich
Betriebsüblich sind Regelungen, die vom Dienstgeber im Regelfall auf alle Mitarbeitenden angewandt werden. Dies kann die wöchentliche Arbeitszeit, die Lage von Pausenzeiten, Arbeitsbefreiung an bestimmten Feiertagen u. ä. betreffen.

Billigung (nachträgliche)
Insbesondere im Zusammenhang mit der Anordnung von Überstunden durch den Dienstgeber stellt sich die Frage, ob der Dienstgeber ggf. auch hinterher seine Zustimmung zu geleisteten Stunden geben kann und sie so als Überstunden qualifiziert werden können. In dieser Konstellation kommt statt der vorherigen Anordnung die nachträgliche Billigung in Betracht. Synonym: Genehmigung.

Brutto-Arbeitszeit
Darunter ist die vertraglich vereinbarte (vergütungspflichtige) Arbeitszeit zu verstehen – unabhängig von der im Rahmen des Dienstverhältnisses ausgeübten Tätigkeit oder der tatsächlichen Anwesenheit. Zur Brutto-Arbeitszeit gehören deshalb z. B. auch Fort- und Weiterbildungstage oder Urlaubszeiten.

Dienstgeber
Dieser Begriff bezeichnet im Rahmen eines Dienstverhältnisses diejenige Vertragspartei, die die andere Vertragspartei in Dienst nimmt (den Dienstnehmer) und diesen gegen Bezahlung mit einer Aufgabe (der Dienstleistung) betraut. Häufige Synonyme, obwohl rechtlich nicht präzise: Arbeitgeber, Auftraggeber.

Dienstvereinbarung
Vereinbarung zwischen Dienstgeber und Mitarbeitervertretung nach § 38 MAVO über die dort vorgesehenen (abschließend aufgezählten!) Angelegenheiten; im staatlichen Recht: Betriebsvereinbarung.

Dienstvertrag
Vertrag zwischen Dienstgeber und Dienstnehmer; häufig synonym verwendet, aber rechtlich nicht ganz präzise: Arbeitsvertrag.

Direktionsrecht
Dieses Recht umfasst das Recht des Dienstgebers, Inhalt, Ort und Zeit der Arbeitsleistung nach billigem Ermessen festzulegen (§ 106 GewO). Synonym: Weisungsrecht.

Duldung
Der Dienstgeber duldet eine Verhaltensweise eines Mitarbeitenden, wenn er sie wahrnimmt und ihr nicht widerspricht. Beispiel: Mitarbeitende bleiben länger in der Einrichtung, als es im Dienstplan vorgesehen ist. Auch ohne ausdrückliche Anordnung des Dienstgebers akzeptiert der Dienstgeber diese Mehrleistung, wenn er sie widerspruchslos annimmt. In diesem Fall liegen Mehrarbeit bzw. Überstunden vor.

Eingliederungsmanagement (betriebliches)
Der Begriff (BEM) beschreibt Maßnahmen des Dienstgebers in Absprache mit dem betroffenen Mitarbeitenden, die der ggf. schrittweisen Wiederaufnahme seiner Tätigkeit in der Einrichtung nach längerer oder wiederholter Arbeitsunfähigkeit dienen sollen. Das Verfahren dient der Prävention und soll den Verlust des Arbeitsplatzes vermeiden (§ 167 SGB IX).

Einstweilige Verfügung
Im Wege der einstweiligen Verfügung nach § 52 KAGO kann das Kirchliche Arbeitsgericht Dienstgeber oder Mitarbeitervertretung ein bestimmtes Tun, Dulden oder Unterlassen vorgeben, bis der Rechtsstreit endgültig im Hauptsache-Verfahren entschieden wird. Voraussetzung dafür ist neben einem entsprechenden Anspruch des Antragstellers die Eilbedürftigkeit der Sache.

Entgeltausfallprinzip
Nach diesem Prinzip wird der Mitarbeitende im Falle seiner Arbeitsunfähigkeit so gestellt, als hätte er tatsächlich gearbeitet. Hierbei wird nach § 4 EFZG auf die regelmäßige Arbeitszeit abgestellt.

Entgeltfortzahlung
Nach § 4 EFZG wird dem Mitarbeitenden seine Vergütung auch im Fall von Arbeitsunfähigkeit fortgezahlt. Damit wird der im Übrigen geltende Grundsatz durchbrochen, wonach nur für tatsächlich geleistete Arbeit auch ein Vergütungsanspruch besteht.

Erholungsurlaub
Dieser umfasst den Anspruch auf bezahlte Freistellung von der Arbeitspflicht zum Zwecke der Erholung. Zu unterscheiden ist der gesetzliche Mindest-Erholungsurlaub nach § 3 BUrlG vom darüber hinausgehenden Mehrurlaub, der sich aus den AVR oder auch einzelvertraglich ergeben kann.

Ermessen
Besteht für den Dienstgeber Ermessen, kann er im Einzelfall unter mehreren möglichen Entscheidungen auswählen. Es besteht also ein Spielraum für ihn, wie er auf eine bestimmte Situation reagieren will. Zu unterscheiden ist dieser Spielraum auf der sog. Rechtsfolgenseite vom sog. Beurteilungsspielraum, der schon bei der Frage, ob überhaupt eine bestimmte Situation vorliegt, die Folgen nach sich zieht, die Möglichkeit einer Bewertung durch den Dienstgeber eröffnet. Beispiel: Zunächst ist im Rahmen des Beurteilungsspielraums auf der sog. Tatbestandsseite festzustellen, ob überhaupt ein zu missbilligendes Verhalten eines Mitarbeitenden vorliegt oder ob sich dieser noch im Rahmen seiner Pflichten bewegt hat. Steht dies fest, kann der Dienstgeber im Rahmen seines Ermessens entscheiden, ob er eine Ermahnung, eine Abmahnung oder gar eine Kündigung aussprechen will.

EU- / EG-Richtlinie
Art der Rechtsetzung auf der Ebene der Europäischen Union, die regelmäßig noch einen Umsetzungsakt auf nationaler Ebene erfordert, z. B. ein Gesetz (Art. 288 Abs. 3 AEUV).

Freizeitausgleich
beschreibt die Vergütung zuvor geleisteter Mehrarbeit / Überstunden durch die Gewährung zusätzlicher, bezahlter freier Zeit.

Genehmigung
Insbesondere im Zusammenhang mit der Anordnung von Überstunden durch den Dienstgeber stellt sich die Frage, ob der Dienstgeber ggf. auch hinterher seine Zustimmung zu geleisteten Stunden geben kann und sie so als Überstunden qualifiziert werden können. In dieser Konstellation kommt statt der vorherigen Anordnung die nachträgliche Genehmigung in Betracht. Synonym: Billigung. Im Übrigen betreffen Genehmigungen z. B. Urlaubswünsche der Mitarbeitenden; Genehmigung bedeutet hier Zustimmung.

Geteilte Dienste
Diese bezeichnen eine bestimmte Art der Dienstplanung, bei der Mitarbeitende an einem Tag nicht durchgängig ihre Arbeitsleistung erbringen, sondern bei der zwischen zwei Teilen ihres Dienstes eine längere Pause besteht, während der sie die Einrichtung verlassen (können).

Gleitzeit
Gleitzeit definiert einen Zeitraum, während dessen die Mitarbeitenden selbst entscheiden können, wann sie mit der Arbeitsleistung beginnen bzw. diese beenden. Gleitzeitregelungen sehen dabei meist auch eine sog. Kernzeit vor, während der die Mitarbeitenden zwingend ihre Tätigkeit ausüben. „Gleiten" dürfen die Mitarbeitenden dann zu Beginn und zum Ende ihres Arbeitstages.

Günstigkeitsprinzip
Dieses Prinzip ist eine Kollisionsregel: Sind mehrere Rechtsnormen oder Regeln auf einen Sachverhalt anwendbar, ist im Einzelfall die für den Betroffenen günstigere Regelung anzuwenden, nach der er z. B. eine höhere Vergütung erhält. Die Feststellung, welche Regelung tatsächlich günstiger ist, ist bisweilen kompliziert und zwar dann, wenn Leistung und Gegenleistung variieren und letztlich eine Bewertung notwendig ist, welche Regelung insgesamt günstiger erscheint.

Hauptsache-Verfahren
Dieses bezeichnet das gerichtliche Verfahren nach §§ 27 ff. KAGO, an dessen Ende die Streitfrage durch ein Urteil verbindlich entschieden wird; im Unterschied zur einstweiligen Verfügung, die nur vorläufige Regelungen bewirkt.

Heimrecht
ist ein veralteter Begriff, der die Rechtsnormen umfasste, die für „Heime“ im Anwendungsbereich des sog. Heimgesetzes (HeimG) des Bundes galten. Inzwischen sind diese Regeln einerseits im Wohn- und Betreuungsvertragsgesetz (WBVG) des Bundes enthalten, das die zivilrechtliche Vertragsbeziehung zwischen Einrichtung und Bewohnern bestimmt, und andererseits in 16 Landesgesetzen, in denen die Länder die ordnungsrechtliche staatliche Aufsicht über Einrichtungen für Pflegebedürftige, Menschen mit Behinderungen und andere betreuungsbedürftige Personen geregelt haben.

Höchstarbeitszeit
Sie bezeichnet den Umfang der Arbeitszeit, der in einem bestimmten Zeitraum maximal zulässig ist.

Ist-Arbeitszeit
Die Ist-Arbeitszeit ist diejenige Zeit, die der Mitarbeitende tatsächlich gearbeitet hat; im Unterschied zur Soll-Arbeitszeit.

Jahresarbeitszeit
Sie bezeichnet brutto die Arbeitszeit eines Mitarbeitenden, die sich aus der Multiplikation der vereinbarten Wochenarbeitszeit ergibt.

Jahressonderzahlung
ist die Vergütung, die zusätzlich zur vereinbarten monatlichen Regelvergütung gewährt wird. Früher häufig auch als Weihnachtsgeld bezeichnet.

Kernzeit
Sie definiert in Gleitzeit-Modellen diejenige Zeit, in der die Mitarbeitenden zur Arbeitsleistung verpflichtet sind; im Unterschied zur Gleitzeit, in der die Mitarbeitenden Beginn und Ende der konkreten Arbeitszeit selbst bestimmen können.

konkludent
Konkludieren bedeutet „folgern“. Rechtlich kann durch ein schlüssiges Verhalten oder eine stillschweigende Duldung eine explizite Erklärung ersetzt und so „dennoch“ rechtsverbindlich etwas vereinbart werden.

Kurzarbeit
bezeichnet eine durch den Dienstgeber vorgegebene Reduzierung der eigentlich vereinbarten Arbeitszeit, wenn aufgrund eines unabwendbaren Ereignisses oder wirtschaftlicher Gründe der Bedarf an der Arbeitskraft der Mitarbeitenden erheblich sinkt.

Kurzarbeitergeld
Das Kurzarbeitergeld ist ein Leistungsanspruch gegenüber der Arbeitslosenversicherung nach §§ 95 ff. SGB III. Ordnet der Dienstgeber Kurzarbeit an, dann erhalten die Mitarbeitenden einen bestimmten Prozentsatz der dadurch entsprechend der gekürzten Arbeitszeit reduzierten Löhne / Gehälter als sog. Kurzarbeitergeld. Mit dieser Regelung sollen betriebsbedingte Kündigungen dadurch vermieden werden, dass der Dienstgeber seine Lohnkosten nicht mehr tragen muss bzw. zu einem erheblichen Teil reduzieren kann.

Kurzpausen
Diese sind eine besondere Form der Ruhepausen während der Arbeitszeit. Kurzpausen von mindestens fünf Minuten können statt der normalerweise mindestens 15 Minuten dauernden Ruhepausen gewährt werden (vgl. § 1 Abs. 7 lit. a Anlage 5 AVR).

Kurzzeiterkrankung
Kurzzeiterkrankungen können bei Vorliegen weiterer Voraussetzungen ggf. zu einer Kündigung führen, wenn sie häufig auftreten, sich also einzelne Krankheitsphasen, die auf verschiedene Krankheitsbilder zurückgehen, über mehrere Monate erstrecken und so einen häufigen Wechsel von Krankheits- und Arbeitsphasen bewirken, was mit hohen Lohnfortzahlungskosten für den Dienstgeber nach § 4 EFZG verbunden ist.

Langzeiterkrankung
Eine sog. Langzeiterkrankung (oder auch langandauernde Erkrankung) liegt vor, wenn die mit ihr verbundene Arbeitsunfähigkeit sich voraussichtlich über einen längeren zusammenhängenden Zeitraum erstreckt. Eine exakt definierte Länge existiert nicht; es dürfte sich aber regelmäßig um eine über Monate hinweg andauernde Erkrankung handeln, die nach Ablauf von sechs Wochen auch zum Entfall der Lohnfortzahlung durch den Dienstgeber führt (§ 3 Abs. 1 EZFG).

Langzeitkonto
Ein sog. Langzeitkonto ermöglicht das Sammeln von Zeitwerten durch den Mitarbeitenden. Es ist nicht darauf ausgerichtet, kurzfristig Flexibilität bei der Dienstplanung durch Plus- und Minus-Stunden zu ermöglichen, sondern dient dem Ansparen größerer Guthaben, die z. B. für einen früheren Beginn des Ruhestandes, ein Sabbatjahr oder ähnliche längere Freistellungsphasen unter Fortzahlung einer Vergütung genutzt werden können.

Leistungsvereinbarung
Sie bezeichnet Vereinbarungen zwischen den Anbietern sozialer Dienstleistungen und Sozialleistungsträgern, z. B. nach den §§ 75 ff. SGB XII oder den §§ 125 ff. SGB IX, über Art, Inhalt und Umfang der jeweiligen Leistungen, z. B. über Assistenzangebote für Menschen mit Behinderungen.

Leistungsentgelt
Leistungsentgelte sind variable Vergütungsbestandteile, die neben der monatlichen Grundvergütung gezahlt werden. Sie sind geknüpft an zuvor formulierte Parameter, anhand derer die Leistung der Mitarbeitenden bewertet und honoriert wird.

Mehrarbeit
Als Mehrarbeit wird heute in der Regel eine Arbeitsleistung bezeichnet, die Teilzeitbeschäftigte über das Maß der zuvor vereinbarten Arbeitszeit hinaus erbringen, ohne jedoch den Umfang einer Vollzeit-Stelle zu erreichen. Überstunden entstehen dagegen erst bei Überschreiten des Umfangs der Vollzeit.

Mindestlohn
Der Mindestlohn bezeichnet nach § 1 MiLoG die geringstmögliche jeweils festgelegte Höhe der Entlohnung je Stunde. Es existieren auch gesonderte Festlegungen für Mindestlöhne, z. B. in der Pflege nach der jeweils geltenden Verordnung über zwingende Arbeitsbedingungen für die Pflegebranche (PflegeArbbV).

Mindesturlaub
Er bezeichnet den gesetzlichen Mindesturlaub nach § 3 BUrlG; weitergehende kollektiv oder individuell vereinbarte Urlaubsansprüche sind möglich.

Mitarbeitender
Dieser Begriff bezeichnet im Rahmen eines Dienstverhältnisses diejenige Vertragspartei, die vom Dienstgeber gegen Bezahlung mit der Arbeitsleistung betraut wird. Synonyme: Dienstnehmer, Mitarbeiterinnen und Mitarbeiter.

Mitarbeitervertretung
Die Mitarbeitervertretung (MAV) ist die Vertretung der Mitarbeitenden einer Einrichtung, gewählt nach den §§ 6 ff. MAVO; im staatlichen Recht: Betriebsrat.

Nachtarbeit
Arbeitsleistung zu einer definierten Zeit in der Nacht, z. B. nach § 4 Abs. 5 Anlage 31 zwischen 21:00 und 6:00 Uhr.

Nachwirkung
Eine Dienstvereinbarung nach § 38 MAVO kann auch nach ihrer Kündigung und dem Zeitpunkt, zu dem die Kündigung wirkt, weiter gelten (nachwirken), um keinen regelungslosen Zustand zu erzeugen. Die Nachwirkung endet dann, wenn neue Regelungen an die Stelle der gekündigten Regelungen getreten sind.

Nebenpflicht (vertragliche)
Hauptleistungspflichten aus einem Arbeits- bzw. Dienstvertrag sind die Arbeitsleistung und die Entlohnung. Daneben treten eine Reihe von sog. Nebenpflichten. Diese sind vielfältig und lassen sich als Treuepflichten und Pflicht zur gegenseitigen Rücksichtnahme zusammenfassen. Dazu gehören z. B. die Verschwiegenheitspflicht oder auch die Pflicht, Schaden voneinander abzuwenden. Eine Verletzung solcher Pflichten kann schadenersatzpflichtig sein oder auch eine Kündigung begründen.

Netto-Arbeitszeit
bezeichnet im Unterschied zur Brutto-Arbeitszeit diejenige Zeit, die der Mitarbeitende tatsächlich für die eigentliche Tätigkeit zur Verfügung steht. Sie errechnet sich also aus der Brutto-Arbeitszeit abzüglich bezahlter Abwesenheiten, z. B. infolge von Urlaub, Arbeitsunfähigkeit oder Fortbildung. Bei der Kalkulation der für ein Leistungsangebot notwendigen Personalkapazität werden überdies auch Zeiten für Teambesprechungen, Wege oder indirekte

Leistungen, z. B. Dokumentation, in Abzug gebracht, um die „netto" für die betreuten Personen unmittelbar zur Verfügung stehende Zeit zu errechnen.

Opt-out-Regelungen
In Gesetzen, aber auch in Kollektivverträgen (AVR, Tarifverträge) sind häufig Vorschriften enthalten, die neben einer Regelung z. B. zur Arbeitszeit auch die Möglichkeit eröffnen, von solchen Vorgaben durch Dienstvereinbarung oder auch einzelvertraglich abzuweichen. Die Vertragspartner nutzen dann die Option, aus dem Regelwerk partiell auszusteigen.

Personalmenge
bezeichnet den notwendigen Umfang an Arbeitsstunden, die in Summe für das jeweilige Leistungsangebot benötigt werden. Sie bemisst sich in der Regel in Vollzeit-Stellen, die jedoch von mehr Personen (Köpfen) besetzt werden können, so dass die Anzahl der Mitarbeitenden von der Anzahl der Vollzeit-Stellen regelmäßig abweicht.

Personalschlüssel
ist ein Instrument zur Vereinbarung des Leistungsumfangs. Er gibt dem Leistungsanbieter vor, wie viele Mitarbeitende (differenziert nach Qualifikation) er je zu betreuender Person vorzuhalten hat. Je nach Aufgabe sind dafür mehr oder weniger Mitarbeitende notwendig. So genügt z. B. für eine Einrichtung mit 24 Bewohnern ein Hausmeister, ggf. sogar weniger. Der Personalschlüssel lautet dann 1:24 oder auch 0,5:24. Für die eigentliche Betreuung sind ggf. deutlich mehr Mitarbeitende erforderlich, z. B. eine Pflegekraft je zwei Bewohner. Der Personalschlüssel lautet dann 1:2. Anhand solcher Vorgaben für den Leistungsumfang kann dann auch die Vergütung mit Blick auf den entsprechenden Personalkostenaufwand kalkuliert werden.

Rahmenzeit
Eine Rahmenzeit dient der Flexibilisierung der Dienstplanung, indem sie (unter Vermeidung von Überstunden) eine Zeitspanne festlegt, innerhalb derer die Mitarbeitenden ihre Arbeitsleistung erbringen können.

Regelungsabrede
Eine Regelungsabrede stellt neben einer Dienstvereinbarung nach § 38 MAVO eine Möglichkeit dar, formlos zwischen Dienstgeber und MAV Verabredungen

zu treffen. Dies kann z. B. Verfahren betreffen, wie in eilbedürftigen Fällen vorgegangen werden soll. Für den täglichen betrieblichen Ablauf sind solche niedrigschwelligen Vereinbarungen wichtig und Ausdruck der vertrauensvollen Zusammenarbeit. Regelungsabreden entfalten jedoch keine normative Wirkung; sie verschaffen auch keine Rechtsansprüche. Sollen verbindliche, einklagbare Regelungen geschaffen werden, bedarf es einer Dienstvereinbarung.

Rufbereitschaft
Während der Rufbereitschaft hält sich der Mitarbeitende an einem von ihm selbst gewählten Ort auf und muss innerhalb einer angemessenen Zeit auf Anforderung die Arbeit aufnehmen. Die Rufbereitschaftszeit gehört nicht zur Arbeitszeit; nur im Falle der tatsächlichen Inanspruchnahme fällt vergütungspflichtige Vollarbeit an.

Ruhepause
Sie bezeichnet die arbeitszeitrechtlich notwendige Unterbrechung der Arbeitsleistung (§ 4 ArbZG). Sie gehört nicht zur vergütungspflichtigen Arbeitszeit.

Ruhezeit
Sie bezeichnet die arbeitszeitrechtlich notwendige Freizeit zwischen zwei Zeiträumen, in denen der Mitarbeitende Arbeitsleistungen erbringt (§ 5 ArbZG).

Schichtarbeit
Schichtarbeit ist die Arbeit nach einem Schichtplan, der einen regelmäßigen Wechsel der täglichen Arbeitszeit bewirkt. Nach den AVR muss sich der Beginn der Arbeitszeit dabei in bestimmtem Mindestmaß verschieben und dies innerhalb eines bestimmten Zeitraums. Die mit diesen kurzfristigen Änderungen der täglichen Arbeitszeit verbundene zusätzliche Belastung (im Unterschied zu täglich gleichbleibenden Arbeitszeiten) wird durch eine Zulage ausgeglichen.

Soll-Arbeitszeit
Das ist die Arbeitszeit, die nach der Dienstplanung durch den Mitarbeitenden im jeweiligen Zeitraum (ausgehend von der vertraglich vereinbarten durchschnittlichen Wochenarbeitszeit) zu erbringen ist. Die tatsächlich geleistete Ist-Arbeitszeit kann hiervon z. B. infolge von Überstunden oder Arbeitsunfähigkeit abweichen.

Tabellenentgelt

Das Tabellenentgelt bezeichnet die monatliche Grundvergütung des Mitarbeitenden, die sich aus der Eingruppierung in die „Tabelle" anhand der Entgeltgruppe und der (Erfahrungs-)Stufe ergibt.

Teilzeit

Teilzeit beschreibt den Gegensatz zur Vollzeit. Für die Teilzeit-Tätigkeit gibt es jedoch keinen allgemein fixierten Umfang, sondern sie liegt immer dann vor, wenn der Mitarbeitende weniger als die für den jeweiligen Bereich vorgesehene Vollzeit arbeitet. Im Anwendungsbereich der Anlage 30 beginnt (theoretisch) schon bei 39,9 Stunden Teilzeit, was im Anwendungsbereich der Anlage 5 noch mehr als Vollzeit wäre.

Überstunden

Überstunden leistet ein Mitarbeitender, wenn er über das Maß dessen, was eine Vollzeit-Stelle in der Woche an Arbeitsstunden vorsieht, hinaus Arbeit leistet.

Urlaubssperre

Eine Urlaubssperre kann durch den Dienstgeber ausgesprochen werden, wenn aus dringenden betrieblichen Gründen zu bestimmten Zeiten die urlaubsbedingte Abwesenheit von Mitarbeitenden die Arbeitsfähigkeit der Einrichtung in Frage stellen würde. Dies kann sich aufgrund von besonders hoher Nachfrage oder auch aufgrund einer Vielzahl von Erkrankungen ergeben. In dieser Zeit werden Urlaubswünsche von Mitarbeitenden dann regelmäßig nicht erfüllt. Ähnlich wirken Urlaubsregelungen, die von vornherein die Gewährung von Urlaub auf bestimmte Zeiträume, etwa Schließzeiten oder Ferien, begrenzen.

Versorgungsvertrag

Versorgungsverträge sind Verträge zwischen dem Anbieter sozialer Dienstleistungen und Sozialleistungsträgern, etwa nach § 109 SGB V oder § 72 SGB XI. Mit ihnen werden Art, Inhalt und Umfang der jeweiligen Leistungen geregelt.

Vertragsfreiheit

Grundsätzlich gilt in Deutschland als Teil der grundrechtlich geschützten allgemeinen Handlungsfreiheit (Art. 2 Abs. 1 GG) und damit der Privatautonomie Vertragsfreiheit. Die Parteien eines Vertrages können danach regeln oder nicht regeln, was sie wünschen. Das Arbeitsrecht und insbesondere auch das

Arbeitszeitrecht schränken diese Freiheit jedoch durch eine Vielzahl von Vorgaben ein. Dies ist dann gerechtfertigt, wenn im Rahmen einer Abwägung der widerstreitenden Interessen, z. B. aufgrund des Gesundheitsschutzes der Mitarbeitenden, solche Einschränkungen notwendig erscheinen.

Vertrauensarbeitszeit
Sie bezeichnet eine Form der Einteilung und Kontrolle der Arbeitsleistung der Mitarbeitenden. Danach sind die Mitarbeitenden weitgehend frei in ihrer Zeiteinteilung, müssen jedoch die vereinbarte Arbeitszeit selbstverständlich leisten und sich insoweit auch in geeigneter Weise kontrollieren lassen, insbesondere auch um arbeitszeitrechtliche Vorgaben einzuhalten.

Vollarbeit
Als Vollarbeit wird im Unterschied zu Bereitschaftsdienst oder Rufbereitschaft diejenige Arbeitsleistung bezeichnet, bei der der Mitarbeitende in vollem Umfang seiner Tätigkeit nachgehen muss und nicht z. B. nur auf seine Inanspruchnahme wartet.

Vollzeit
bezeichnet die jeweils in den AVR für eine Berufsgruppe festgelegte regelmäßige wöchentliche Arbeitszeit einer „vollen" Stelle, also gegenwärtig im Umfang von 38,5 bis zu 40 Wochenstunden.

Wechselschichtarbeit
Wechselschichtarbeit ist eine besondere Form der Schichtarbeit. Sie unterscheidet sich von dieser dadurch, dass in der Einrichtung 24 Stunden am Tag (werk-, sonn- und feiertags) nach einem Schichtplan gearbeitet wird und der Mitarbeitende in bestimmten Abständen dabei regelmäßig sowohl tags wie nachts eingesetzt wird. Diese besondere Erschwernis der Arbeitsbedingungen wird durch eine Zulage ausgeglichen.

Wegezeit
Mit der Wegezeit ist regelmäßig der Weg von und zur Arbeitsstelle gemeint, der nicht zur Arbeitszeit zählt und der Privatsphäre des Mitarbeitenden zuzuordnen ist. Bei ambulanten Leistungsangeboten werden als Wegezeit aber auch die Zeiten bezeichnet, die ein Mitarbeitender zwischen zwei Einsatzorten zurücklegt. Diese Zeiten gehören zur Arbeitszeit und sind auch zu vergüten.

Weisungsrecht
Recht des Dienstgebers, Inhalt, Ort und Zeit der Arbeitsleistung nach billigem Ermessen festzulegen (§ 106 GewO). Synonym: Direktionsrecht.

Werktag
Werktage sind alle Tage, die nicht Sonn- oder Feiertage sind, also grundsätzlich alle Montage bis Samstage, soweit nicht variable Feiertage auf sie fallen.

Wiedereingliederung
Der Begriff beschreibt die (schrittweise) Wiederaufnahme der Tätigkeit eines Mitarbeitenden in der Einrichtung nach längerer oder wiederholter Arbeitsunfähigkeit.

Wochenarbeitszeit
Damit wird die Arbeitszeit in einer Kalenderwoche bezeichnet. Sie wird regelmäßig durch die AVR je nach Anlage für bestimmte Berufsgruppen vorgegeben und einzelvertraglich vereinbart.

Zeitarbeit
Unter Zeitarbeit ist das „Arbeiten auf Zeit" zu verstehen. Regelmäßig begründen sog. Zeitarbeitsunternehmen Arbeitsverhältnisse mit Zeitarbeitnehmern und „verleihen" diese dann gegen Entgelt an einen Dritten. Dieser ist dann Kunde des Zeitarbeitsunternehmens und bezahlt dieses für die zur Verfügung gestellte Arbeitskraft, die er in seinem Betrieb benötigt. Diese sog. Arbeitnehmerüberlassung ist mit dem Arbeitnehmerüberlassungsgesetz (AÜG) eigenständig geregelt. Ein Arbeitsverhältnis zwischen dem Zeitarbeitnehmer und dem „entleihenden" Arbeit- bzw. Dienstgeber wird dabei nicht begründet. Synonym: Leiharbeit.

Zulagen, Zuschläge
Diese beiden Begriffe bezeichnen Entgeltbestandteile, die neben der monatlichen Grundvergütung gewährt werden. Dabei kann es sich sowohl um Zahlungen für erschwerte Arbeitsbedingungen, z. B. zu bestimmten Zeiten oder Rhythmen, oder auch um soziale Zulagen, z. B. für Kinder, handeln.

VII. Anhang

Anlage 5 AVR
Arbeitszeitregelung

§ 1 Arbeitszeit, Ruhepausen, Ruhezeiten

(1) Die regelmäßige Arbeitszeit der Mitarbeiter beträgt ab dem 1. September 2009 durchschnittlich 39 Stunden in der Woche.[1] Der Berechnung des Durchschnitts der wöchentlichen Arbeitszeit ist in der Regel ein Zeitraum von 13 Wochen zugrunde zu legen. Durch Dienstvereinbarung kann ein Zeitraum von bis zu 52 Wochen zugrunde gelegt werden.
Die werktägliche Arbeitszeit der Mitarbeiter darf acht Stunden nicht überschreiten. Sie kann auf bis zu zehn Stunden nur verlängert werden, wenn innerhalb der genannten Zeiträume im Durchschnitt acht Stunden werktäglich nicht überschritten werden.

(2) Die regelmäßige Arbeitszeit kann auf durchschnittlich 48 Stunden in der Woche und über zehn Stunden werktäglich verlängert werden, wenn in die Arbeitszeit regelmäßig und in erheblichem Umfang Arbeitsbereitschaft fällt.

(3) *(entfällt)*

(4) In Einrichtungen, die in bestimmten Zeiten des Jahres regelmäßig zu saisonbedingt erheblich verstärkter Tätigkeit genötigt sind, kann für diese Zeit die regelmäßige Arbeitszeit bis zu zehn Stunden täglich und 60 Stunden wöchentlich verlängert werden, sofern die regelmäßige Arbeitszeit in den übrigen Zeiten des Jahres entsprechend verkürzt wird (Jahreszeitenausgleich).

(5) *(entfällt)*

[1] Regional kann die Festlegung der regelmäßigen Wochenarbeitszeit abweichen (Anm. des Autors).

(6) Zur regelmäßigen Arbeitszeit gehören nicht Zeiten, in denen der Mitarbeiter Arbeiten im Sinne des Abschnitts XI der Anlage 1 zu den AVR ausübt, sofern er für diese eine zusätzliche Vergütung zu seinen Dienstbezügen erhält. Das gilt auch für Zeiten, in denen Mitarbeiter eine Nebenbeschäftigung (§ 5 AT) wahrnehmen.

(7) Die Arbeitszeit ist mindestens durch die gesetzlich vorgeschriebenen Ruhepausen zu unterbrechen. Die Ruhepausen werden nicht in die Arbeitszeit eingerechnet.
Durch Dienstvereinbarung kann
a) in Schichtbetrieben die Gesamtdauer der Ruhepausen nach § 4 Satz 2 ArbZG auf Kurzpausen von angemessener Dauer aufgeteilt werden,
b) bei der Behandlung, Pflege und Betreuung von Personen die Lage und Dauer der Ruhepausen der Eigenart dieser Tätigkeit entsprechend unter Berücksichtigung des Wohls dieser Personen angepasst werden.

(8) Die wöchentliche Arbeitszeit ist unter Beachtung der gesetzlichen Bestimmungen auf die Tage in der Woche zu verteilen, an denen in der Einrichtung regelmäßig gearbeitet wird. Eine Woche ist der Zeitraum von Montag 0:00 Uhr bis Sonntag 24:00 Uhr. Dienstplanmäßige Arbeit ist die Arbeit, die innerhalb der regelmäßigen Arbeitszeit an den nach dem Dienstplan festgelegten Kalendertagen regelmäßig zu leisten ist. Die Arbeitszeit kann innerhalb einer Einrichtung für die Mitarbeiter verschiedener Dienstbereiche unterschiedlich verteilt werden, wenn das aus dienstlichen Gründen geboten ist.

(9) Die Arbeitszeit beginnt und endet an der Arbeitsstelle (Verwaltungs-/Betriebsbereich in dem Gebäude / Gebäudeteil, in dem der Mitarbeiter arbeitet), bei wechselnder Arbeitsstelle an der jeweils vorgeschriebenen Arbeitsstelle.

(10) Die Mitarbeiter müssen nach Beendigung der täglichen Arbeitszeit eine ununterbrochene Ruhezeit von mindestens elf Stunden haben. Die Ruhezeit kann auf mindestens neun Stunden verkürzt werden, wenn die Art der Arbeit dies erfordert und die Kürzung der Ruhezeit innerhalb von dreizehn Wochen ausgeglichen wird.
Abweichend von Unterabsatz 1 Satz 1 sind in Krankenhäusern und anderen Einrichtungen zur Behandlung, Pflege und Betreuung von Personen Kürzungen der Ruhezeit durch Inanspruchnahmen während der Rufbereitschaft, die mindestens die Hälfte der Ruhezeit betragen, unmittelbar anschließend auszugleichen. Beträgt die Inanspruchnahme während der Rufbereitschaft weniger als die Hälfte der Ruhezeit, ist ein Ausgleich zu anderer Zeit möglich.

(11) Die vorstehenden Regelungen gelten auch für Nachtarbeitnehmer im Sinne des Arbeitszeitgesetzes.

Anmerkung zu Absatz 11:
Nachtarbeitnehmer im Sinne des § 2 Abs. 5 ArbZG sind Mitarbeiter, die aufgrund ihrer Arbeitszeitgestaltung normalerweise Nachtarbeit in Wechselschicht zu leisten haben oder Nachtarbeit an mindestens 48 Tagen im Kalenderjahr leisten.
Nachtarbeit im Sinne des § 2 Abs. 4 ArbZG ist jede Arbeit, die mehr als zwei Stunden der Nachtzeit umfasst. Nachtzeit im Sinne des § 2 Abs. 3 ArbZG ist die Zeit von 23:00 bis 6:00 Uhr.

§ 1a Teilzeitbeschäftigung

(1) Mit vollbeschäftigten Mitarbeitern soll auf Antrag eine geringere als die regelmäßige Arbeitszeit vereinbart werden, wenn sie
a) mindestens ein Kind bis unter 18 Jahren oder
b) einen nach ärztlichem Gutachten pflegebedürftigen sonstigen Angehörigen tatsächlich betreuen oder pflegen und dringende dienstliche und betriebliche Belange nicht entgegenstehen.
Die Teilzeitbeschäftigung nach Unterabs. 1 ist auf bis zu 5 Jahre zu befristen, soweit der Mitarbeiter dies in dem Antrag auf Reduzierung der Arbeitszeit verlangt. Sie kann verlängert werden; der Antrag ist spätestens sechs Monate vor Ablauf der vereinbarten Teilzeitbeschäftigung zu stellen.
Vollbeschäftigte Mitarbeiter, die in anderen als den in Unterabs. 1 genannten Fällen eine Teilzeitbeschäftigung vereinbaren wollen, können von ihrem Dienstgeber verlangen, dass er mit ihnen die Möglichkeit einer Teilzeitbeschäftigung mit dem Ziel erörtert, zu einer entsprechenden Vereinbarung zu gelangen.
Ist mit einem früher vollbeschäftigten Mitarbeiter auf seinen Wunsch eine nicht befristete Teilzeitbeschäftigung vereinbart worden, soll der Mitarbeiter bei späterer Besetzung eines Vollzeitarbeitsplatzes bei gleicher Eignung im Rahmen der dienstlichen bzw. betrieblichen Möglichkeiten bevorzugt berücksichtigt werden.
Die Unterabsätze 1 bis 4 gelten entsprechend für teilzeitbeschäftigte Mitarbeiter, wenn sie eine Herabsetzung ihrer dienstvertraglich vereinbarten Arbeitszeit beantragen.

(2) Für Einrichtungen mit mehr als 15 Mitarbeitern gilt im übrigen § 8 des Gesetzes über Teilzeitarbeit und befristete Arbeitsverträge.

§ 1b Arbeitszeitverkürzung durch freie Tage

(1) Der Mitarbeiter wird in jedem Kalenderjahr an einem Arbeitstag (§ 3 Abs. 4 der Anlage 14 zu den AVR) von der Arbeit freigestellt. Für die Zeit der Freistellung erhält der Mitarbeiter die Dienstbezüge (Abschnitt II der Anlage 1 zu den AVR) und die in Monatsbeträgen festgelegten Zulagen fortgezahlt. Die Dauer der Freistellung beträgt höchstens ein Fünftel der für den Mitarbeiter geltenden durchschnittlichen wöchentlichen Arbeitszeit.

(2) Der neueingestellte Mitarbeiter erwirbt den Anspruch auf die Freistellung erstmals, wenn das Dienstverhältnis fünf Monate ununterbrochen bestanden hat.

(3) Wird der Mitarbeiter an dem für die Freistellung vorgesehenen Tag aus dienstlichen bzw. betrieblichen Gründen zur Arbeit herangezogen, ist die Freistellung innerhalb desselben Kalenderjahres nachzuholen. Ist dies aus dienstlichen bzw. betrieblichen Gründen nicht möglich, ist die Freistellung innerhalb des folgenden Kalenderjahres nachzuholen. Eine Nachholung in anderen Fällen ist nicht zulässig.

(4) Der Anspruch auf Freistellung kann nicht abgegolten werden.

(5) Ist der Mitarbeiter in einem anderen Rechtsverhältnis im Geltungsbereich der AVR oder in einem Tätigkeitsbereich der katholischen Kirche nach dieser oder einer entsprechenden Vorschrift für dasselbe Kalenderjahr bereits an einem Tag freigestellt worden, gilt der Anspruch nach Absatz 1 als erfüllt.

§ 2 Nacht-, Wechselschicht- und Schichtarbeit, Sonn- und Feiertagsarbeit

(1) In Einrichtungen bzw. Einrichtungsstellen, deren Aufgaben Nacht-, Wechselschicht-, Schicht-, Sonn- oder Feiertagsarbeit erfordern, muss dienstplanmäßig bzw. betriebsüblich entsprechend gearbeitet werden.

(2) Wechselschichtarbeit ist die Arbeit nach einem Schichtplan (Dienstplan), der einen regelmäßigen Wechsel der täglichen Arbeitszeit in Wechselschichten mit Nachtschichtfolge vorsieht. Wechselschichten sind Arbeitsschichten, in denen ununterbrochen – werktags, sonntags und feiertags – bei Tag und Nacht an allen Kalendertagen gearbeitet wird; eine Unterbrechung der Arbeitsleistung von höchstens 48 Stunden in der Zeit von freitags 12:00 Uhr bis zum folgenden Montag 12:00 Uhr bleibt außer Betracht. Eine Nachtschichtfolge

liegt vor, wenn der Mitarbeiter längstens nach Ablauf eines Monats erneut zur Nachtschicht herangezogen wird.
Schichtarbeit ist die Arbeit nach einem Schichtplan (Dienstplan), der einen regelmäßigen Wechsel der täglichen Arbeitszeit im Zeitabschnitt von längstens einem Monat von einer Schichtart in eine andere (so z. B. von der Frühschicht in die Spätschicht oder gegebenenfalls in die Nachtschicht) vorsieht.

(3) Sonntagsarbeit ist die Arbeit von 0:00 Uhr bis 24:00 Uhr an Sonntagen. Bei Sonntagsarbeit sollen im Monat zwei Sonntage arbeitsfrei sein. Werden Mitarbeiter an einem Sonntag beschäftigt, müssen sie einen Ersatzruhetag haben, der innerhalb eines den Beschäftigungstag einschließenden Zeitraums von zwei Wochen zu gewähren ist. Der Ersatzruhetag darf nicht auf einen gesetzlichen Feiertag fallen.
Feiertagsarbeit ist die Arbeit von 0:00 bis 24:00 Uhr an gesetzlichen Feiertagen. Werden Mitarbeiter an einem auf einen Werktag fallenden gesetzlichen Feiertag beschäftigt, müssen sie einen Ersatzruhetag haben, der innerhalb eines Zeitraums von 13 Wochen zu gewähren ist. Der Ersatzruhetag darf nicht auf einen anderen gesetzlichen Feiertag fallen. Für die geleistete dienstplanmäßige bzw. betriebsübliche Arbeitszeit sollen die Mitarbeiter eine entsprechende Freizeit an einem Werktag innerhalb eines Zeitraums von 13 Wochen unter Fortzahlung der Dienstbezüge (Abschnitt II der Anlage 1 zu den AVR) und der in Monatsbeträgen festgelegten Zulagen erhalten, wenn die dienstlichen oder betrieblichen Verhältnisse es zulassen. Kann diese Freizeit nicht erteilt werden, erhält der Mitarbeiter für jede nicht ausgeglichene Arbeitsstunde den Zeitzuschlag nach § 1 Abs. 1 Satz 2 Buchst. c Doppelbuchst. aa der Anlage 6a zu den AVR.
Für die Mitarbeiter, die an Sonn- und Feiertagen beschäftigt werden, gelten im übrigen die Regelungen des § 1.

(4) In Einrichtungen bzw. Einrichtungsstellen mit vollkontinuierlichem Schichtbetrieb kann die Arbeitszeit an Sonn- und Feiertagen auf bis zu zwölf Stunden verlängert werden, wenn dadurch zusätzliche freie Schichten an Sonn- und Feiertagen erreicht werden.

§ 3 Arbeitszeit an Samstagen und Vorfesttagen

(1) Die Mitarbeiter sollen zu Arbeiten an Samstagen nicht herangezogen werden, soweit die dienstlichen oder betrieblichen Verhältnisse es zulassen.

(2) Vorfesttage sind die Tage vor dem ersten Weihnachtsfeiertag, vor dem Neujahrstag, vor dem Ostersonntag und vor dem Pfingstsonntag.
Mitarbeiter erhalten an dem Tage vor dem ersten Weihnachtsfeiertag und vor dem Neujahrstag jeweils von 00:00 Uhr bis 24:00 Uhr sowie an dem Tage vor dem Ostersonntag und vor dem Pfingstsonntag jeweils von 12:00 bis 24:00 Uhr Arbeitsbefreiung unter Fortzahlung der Dienstbezüge (Abschnitt II der Anlage 1 zu den AVR) und der in Monatsbeträgen festgelegten Zulagen, soweit die dienstlichen oder betrieblichen Verhältnisse es zulassen.
Dem Mitarbeiter, dem diese Arbeitsbefreiung aus dienstlichen oder betrieblichen Gründen nicht erteilt werden kann, wird an einem anderen Tage entsprechende Freizeit unter Fortzahlung der Dienstbezüge (Abschnitt II der Anlage 1 zu den AVR) und der in Monatsbeträgen festgelegten Zulagen erteilt.
Für Arbeit an den Tagen vor dem ersten Weihnachtsfeiertag und vor dem Neujahrstag erhält der Mitarbeiter zusätzliche Freizeit unter Fortzahlung der Dienstbezüge (Abschnitt II der Anlage 1 zu den AVR) und der in Monatsbeträgen festgelegten Zulagen im Umfang von 35 v. H. der tatsächlich geleisteten Arbeitszeit.
Kann die Freizeit aus dienstlichen oder betrieblichen Gründen nicht erteilt werden, wird der Zeitzuschlag nach § 1 Abs. 1 Satz 2 Buchstabe d der Anlage 6a zu den AVR gezahlt.

§ 4 Nichtdienstplanmäßige Arbeit

(1) Mitarbeiter, die in unmittelbarem Anschluss an die dienstplanmäßige bzw. betriebsübliche tägliche Arbeitszeit mindestens zwei Stunden zur Arbeitsleistung herangezogen werden, erhalten eine viertelstündige Pause gewährt, die als Arbeitszeit anzurechnen ist. Beträgt die Arbeitsleistung mehr als drei Stunden, ist eine insgesamt halbstündige Pause zu gewähren, die als Arbeitszeit anzurechnen ist.

(2) Wird Nacht-, Sonntags- oder Feiertagsarbeit geleistet, die sich nicht unmittelbar an die dienstplanmäßige bzw. betriebsübliche tägliche Arbeitszeit anschließt, werden für die Vergütungsberechnung mindestens drei Arbeitsstunden angesetzt. Bei mehreren Inanspruchnahmen bis zum nächsten dienstplanmäßigen bzw. betriebsüblichen Arbeitsbeginn wird die Stundengarantie nach Satz 1 nur einmal, und zwar für die kürzeste Inanspruchnahme angesetzt. Voraussetzung für die Anwendung des Unterabsatzes 1 ist bei Mitarbeitern,

die innerhalb der Einrichtung wohnen, dass die Arbeitsleistung außerhalb der Einrichtung erbracht wird.
Unterabsatz 1 gilt nicht für gelegentliche unwesentliche Arbeitsleistungen, die die Freizeit des Mitarbeiters nur unerheblich (etwa 15 Minuten) in Anspruch nehmen, oder für Arbeitsleistungen während der Rufbereitschaft.

§ 5 Kurzarbeit

(1) Bei einem vorübergehenden unvermeidbarem Arbeitsausfall aufgrund wirtschaftlicher Ursachen einschließlich darauf beruhender Veränderungen der Strukturen in der Einrichtung oder aufgrund eines unabwendbaren Ereignisses kann der Dienstgeber nach Abschluss einer Dienstvereinbarung die dienstvertraglich vereinbarte Arbeitszeit für die gesamte Einrichtung oder für Teile davon kürzen, wenn mindestens ein Drittel der in der Einrichtung beschäftigten Mitarbeiter von einem Vergütungsausfall von jeweils mehr als 10 v. H. ihrer monatlichen Bruttovergütung betroffen ist. In Einrichtungen ohne Mitarbeitervertretung ist die Kurzarbeit mit jedem betroffenen Mitarbeiter gesondert zu vereinbaren. Die Dienstvereinbarung muss unter anderem Folgendes regeln:
a) Persönlicher Geltungsbereich; Auszubildende nach Anlage 7 zu den AVR sind davon auszunehmen;
b) Beginn und Dauer der Kurzarbeit; Dabei muss zwischen dem Abschluss der Dienstvereinbarung und dem Beginn der Kurzarbeit ein Zeitraum von einer Woche liegen;
c) Lage und Verteilung der Arbeitszeit.

(2) Die Mitarbeitervertretung ist über die beabsichtigte Einführung von Kurzarbeit unverzüglich und umfassend zu informieren. Sie ist verpflichtet, ihren Beschluss unverzüglich herbeizuführen und dem Dienstgeber mitzuteilen; der Dienstgeber kann bis zur endgültigen Entscheidung vorläufige Maßnahmen treffen. Die betroffenen Mitarbeiter sind mindestens eine Woche vorher über die geplanten Maßnahmen zu unterrichten; dies soll in einer Mitarbeiterversammlung erfolgen.

(3) Vor der Einführung von Kurzarbeit sind Zeitguthaben nach § 3 der Anlage 5b zu den AVR und § 9 der Anlagen 31, 32 und 33 abzubauen.

(4) Für die Berechnung der Dienstbezüge gemäß Abschnitt II der Anlage 1 zu den AVR und der Krankenbezüge gemäß Abschnitt XII der Anlage 1 zu den AVR gilt Abschnitt II a mit Ausnahme von Absatz b zweiter Halbsatz der Anlage 1 zu

den AVR entsprechend. Für die Anwendung sonstiger Bestimmungen der AVR bleibt die Kürzung der dienstvertraglich vereinbarten Arbeitszeit und die sich daraus ergebende Minderung der Bezüge außer Betracht.

(5) Mitarbeiter, deren Arbeitszeit länger als drei zusammenhängende Wochen verkürzt worden ist, können ihr Dienstverhältnis mit einer Frist von einem Monat zum Monatsende kündigen.

(6) Dienstgeber oder Mitarbeitervertretung haben den Arbeitsausfall dem zuständigen Arbeitsamt nach Maßgabe der gesetzlichen Vorschriften anzuzeigen und einen Antrag auf Kurzarbeitergeld zu stellen. Der Dienstgeber hat der Mitarbeitervertretung die für eine Stellungnahme erforderlichen Informationen zu geben.

§ 6 Sonderbestimmungen bei Dienstreisen

(1) Bei Dienstreisen wird als Arbeitszeit nur die Zeit der tatsächlichen dienstlichen Inanspruchnahme am auswärtigen Geschäftsort angerechnet. Die notwendige Reisezeit wird daneben grundsätzlich in vollem Umfang als Arbeitszeit bewertet, wobei für die Zeit der tatsächlichen dienstlichen Inanspruchnahme und für die notwendige Reisezeit insgesamt höchstens zehn Stunden als tägliche Arbeitszeit angerechnet werden. Es wird jedoch für jeden Tag, an dem der Mitarbeiter sich außerhalb des Beschäftigungsortes aufhalten muss, mindestens die dienstplanmäßige bzw. betriebsübliche Arbeitszeit berücksichtigt.

(2) Für die Berechnung der Reisedauer sind die gemäß der Anlage 13a zu den AVR bei dem jeweiligen Dienstgeber geltenden Vorschriften des Reisekostenrechts sinngemäß anzuwenden.

§ 7 Bereitschaftsdienst und Rufbereitschaft

(1) Auf Anordnung des Dienstgebers haben voll- und teilzeitbeschäftigte Mitarbeiter außerhalb der regelmäßigen Arbeitszeit Dienstleistungen in der Form des Bereitschaftsdienstes oder der Rufbereitschaft zu erbringen.
Teilzeitkräfte dürfen durchschnittlich nicht zu mehr Bereitschaftsdiensten herangezogen werden als Vollzeitkräfte der gleichen Abteilung im Durchschnitt leisten.
Der Dienstgeber darf Bereitschaftsdienst nur anordnen, wenn zu erwarten ist, dass zwar Arbeit anfällt, erfahrungsgemäß aber die Zeit ohne Arbeitsleistung überwiegt. Eine Rufbereitschaft darf er nur anordnen, wenn innerhalb eines

Zeitraumes von sechs Kalendermonaten im Durchschnitt weniger Arbeit als zu einem Achtel der Zeit der Rufbereitschaft anfällt.

(2) Bei Bereitschaftsdiensten ist der Mitarbeiter verpflichtet, sich außerhalb der regelmäßigen Arbeitszeit an einer vom Dienstgeber bestimmten Stelle aufzuhalten, um im Bedarfsfalle die Arbeit aufzunehmen. Als Bereitschaftsdienst gilt nicht das Wohnen im Bereich der Einrichtung.

(3) Während der Rufbereitschaft hält sich der Mitarbeiter außerhalb der regelmäßigen Arbeitszeit an einem von ihm selbst gewählten Ort auf, an dem seine Erreichbarkeit sichergestellt ist, um bei Abruf kurzfristig die Arbeit aufzunehmen. Als Rufbereitschaft gilt nicht das Wohnen im Bereich der Einrichtung.

(4) Auf die Nachtarbeitsstunden in § 4 Abs. 2 der Anlage 14 zu den AVR werden Bereitschaftsdienste und Rufbereitschaften einschließlich der in der Rufbereitschaft erbrachten Arbeitsleistung nicht angerechnet.

(5) Zum Zwecke der Vergütungsberechnung wird die Zeit des Bereitschaftsdienstes einschließlich der geleisteten Arbeit mit 25 v. H. als Arbeitszeit gewertet und mit der Überstundenvergütung (§ 1 Abs. 3 Unterabs. 2 der Anlage 6a zu den AVR) vergütet.
Die danach errechnete Arbeitszeit kann stattdessen bis zum Ende des dritten Kalendermonats durch entsprechende Freizeit abgegolten werden (Freizeitausgleich). Für den Freizeitausgleich ist eine angefangene halbe Stunde, die sich bei der Berechnung ergeben hat, auf eine halbe Stunde aufzurunden. Für die Zeit des Freizeitausgleichs werden die Dienstbezüge (Abschnitt II der Anlage 1 zu den AVR) und die in Monatsbeträgen festgelegten Zulagen fortgezahlt.

(5a) Zusätzlich zu Abs. 5 wird die Zeit des Bereitschaftsdienstes einschließlich der geleisteten Arbeit in der Zeit von 20:00 Uhr bis 6:00 Uhr mit einem Zuschlag in Höhe von 15 v. H. der Stundenvergütung nach § 2 der Anlage 6a zu den AVR vergütet.

(6) Zum Zwecke der Vergütungsberechnung wird die Zeit der Rufbereitschaft mit 12,5 v. H. als Arbeitszeit gewertet und mit der Überstundenvergütung (§ 1 Abs. 3 Unterabs. 2 der Anlage 6a zu den AVR) vergütet.
Für angefallene Arbeit einschließlich einer etwaigen Wegezeit wird daneben die Überstundenvergütung gezahlt. Für eine Heranziehung zur Arbeit außerhalb des Aufenthaltsortes werden mindestens drei Stunden angesetzt.

Wird der Mitarbeiter während der Rufbereitschaft mehrmals zur Arbeit herangezogen, wird die Stundengarantie nur einmal, und zwar für die kürzeste Inanspruchnahme, angesetzt.
Überstundenvergütung für die sich nach Unterabsatz 2 ergebenden Stunden entfällt, soweit entsprechende Arbeitsbefreiung erteilt wird (Freizeitausgleich). Für den Freizeitausgleich gilt Absatz 5 Sätze 3 und 4 entsprechend.

(7) Bei Mitarbeitern, die ständig zu Bereitschaftsdiensten bzw. Rufbereitschaften herangezogen werden, kann ein Ausgleich durch eine pauschale Abgeltung erfolgen. Die pauschale Abgeltung kann sowohl als zusätzliche Freizeit wie auch als zusätzliche Vergütung gewährt werden. Die Höhe der pauschalen Abgeltung soll grundsätzlich der Einzelberechnung der durchschnittlich in den Kalendermonaten für den Mitarbeiter anfallenden Bereitschaftsdienste bzw. Rufbereitschaften entsprechen.

§ 8 Bereitschaftsdienst und Rufbereitschaft in Krankenhäusern und Heimen

(1) Abweichend von § 7 gilt diese Bestimmung für Mitarbeiter in
a) Krankenhäusern, Heil-, Pflege- und Entbindungseinrichtungen,
b) medizinischen Instituten von Kranken-, Heil- und Pflegeeinrichtungen,
c) sonstigen Einrichtungen und Heimen, in denen die betreuten Personen in ärztlicher Behandlung stehen, und in Altenpflegeheimen und Pflegebereichen in Altenheimen oder
d) Einrichtungen und Heimen, die der Förderung der Gesundheit, der Erziehung, Fürsorge oder Betreuung von Kindern und Jugendlichen, der Fürsorge oder Betreuung von obdachlosen, alten, gebrechlichen, erwerbsbeschränkten oder sonstigen hilfsbedürftigen Personen dienen, auch wenn diese Einrichtungen nicht der ärztlichen Behandlung der betreuten Personen dienen.

(2) Bereitschaftsdienst leisten Mitarbeiter, die sich auf Anordnung des Dienstgebers außerhalb der regelmäßigen Arbeitszeit an einer vom Dienstgeber bestimmten Stelle aufhalten, um im Bedarfsfall die Arbeit aufzunehmen. Der Dienstgeber darf Bereitschaftsdienst nur anordnen, wenn zu erwarten ist, dass zwar Arbeit anfällt, erfahrungsgemäß aber die Zeit ohne Arbeitsleistung überwiegt.

(3) Abweichend von den §§ 3, 5 und 6 Abs. 2 ArbZG kann im Rahmen des § 7 ArbZG aufgrund einer Dienstvereinbarung die tägliche Arbeitszeit im Sinne des Arbeitszeitgesetzes über acht Stunden hinaus verlängert werden, wenn

mindestens die acht Stunden überschreitende Zeit im Rahmen von Bereitschaftsdienst geleistet wird, und zwar wie folgt:
a) bei Bereitschaftsdiensten der Stufe A und B bis zu insgesamt maximal 16 Stunden täglich, die gesetzlich vorgesehene Pause verlängert diesen Zeitraum nicht,
b) bei Bereitschaftsdiensten der Stufen C und D bis zu insgesamt maximal 13 Stunden täglich; die gesetzlich vorgeschriebene Pause verlängert diesen Zeitraum nicht.

(4) Im Rahmen des § 7 ArbZG kann unter den Voraussetzungen
a) einer Prüfung alternativer Arbeitszeitmodelle,
b) einer Belastungsanalyse gemäß § 5 ArbSchG und
c) ggf. daraus resultierender Maßnahmen zur Gewährleistung des Gesundheitsschutzes

aufgrund einer Dienstvereinbarung von den Regelungen des Arbeitszeitgesetzes abgewichen werden. Abweichend von den §§ 3, 5 und 6 Abs. 2 ArbZG kann die tägliche Arbeitszeit im Sinne des Arbeitszeitgesetzes über acht Stunden hinaus verlängert werden, wenn in die Arbeitszeit regelmäßig und in erheblichem Umfang Bereitschaftsdienst fällt. Hierbei darf die tägliche Arbeitszeit ausschließlich der Pausen maximal 24 Stunden betragen. Unter den vorgenannten Voraussetzungen darf die Vollarbeit in Verbindung mit Bereitschaftsdiensten der Stufen A und B insgesamt bis zu 16 Stunden betragen. Dabei ist sicherzustellen, dass
a) auf einen Zeitabschnitt der Vollarbeit in mindestens demselben zeitlichen Umfang ein Zeitabschnitt des Bereitschaftsdienstes folgt,
b) die Zeitabschnitte der Vollarbeit 8 Stunden nicht überschreiten und
c) mindestens ein Zeitabschnitt des Bereitschaftsdienstes 6 Stunden erreicht.

(5) Unter den Voraussetzungen des Absatzes 4 Satz 1 kann die tägliche Arbeitszeit gemäß § 7 Abs. 2a ArbZG ohne Ausgleich verlängert werden, wobei
a) bei Bereitschaftsdiensten der Stufen A und B eine wöchentliche Arbeitszeit von bis zu maximal durchschnittlich 58 Stunden,
b) bei Bereitschaftsdiensten der Stufen C und D eine wöchentliche Arbeitszeit von bis zu maximal durchschnittlich 54 Stunden zulässig ist.

Die Arbeitszeit darf nur verlängert werden, wenn der Mitarbeiter schriftlich eingewilligt hat. Er kann die Einwilligung mit einer Frist von sechs Monaten schriftlich widerrufen. Der Dienstgeber darf einen Mitarbeiter nicht benachteiligen, weil dieser die Einwilligung zur Verlängerung der Arbeitszeit nicht erklärt oder die Einwilligung widerrufen hat.

(6) Für den Ausgleichszeitraum nach den Absätzen 3 bis 5 gilt ein Zeitraum von bis zu einem Jahr.

(7) Rufbereitschaft leisten Mitarbeiter, die sich außerhalb der regelmäßigen Arbeitszeit an einem von ihnen selbst gewählten Ort aufhalten, an dem ihre Erreichbarkeit sichergestellt ist, um bei Abruf kurzfristig die Arbeit aufzunehmen. Der Dienstgeber darf Rufbereitschaft nur anordnen, wenn erfahrungsgemäß lediglich in Ausnahmefällen Arbeit anfällt. Durch tatsächliche Arbeitsleistung innerhalb der Rufbereitschaft kann die tägliche Höchstarbeitszeit von zehn Stunden (§ 3 ArbZG) überschritten werden (§ 7 ArbZG).

(8) Auf der Grundlage einer Dienstvereinbarung kann bei der Behandlung, Pflege und Betreuung von Personen, wenn solche Dienste nach der Eigenart dieser Tätigkeit und zur Erhaltung des Wohles dieser Personen erforderlich sind, die tägliche Arbeitszeit im Schichtdienst, ausschließlich der Pausen, auf bis zu 12 Stunden verlängert werden.
In unmittelbarer Folge dürfen höchstens 5 Zwölf-Stunden-Schichten und innerhalb von zwei Wochen nicht mehr als 8 Zwölf-Stunden-Schichten geleistet werden. Solche Schichten können nicht mit Bereitschaftsdienst kombiniert werden.
Abweichend von § 1 Abs. 10 der Anlage 5 kann bei Anordnung von Zwölf-Stunden-Schichten die Ruhezeit nicht verkürzt werden.

(9) Für Mitarbeiter gemäß Absatz 1 Buchstabe (d) gelten die Absätze 2 bis 8 mit der Maßgabe, dass die Grenzen für die Stufen A und B einzuhalten sind. Dazu gehören auch die Beschäftigten in Einrichtungen, in denen die betreuten Personen nicht regelmäßig ärztlich behandelt und beaufsichtigt werden (Erholungsheime). Für die Ärzte in diesen Einrichtungen gelten die Absätze 2 bis 8 ohne Einschränkungen.

Anmerkung zu Absatz 1:
Unter Buchstabe d) fallen auch Rettungsdienste.

§ 9 Bereitschaftsdienst- und Rufbereitschaftsentgelt in Krankenhäusern und Heimen

(1) Zum Zwecke der Vergütungsberechnung der unter § 8 Absatz 1 Buchstabe

(a) bis (c) fallenden Mitarbeiter wird die Zeit des Bereitschaftsdienstes einschließlich der geleisteten Arbeit wie folgt als Arbeitszeit gewertet:

a) Nach dem Maß während des Bereitschaftsdienstes erfahrungsgemäß durchschnittlich anfallender Arbeitsleistungen wird die Zeit des Bereitschaftsdienstes wie folgt als Arbeitszeit gewertet:

Stufe	Arbeitsleistung innerhalb des Bereitschaftsdienstes	Bewertung als Arbeitszeit
A	0 bis 10 v. H.	15 v. H.
B	mehr als 10 bis 25 v. H.	25 v. H.
C	mehr als 25 bis 40 v. H.	40 v. H.
D	mehr als 40 bis 49 v. H.	55 v. H.

b) Entsprechend der Zahl der vom Mitarbeiter je Kalendermonat abgeleisteten Bereitschaftsdienste wird die Zeit eines jeden Bereitschaftsdienstes zusätzlich wie folgt als Arbeitszeit gewertet:

Zahl der Bereitschaftsdienste im Kalendermonat	Bewertung als Arbeitszeit
1. bis 8. Bereitschaftsdienst	25 v. H.
9. bis 12. Bereitschaftsdienst	35 v. H.
13. und folgende Bereitschaftsdienste	45 v. H.

c) Die Zuweisung zu den einzelnen Stufen des Bereitschaftsdienstes erfolgt durch die Einrichtungsleitung und die Mitarbeitervertretung.

(2) Zum Zwecke der Vergütungsberechnung der unter § 8 Absatz 1 Buchstabe d fallenden Mitarbeiter wird die Zeit des Bereitschaftsdienstes einschließlich der geleisteten Arbeit mit 25 v. H. als Arbeitszeit bewertet. Leistet der Mitarbeiter in einem Kalendermonat mehr als acht Bereitschaftsdienste, wird die Zeit eines jeden über acht Bereitschaftsdienste hinausgehenden Bereitschaftsdienstes zusätzlich mit 15 v. H. als Arbeitszeit gewertet.

(2a) Zusätzlich zu Abs. 1 und Abs. 2 wird die Zeit des Bereitschaftsdienstes einschließlich der geleisteten Arbeit in der Zeit von 20:00 Uhr bis 6:00 Uhr mit einem Zuschlag in Höhe von 15 v. H. der Stundenvergütung nach § 2 der Anlage 6a zu den AVR vergütet.

(3) Für die nach Absatz 1 und Absatz 2 errechnete Arbeitszeit wird die Überstundenvergütung nach § 1 Abs. 3 Unterabs. 2 der Anlage 6a zu den AVR bezahlt. Für die Zeit des Bereitschaftsdienstes einschließlich der geleisteten Arbeit und für die Zeit der Rufbereitschaft werden Zeitzuschläge nicht gezahlt.

(4) Die nach Absatz 1 und Absatz 2 errechnete Arbeitszeit kann auch durch entsprechende Freizeit abgegolten werden. Für den Freizeitausgleich ist eine angefangene halbe Stunde, die sich bei der Berechnung ergeben hat, auf eine halbe Stunde aufzurunden. Für die Zeit des Freizeitausgleichs werden die Dienstbezüge (Abschnitt II der Anlage 1 zu den AVR) und die in Monatsbeträgen festgelegten Zulagen fortgezahlt.

(5) Zum Zwecke der Vergütungsberechnung wird die Zeit der Rufbereitschaft mit 12,5 v. H. als Arbeitszeit gewertet und mit der Überstundenvergütung nach § 1 Abs. 3 Unterabs. 2 der Anlage 6a zu den AVR vergütet.
Für anfallende Arbeit einschließlich einer etwaigen Wegezeit wird daneben die Überstundenvergütung (§ 1 Abs. 3 Unterabs. 2 der Anlage 6a zu den AVR) gezahlt. Für eine Heranziehung zur Arbeit außerhalb des Aufenthaltsortes werden mindestens drei Stunden angesetzt. Wird der Mitarbeiter während der Rufbereitschaft mehrmals zur Arbeit herangezogen, wird die Stundengarantie nur einmal, und zwar für die kürzeste Inanspruchnahme, angesetzt.
Die Überstundenvergütung für die sich nach Unterabsatz 2 ergebenden Stunden entfällt, soweit entsprechende Arbeitsbefreiung erteilt wird (Freizeitausgleich). Für Freizeitausgleich gilt Absatz 4 entsprechend.

(6) Ein Ausgleich für Bereitschaftsdienste und Rufbereitschaften kann entsprechend der Regelung des § 7 Absatz 7 durch pauschale Abgeltung vorgenommen werden.

§ 10 Sonderregelung für Mitarbeiter in häuslichen Gemeinschaften

Bei Mitarbeitern, die in häuslicher Gemeinschaft mit den ihnen anvertrauten Personen zusammenleben und sie eigenverantwortlich erziehen, pflegen oder betreuen (§ 18 Abs. 1 Nr. 3 ArbZG), kann, sofern die Eigenart des Dienstes es erfordert, einzelvertraglich von den Arbeitszeitregelungen der Anlagen 5, 32 und 33 zu den AVR abgewichen werden.

Anlage 30 AVR
Besondere Regelungen für Ärztinnen und Ärzte

§ 1 Geltungsbereich

(1) Diese Anlage gilt für Ärztinnen und Ärzte sowie Zahnärztinnen und Zahnärzte, die in
a) Krankenhäusern einschließlich psychiatrischer Kliniken und psychiatrischer Krankenhäuser,
b) Medizinischen Instituten von Krankenhäusern / Kliniken (z. B.: pathologischen Instituten, Röntgeninstituten oder Institutsambulanzen) oder in
c) sonstigen Einrichtungen und Heimen (z. B.: Reha-Einrichtungen) in denen die betreuten Personen in Teilstationärer oder stationärer ärztlicher Behandlung stehen, wenn die ärztliche Behandlung in den Einrichtungen selbst stattfindet,

beschäftigt sind. Diese Anlage gilt auch für Ärztinnen und Ärzte in sonstigen Einrichtungen, sofern sie eine ärztliche Tätigkeit ausüben.

(2) Soweit für diese Ärztinnen und Ärzte nachfolgend nichts anderes bestimmt ist, finden die Vorschriften des Allgemeinen Teils und der Anlagen der AVR Anwendung. §§ 2a, 9a und 12 des Allgemeinen Teils, die Abschnitte Ia, IIIA, IIIa, V, VII, XI Absatz d und XIV der Anlage 1, die Anlagen 1b, 2, 3, 6 und 6a sowie die §§ 4 und 6 bis 9 der Anlage 14 zu den AVR finden keine Anwendung. Die Anlage 5 zu den AVR gilt nicht mit Ausnahme von § 1 Abs. 7, Abs. 9 und Abs. 10, § 5, § 6, § 7 Abs. 7, § 9 Abs. 6 und § 10.

§ 2 Einsatzzuschlag für Ärztinnen und Ärzte im Rettungsdienst

Zu den aus der Haupttätigkeit obliegenden Pflichten der Ärztinnen und Ärzte gehört es ferner, am Rettungsdienst im Notarztwagen und Hubschraubern teilzunehmen. Für jeden Einsatz in diesem Rettungsdienst erhalten Ärztinnen und Ärzte einen nicht zusatzversorgungspflichtigen Einsatzzuschlag in Höhe von 27,86 Euro (ab 1. Januar 2020).[1] Dieser Betrag verändert sich zu demselben Zeitpunkt und in dem gleichen Ausmaß wie das Tabellenentgelt der Entgeltgruppe II Stufe 1.

---

[1] RK Ost: Ab 1. Oktober 2020 (Anm. des Autors).

Anmerkungen zu § 2:

1. *Eine Ärztin / ein Arzt, die / der nach der Approbation noch nicht mindestens 1 Jahr klinisch tätig war, ist grundsätzlich nicht zum Einsatz im Rettungsdienst heranzuziehen.*
2. *Eine Ärztin / ein Arzt, der / dem aus persönlichen oder fachlichen Gründen (z. B.: Vorliegen einer anerkannten Minderung der Erwerbsfähigkeit, die dem Einsatz im Rettungsdienst entgegensteht, Flugunverträglichkeit, langjährige Tätigkeit als Bakteriologin / Bakteriologe) die Teilnahme am Rettungsdienst nicht zumutbar ist, darf grundsätzlich nicht zum Einsatz im Rettungsdienst herangezogen werden.*
3. *Ärztinnen und Ärzte, die originär für den Rettungsdienst eingestellt und ausschließlich im Rettungsdienst tätig sind, erhalten keinen Einsatzzuschlag.*

§ 3 Regelmäßige Arbeitszeit

(1) Die regelmäßige Arbeitszeit beträgt ausschließlich der Pausen durchschnittlich 40 Stunden wöchentlich.[2] Die regelmäßige Arbeitszeit kann auf 5 Tage, aus notwendigen dienstlichen oder betrieblichen Gründen auch auf sechs Tage verteilt werden.

(2) Für die Berechnung des Durchschnitts der regelmäßigen wöchentlichen Arbeitszeit ist ein Zeitraum vom einem Jahr zu Grunde zu legen. Abweichend von Satz 1 kann bei Ärztinnen und Ärzten, die ständig Wechselschicht oder Schichtarbeit zu leisten haben, ein längerer Zeitraum zu Grunde gelegt werden.

(3) Soweit es die dienstlichen oder betrieblichen Verhältnisse zulassen, wird die Ärztin / der Arzt am 24. Dezember und am 31. Dezember unter Fortzahlung des Entgelts von der Arbeit freigestellt. Kann die Freistellung nach Satz 1 aus dienstlichen oder betrieblichen Gründen nicht erfolgen, ist entsprechender Freizeitausgleich innerhalb von drei Monaten zu gewähren. Die regelmäßige Arbeitszeit vermindert sich für den 24. Dezember und 31. Dezember, soweit sie auf einen Werktag fallen, um die dienstplanmäßig ausgefallenen Stunden.

[2] Regional kann die Festlegung der regelmäßigen Wochenarbeitszeit abweichen (Anm. des Autors).

Anmerkung zu Abs. 3 Satz 3:
Die Verminderung der regelmäßigen Arbeitszeit betrifft die Ärztinnen und Ärzte, die wegen des Dienstplanes frei haben und deshalb ohne diese Regelung nacharbeiten müssten.

(4) Aus dringenden dienstlichen oder betrieblichen Gründen kann auf der Grundlage einer Dienstvereinbarung im Rahmen des § 7 Abs. 1, 2 und des § 12 ArbZG von den Vorschriften des Arbeitszeitgesetzes abgewichen werden.

(5)[3] Die tägliche Arbeitszeit kann im Schichtdienst auf bis zu zwölf Stunden ausschließlich der Pausen ausgedehnt werden. In unmittelbarer Folge dürfen nicht mehr als vier über zehn Stunden dauernde Schichten und in einem Zeitraum von zwei Kalenderwochen nicht mehr als insgesamt acht über zehn Stunden dauernde Schichten geleistet werden. Zwischen der Ableistung von Bereitschaftsdienst und einer Schicht i. S. d. Satz 1 muss jeweils ein Zeitraum von 72 Stunden liegen.

(6) Ärztinnen und Ärzte sind im Rahmen begründeter dienstlicher oder betrieblicher Notwendigkeiten zur Leistung von Sonntags-, Feiertags-, Nacht-, Wechselschicht-, Schichtarbeit sowie – bei Teilzeitbeschäftigung aufgrund arbeitsvertraglicher Regelungen oder mit ihrer Zustimmung – zu Bereitschaftsdienst, Rufbereitschaft, Übersunden und Mehrarbeit verpflichtet.

(7) Durch Dienstvereinbarung kann ein wöchentlicher Arbeitszeitkorridor von bis zu 45 Stunden eingerichtet werden. Die innerhalb eines Arbeitszeitkorridors geleisteten zusätzlichen Arbeitsstunden werden im Rahmen des nach Abs. 2 Satz 1 festgelegten Zeitraums ausgeglichen.

(8) Durch Dienstvereinbarung kann in der Zeit von 6 Uhr bis 20 Uhr eine tägliche Rahmenzeit von bis zu zwölf Stunden eingeführt werden. Die innerhalb der täglichen Rahmenzeit geleisteten zusätzlichen Arbeitsstunden werden im Rahmen des nach Absatz 2 Satz 1 festgelegten Zeitraums ausgeglichen.

Anmerkung zu § 3:
Gleitzeitregelungen sind unter Wahrung der jeweils geltenden Mitbestimmungsrechte unabhängig von den Vorgaben zu Arbeitszeitkorridor und Rahmenzeit (Absätze 7 und 8) möglich.

[3] Neufassung ab 1.1.2021 (Anm. des Autors).

§ 4 Arbeit an Sonn- und Feiertagen

In Ergänzung zu § 3 Abs. 3 Satz 3 und Abs. 6 gilt für Sonn- und Feiertage Folgendes:

(1) Die Arbeitszeit an einem gesetzlichen Feiertag, der auf einen Werktag fällt, wird durch eine entsprechende Freistellung an einem anderen Werktag bis zum Ende des dritten Kalendermonats – möglichst aber schon bis zum Ende des nächsten Kalendermonats – ausgeglichen, wenn es die betrieblichen Verhältnisse zulassen. Kann ein Freizeitausgleich nicht gewährt werden, erhält die Ärztin / der Arzt je Stunde 100 v. H. des auf eine Stunde entfallenden Anteils des monatlichen Entgelts der jeweiligen Entgeltsgruppe und Stufe nach Maßgabe der Entgelttabelle. § 7 Abs. 1 Satz 2 Buchst. c bleibt unberührt.

(2) Für Ärztinnen und Ärzte, die regelmäßig nach einem Dienstplan eingesetzt werden, der Wechselschicht- oder Schichtdienst an sieben Tagen in der Woche vorsieht, vermindert sich die regelmäßige Wochenarbeitszeit um ein Fünftel der arbeitsvertraglich vereinbarten durchschnittlichen Wochenarbeitszeit, wenn sie an einem gesetzlichen Feiertag, der auf einen Werktag fällt,
a) Arbeitsleistung zu erbringen haben oder
b) nicht wegen des Feiertags, sondern dienstplanmäßig nicht zur Arbeit eingeteilt sind und deswegen an anderen Tagen der Woche ihre regelmäßige Arbeitszeit erbringen müssen.

Absatz 1 gilt in diesen Fällen nicht. § 10 Abs. 1 Satz 2 Buchst. b bleibt unberührt.

(3) Ärztinnen und Ärzte die regelmäßig an Sonn- und Feiertagen arbeiten müssen, erhalten innerhalb von zwei Wochen zwei arbeitsfreie Tage. Hiervon soll ein freier Tag auf einen Sonntag fallen.

§ 5 Sonderformen der Arbeit

(1) Wechselschichtarbeit ist die Arbeit nach einem Schichtplan / Dienstplan, der einen regelmäßigen Wechsel der täglichen Arbeitszeit in Wechselschichten vorsieht, bei denen die Ärztin / der Arzt längstens nach Ablauf eines Monats erneut zu mindestens zwei Nachtschichten herangezogen wird. Wechselschichten sind wechselnde Arbeitsschichten, in denen ununterbrochen bei Tag und Nacht, werktags, sonntags und feiertags gearbeitet wird. Nachtschichten sind Arbeitsschichten, die mindestens zwei Stunden Nachtarbeit umfassen.

(2) Schichtarbeit ist die Arbeit nach einem Schichtplan, der einen regelmäßigen Wechsel des Beginns der täglichen Arbeitszeit um mindestens zwei Stunden in

Zeitabschnitten von längstens einem Monat vorsieht, und die innerhalb einer Zeitspanne von mindestens 13 Stunden geleistet wird.

(3) Nachtarbeit ist die Arbeit zwischen 21 Uhr und 6 Uhr.

(4) Mehrarbeit sind die Arbeitsstunden, die teilzeitbeschäftigte Ärztinnen und Ärzte über die vereinbarte regelmäßige Arbeitszeit hinaus bis zur regelmäßigen wöchentlichen Arbeitszeit von vollbeschäftigten Ärztinnen und Ärzten (§ 3 Abs. 1 Satz 1) leisten.

(5) Überstunden sind die auf Anordnung des Dienstgebers geleisteten Arbeitsstunden, die über die im Rahmen der regelmäßigen Arbeitszeit von vollbeschäftigten Ärztinnen und Ärzten (§ 3 Abs. 1 Satz 1) für die Woche dienstplanmäßig bzw. betriebsüblich festgesetzten Arbeitsstunden hinaus gehen und nicht bis zum Ende der folgenden Kalenderwoche ausgeglichen werden.

(6) Abweichend von Abs. 5 sind nur die Arbeitsstunden Überstunden, die
a) im Falle der Festlegung eines Arbeitszeitkorridors nach § 3 Abs. 7 über 45 Stunden oder über die vereinbarte Obergrenze hinaus,
b) im Falle der Einführung einer täglichen Rahmenzeit nach § 3 Abs. 8 außerhalb der Rahmenzeit
c) im Falle von Wechselschicht- oder Schichtarbeit über die im Schichtplan festgelegten täglichen Arbeitsstunden einschließlich der im Schichtplan vorgesehenen Arbeitsstunden, die bezogen auf die regelmäßige wöchentliche Arbeitszeit im Schichtplanturnus nicht ausgeglichen werden,

angeordnet worden sind.

§ 6 Bereitschaftsdienst und Rufbereitschaft

(1) Die Ärztin / der Arzt ist verpflichtet, sich auf Anordnung des Dienstgebers außerhalb der regelmäßigen Arbeitszeit an einer vom Dienstgeber bestimmten Stelle aufzuhalten, um im Bedarfsfall die Arbeit aufzunehmen (Bereitschaftsdienst). Der Dienstgeber darf Bereitschaftsdienst nur anordnen, wenn zu erwarten ist, dass zwar Arbeit anfällt, erfahrungsgemäß aber die Zeit ohne Arbeitsleistung überwiegt.

(2) Wenn in die Arbeitszeit regelmäßig und in erheblichem Umfang Bereitschaftsdienst fällt, kann unter den Voraussetzungen einer
- Prüfung alternativer Arbeitzeitmodelle unter Einbeziehung des Betriebsarztes und

- ggf. daraus resultierender Maßnahmen zur Gewährleistung des Gesundheitsschutzes

im Rahmen des § 7 Abs. 1 Nr. 1 und Nr. 4, Abs. 2 Nr. 3 ArbZG die tägliche Arbeitszeit im Sinne des Arbeitszeitgesetzes abweichend von den §§ 3, 5 und Abs. 1 und 2 und § 6 Abs. 2 ArbZG über acht Stunden hinaus auf bis zu 24 Stunden verlängert werden, wenn mindestens die acht Stunden überschreitende Zeit als Bereitschaftsdienst abgeleistet wird.

(3)[4] Die Verlängerung der werktäglichen Arbeitszeit im Sinne von Absatz 2 ist auf Fälle beschränkt, in denen sich die Leistung von Bereitschaftsdienst an einen maximal acht Stunden dauernden Arbeitsabschnitt im Rahmen der regelmäßigen Arbeitszeit anschließt. Ein sich unmittelbar an den Bereitschaftsdienst anschließender Arbeitsabschnitt im Rahmen der regelmäßigen Arbeitszeit ist beispielsweise zum Zwecke der Übergabe zulässig, sofern dieser nicht länger als 60 Minuten dauert und sich der dem Bereitschaftsdienst vorangegangene Arbeitsabschnitt entsprechend verkürzt.

(4) Die tägliche Arbeitszeit darf bei Ableistung ausschließlich von Bereitschaftsdienst an Samstagen, Sonn- und Feiertagen max. 24 Stunden betragen, wenn dadurch für die einzelne Ärztin / den einzelnen Arzt mehr Wochenenden und Feiertage frei sind.

(5)[5] Wenn in die Arbeitszeit regelmäßig und in erheblichem Umfang Bereitschaftsdienst fällt, kann im Rahmen des § 7 Abs. 2a ArbZG und innerhalb der Grenzwerte nach den Absätzen 2 eine Verlängerung der täglichen Arbeitszeit über acht Stunden hinaus auch ohne Ausgleich erfolgen. Die wöchentliche Arbeitszeit darf dabei durchschnittlich bis zu 56 Stunden betragen.

Anmerkung zu § 6 Absatz 1 bis 5:
Übergaben können auch im Bereitschaftsdienst erfolgen.

(6) Für die Berechnung des Durchschnitts der wöchentlichen Arbeitszeit nach den Absätzen 2 bis 5 ist ein Zeitraum von sechs Monaten zugrunde zu legen.

(7) Soweit Ärztinnen und Ärzte Teilzeitarbeit gemäß § 9 vereinbart haben, verringern sich die Höchstgrenzen der wöchentlichen Arbeitszeit nach den

---

[4] Neufassung ab 1.1.2021 (Anm. des Autors).

[5] Neufassung ab 1.1.2021 (Anm. des Autors).

Absätzen 2 bis 5 in demselben Verhältnis, wie die Arbeitszeit dieser Ärztinnen und Ärzte zu der regelmäßigen Arbeitszeit vollbeschäftigter Ärztinnen und Ärzte. Mit Zustimmung der Ärztin / des Arztes oder aufgrund von dringenden dienstlichen oder betrieblichen Belangen kann hiervon abgewichen werden.

(8) Die Ärztin / der Arzt hat sich auf Anordnung des Dienstgebers außerhalb der regelmäßigen Arbeitszeit an einer dem Dienstgeber anzuzeigenden Stelle aufzuhalten, um auf Abruf die Arbeit aufzunehmen (Rufbereitschaft). Rufbereitschaft wird nicht dadurch ausgeschlossen, dass die Ärztin / der Arzt vom Dienstgeber mit einem Mobiltelefon oder einem vergleichbaren technischen Hilfsmittel zur Gewährleistung der Erreichbarkeit ausgestattet wird. Der Dienstgeber darf Rufbereitschaft nur anordnen, wenn erfahrungsgemäß lediglich in Ausnahmefällen Arbeit anfällt. Durch tatsächliche Arbeitsleistung innerhalb der Rufbereitschaft kann die tägliche Höchstarbeitszeit von zehn Stunden (§ 3 ArbZG) überschritten werden (§ 7 ArbZG).

(9) § 3 Abs. 4 bleibt im Übrigen unberührt.

(10) Bei der Anordnung von Bereitschaftsdiensten gemäß der Absätze 2 bis 5 hat die Ärztin / der Arzt grundsätzlich innerhalb eines Kalenderhalbjahres monatlich im Durchschnitt nur bis zu vier Bereitschaftsdienste zu leisten. Darüber hinausgehende Bereitschaftsdienste sind nur zu leisten, wenn andernfalls eine Gefährdung der Patientensicherheit droht. Die Bewertung der die Grenze nach Satz 1 überschreitenden Dienste richtet sich nach § 8 Abs. 3 Satz 3.

Anmerkungen zu Absatz 10:

1. a) Für kleine Fachabteilungen kann die in Satz 1 genannte Zahl der Bereitschaftsdienste auf maximal sieben Dienste pro Monat erhöht werden. Darüber hinausgehende Bereitschaftsdienste sind nur zu leisten, wenn andernfalls eine Gefährdung der Patientensicherheit droht. Der Zuschlag gem. § 8 Abs. 3 erhöht sich ab mehr als vier Bereitschaftsdiensten im Kalendermonat für jede darüber hinaus geleistete Bereitschaftsdienststunde um 5,0 Prozentpunkte. Die Ärztinnen und Ärzte, die innerhalb eines Kalenderhalbjahres monatlich im Durchschnitt mehr als vier Bereitschaftsdienste leisten, erhalten zusätzlich pro Kalenderhalbjahr einen Tag Zusatzurlaub; die Höchsturlaubstage nach § 17 Absatz 5 erhöhen sich jeweils um zwei Tage. Absatz 10 Satz 3 findet keine Anwendung.

b) Kleine Fachabteilungen im Sinne dieser Regelung sind nur solche, die unter direkter Leitung einer Chefärztin, eines Chefarztes oder einer leitenden

Ärztin, eines leitenden Arztes stehen und in denen fachlich zwingend ein eigener Bereitschaftsdienst organisiert werden muss; hierunter fallen nicht (fach-)bereichsübergreifende Dienste und keine Dienste sogenannter „Bereitschaftsdienstpools". Kleine Fachabteilungen sind nur Einheiten mit maximal 7,0 am Bereitschaftsdienst teilnehmenden Ärzten (VK-Werte).

c) Voraussetzung für die Anwendung dieser Regelung ist ferner eine Dienstvereinbarung mit dem Inhalt, dass diese Regelung angewandt wird und für welche kleine Fachabteilung sie gilt. Inhaltliche Veränderungen der Regelung nach Anmerkung Nr. 1 a) bis d) zu Absatz 10 sind durch die Dienstvereinbarung nicht möglich.

d) Die Regelung nach Anmerkung Nr. 1 zu Absatz 10 ist befristet bis zum 31.03.2022.

2. Bei der Teilung von Wochenenddiensten werden Bereitschaftsdienste bis zu maximal zwölf Stunden mit 0,5 eines Dienstes gewertet.

3. Der Beginn des Ausgleichszeitraumes nach Satz 1 kann innerhalb des Jahres durch Betriebs- oder Dienstvereinbarung abweichend festgelegt werden. Der Beginn der sich daran anschließenden Ausgleichszeiträume verändert sich entsprechend.

(11) Die Lage der Dienste der Ärztinnen und Ärzte wird in einem Dienstplan geregelt, der spätestens einen Monat vor Beginn des jeweiligen Planungszeitraumes aufgestellt wird. Wird die vorstehende Frist nicht eingehalten, so erhöht sich die Bewertung des Bereitschaftsdienstes gemäß § 8 Abs. 1 Satz 1 für jeden Dienst des zu planenden Folgemonats um 10 Prozentpunkte bzw. wird zusätzlich zum Rufbereitschaftsentgelt ein Zuschlag von 10 v. H. des Entgelts gemäß § 7 Abs. 3 auf jeden Dienst des zu planenden Folgemonats gezahlt. Ergeben sich nach der Aufstellung des Dienstplanes Gründe für eine Änderung des Dienstplanes, die in der Person einer Ärztin / eines Arztes begründet sind oder die auf nicht vorhersehbaren Umständen beruhen, kann der Dienstplan nach Aufstellung geändert werden. Die Mitbestimmung nach der Aufstellung des Dienstplanes bleibt unberührt. Liegen bei einer notwendigen Dienstplanänderung nach Satz 3 zwischen der Dienstplanänderung und dem Antritt des Dienstes weniger als drei Tage, erhöht sich die Bewertung des Bereitschaftsdienstes gemäß § 8 Abs. 1 Satz 1 um 10 Prozentpunkte bzw. wird zusätzlich zum Rufbereitschaftsentgelt ein Zuschlag von 10 v. H. des Entgelts gemäß § 7 Abs. 3 gezahlt. Eine notwendige Dienstplanänderung i. S. d. Satzes 5 liegt zum Beispiel vor, wenn die Änderung aufgrund Arbeitsunfähigkeit oder

Beschäftigungsverbot erfolgt. Satz 5 gilt nicht, wenn die Änderung allein aufgrund persönlichen Wunsches der Ärztin / des Arztes erfolgt.

(12) Bei der Anordnung von Bereitschaftsdienst oder Rufbereitschaft gemäß der Absätze 2 bis 9 hat die Ärztin / der Arzt an mindestens zwei Wochenenden (Freitag ab 21 Uhr bis Montag 5 Uhr) pro Monat im Durchschnitt innerhalb eines Kalenderhalbjahres keine Arbeitsleistung (regelmäßige Arbeit, Bereitschaftsdienst oder Rufbereitschaft) zu leisten. Darüber hinausgehende Arbeitsleistung (regelmäßige Arbeit, Bereitschaftsdienst oder Rufbereitschaft) sind nur zu leisten, wenn andernfalls eine Gefährdung der Patientensicherheit droht. Auf Antrag der Ärztin / des Arztes sind die nach Satz 2 nicht gewährten freien Wochenenden innerhalb des nächsten Kalenderhalbjahres zusätzlich zu gewähren, jede weitere Übertragung auf das darauffolgende Kalenderhalbjahr ist nicht möglich. Am Ende dieses zweiten Kalenderhalbjahres müssen alle freien Wochenenden gewährt sein. Der Antrag nach Satz 3 ist innerhalb von vier Wochen nach Ablauf des Ausgleichszeitraumes nach Satz 1 zu stellen. Jedenfalls ein freies Wochenende pro Monat ist zu gewährleisten.

Anmerkung zu Absatz 12:
Der Beginn der Ausgleichszeiträume nach den Sätzen 1 und 3 kann durch Betriebs- oder Dienstvereinbarung abweichend festgelegt werden.

§ 7 Ausgleich für Sonderformen der Arbeit

(1) Die Ärztin / der Arzt erhält neben dem Entgelt für die tatsächliche Arbeitsleistung Zeitzuschläge. Die Zeitzuschläge betragen – auch bei teilzeitbeschäftigten Ärztinnen und Ärzten – je Stunde

a) für Überstunden	15 v. H.
b) für Nachtarbeit	15 v. H.
c) für Sonntagsarbeit	25 v. H.
d) bei Feiertagsarbeit	
ohne Freizeitausgleich	135 v. H.
mit Freizeitausgleich	35 v. H.
e) für Arbeit am 24. Dezember und am 31. Dezember jeweils ab 6 Uhr	35 v. H.

des auf eine Stunde anfallenden Anteils des Tabellenentgelts der Stufe 3 der jeweiligen Entgeltgruppe; bei Ärztinnen und Ärzten gemäß § 12 Buchstabe c und d der höchsten tariflichen Stufe. Für Arbeit an Samstagen von 13 Uhr bis

21 Uhr, soweit diese nicht im Rahmen von Wechselschicht- oder Schichtarbeit anfällt, beträgt der Zeitzuschlag 0,64 € je Stunde. Beim Zusammentreffen von Zeitzuschlägen nach Satz 2 Buchst. c bis e sowie Satz 3 wird nur der höchste Zeitzuschlag gezahlt.

Anmerkung zu Abs. 1 Satz 1:
Bei Überstunden richtet sich das Entgelt für die tatsächliche Arbeitsleistung nach der individuellen Stufe der jeweiligen Entgeltgruppe, höchstens jedoch nach der Stufe 4.

Anmerkung zu Abs. 1 Satz 2 Buchstabe d:
Der Freizeitausgleich muss im Dienstplan besonders ausgewiesen und bezeichnet werden. Falls kein Freizeitausgleich gewährt wird, werden als Entgelt einschließlich des Zeitzuschlages und des auf den Feiertag entfallenden Tabellenentgelts höchstens 235 v. H. gezahlt.

(2) Für Arbeitsstunden, die keine Überstunden sind und die aus dienstlichen oder betrieblichen Gründen nicht innerhalb des nach § 3 Abs. 2 Satz 1 oder 2 festgelegten Zeitraums mit Freizeit ausgeglichen werden, erhält die Ärztin / der Arzt je Stunde 100 v. H. des auf eine Stunde entfallenden Anteils des Tabellenentgelts der jeweiligen Entgeltgruppe und Stufe.

Anmerkung zu Abs. 2 Satz 1:
Mit dem Begriff Arbeitsstunden sind nicht die Stunden gemeint, die im Rahmen von Gleitzeitregelungen im Sinne der Anmerkungen zu § 3 anfallen, es sei denn, sie sind angeordnet worden.

(3) Für die Rufbereitschaft wird eine tägliche Pauschale je Entgeltgruppe bezahlt. Sie beträgt für die Tage Montag bis Freitag das Zweifache, für Samstag, Sonntag sowie für Feiertage das Vierfache des auf eine Stunde entfallenden Anteils des Tabellenentgelts der jeweiligen Entgeltgruppe und Stufe. Maßgebend für die Bemessung der Pauschale nach Satz 2 ist der Tag, an dem die Rufbereitschaft beginnt. Hinsichtlich der Arbeitsleistung wird jede einzelne Inanspruchnahme innerhalb der Rufbereitschaft mit einem Einsatz im Krankenhaus einschließlich der hierfür erforderlichen Wegezeiten auf eine volle Stunde gerundet. Für die Inanspruchnahme wird das Entgelt für Überstunden sowie etwaige Zeitzuschläge nach Abs. 1 gezahlt. Wird die Arbeitsleistung innerhalb der Rufbereitschaft am Aufenthaltsort im Sinne des § 6 Abs. 8 telefonisch (z. B. in Form einer Auskunft) oder mittels technischer Einrichtungen erbracht, wird abweichend von Satz 4 die Summe dieser Arbeitsleistungen auf

die nächste volle Stunde gerundet und mit dem Entgelt für Überstunden sowie mit etwaigen Zeitzuschlägen nach Absatz 1 bezahlt. Satz 1 gilt nicht im Falle einer stundenweisen Rufbereitschaft. Eine Rufbereitschaft im Sinne von Satz 7 liegt bei einer ununterbrochenen Rufbereitschaft von weniger als zwölf Stunden vor. In diesem Fall wird abweichend zu den Sätzen 2 und 3 für jede angefangene Stunde der Rufbereitschaft 12,5 v. H. des auf eine Stunde entfallenden Anteils des Tabellenentgelts der jeweiligen Entgeltgruppe und Stufe gezahlt.

Anmerkung zu Absatz 3:
Zur Ermittlung der Tage einer Rufbereitschaft, für die eine Pauschale gezahlt wird, ist auf den Tag des Beginns der Rufbereitschaft abzustellen.

(4) Ärztinnen und Ärzte, die ständig Wechselschichtarbeit leisten, erhalten eine Wechselschichtzulage von 105,– € monatlich.
Ärztinnen und Ärzte, die nicht ständig Wechselschichtarbeit leisten, erhalten eine Wechselschichtzulage von 0,63 € pro Stunde.

(5) Ärztinnen und Ärzte, die ständig Schichtarbeit leisten, erhalten eine Schichtzulage von 40,– € monatlich. Ärztinnen und Ärzte, die nicht ständig Schichtarbeit leisten, erhalten eine Schichtzulage von 0,24 € pro Stunde.

§ 8 Bereitschaftsdienstentgelt

(1) [6]Zum Zwecke der Entgeltberechnung wird die Zeit des Bereitschaftsdienstes einschließlich der geleisteten Arbeit nach dem Maß der während des Bereitschaftsdienstes erfahrungsgemäß durchschnittlich anfallenden Arbeitsleistungen wie folgt als Arbeitszeit gewertet:

Stufe	Arbeitsleistung innerhalb des Bereitschaftsdienstes	Bewertung als Arbeitszeit
I	bis zu 25 v. H.	70 v. H.
II	mehr als 25 v. H. bis 40 v. H.	85 v. H.
III	mehr als 40 v. H. bis 49 v. H.	100 v. H.

[6] Neufassung ab 1.1.2021 (Anm. des Autors).

Die Zuweisung zu den einzelnen Stufen des Bereitschaftsdienstes erfolgt als Nebenabrede zum Dienstvertrag. Die Nebenabrede ist mit einer Frist von drei Monaten jeweils zum Ende eines Kalenderhalbjahres kündbar.

(2) Für die als Arbeitszeit gewertete Zeit des Bereitschaftsdienstes wird das nachstehende Entgelt je Stunde gezahlt[7]:

EG	Stufe 1	Stufe 2	Stufe 3	Stufe 4	Stufe 5	Stufe 6
IV	42,25	42,25	-	-	-	-
III	38,83	38,83	39,97	-	-	-
II	35,97	35,97	37,11	37,11	38,27	38,27
I	30,25	30,25	31,39	31,39	32,54	32,54

§ 14 Abs. 1 gilt entsprechend. Die Bereitschaftsdienstentgelte nach Satz 1 verändern sich bei nach dem 30.09.2021 wirksam werdenden allgemeinen Entgeltanpassungen um den für die jeweilige Entgeltgruppe vereinbarten Vomhundertsatz.

(3)[8] Die Ärztin / der Arzt erhält zusätzlich zu dem Stundenentgelt gemäß § 8 Absatz 2 Satz 1 für die Zeit des Bereitschaftsdienstes je Stunde einen Zuschlag in Höhe von 15 v. H. des Stundenentgelts gemäß § 8 Abs. 2 Satz 1. Dieser Zuschlag kann nicht in Freizeit abgegolten werden. Ab mehr als monatlich vier Diensten im Sinne von § 6 Abs. 10 Satz 1 erhöht sich die Bewertung des Bereitschaftsdienstes gem. § 8 Abs. 1 um 10 Prozentpunkte; dieser Zuschlag erhöht sich bei jedem weiteren Bereitschaftsdienst um weitere 10 Prozentpunkte. Die Auszahlung erfolgt halbjährlich.

(4) Die Ärztin / der Arzt erhält zusätzlich zu dem Entgelt nach Absatz 1 und Absatz 2 Satz 1 für jede nach Absatz 1 als Arbeitszeit gewertete Stunde, die an einem Feiertag geleistet worden ist, einen Zeitzuschlag in Höhe von 25 v. H. des Stundenentgelts nach Absatz 2. Weitergehende Ansprüche auf Zeitzuschläge bestehen nicht.

7 Ab 1.1.2021; RK Ost ab 1.10.2021 (Anm. des Autors).

8 Neufassung ab 1.1.2021 (Anm. des Autors).

(5) Die Ärztin / der Arzt erhält zusätzlich zu dem Stundenentgelt gemäß der Tabelle in § 8 Abs. 2 Satz 1 für die Zeit des Bereitschaftsdienstes in den Nachtstunden (§ 5 Abs. 3) je Stunde einen Zeitzuschlag in Höhe von 15 v. H. des Stundenentgelts gemäß der Tabelle in § 8 Abs. 2 Satz 1. Dieser Zeitzuschlag kann nicht in Freizeit abgegolten werden. Absatz 4 Satz 2 gilt entsprechend.

(6) Für die nach Absatz 1 für einen Dienst errechnete Arbeitszeit kann bei Ärztinnen und Ärzten zum Zweck der Einhaltung des Arbeitszeitgesetzes anstelle der Auszahlung der sich nach den Absätzen 1 und 2 ergebenden Vergütung dieses Dienstes zum Zwecke der Gewährung der gesetzlichen Ruhezeit für diesen Dienst in dem erforderlichen Umfang Freizeit (Freizeitausgleich) gewährt werden. Im Einvernehmen mit der Ärztin / dem Arzt kann weitergehender Freizeitausgleich für Bereitschaftsdienste gewährt werden, soweit dies nicht aufgrund anderer Bestimmungen dieser Anlage ausgeschlossen ist.

§ 9 Teilzeitbeschäftigung

(1) Mit Ärztinnen und Ärzten soll auf Antrag eine geringere als die vertraglich festgelegte Arbeitszeit vereinbart werden, wenn sie
a) mindestens ein Kind unter 18 Jahren oder
b) einen nach ärztlichem Gutachten pflegebedürftigen sonstigen Angehörigen tatsächlich betreuen oder pflegen und dringende dienstliche bzw. betriebliche Belange nicht entgegenstehen. Die Teilzeitbeschäftigung nach Satz 1 ist auf Antrag auf bis zu fünf Jahre zu befristen. Sie kann verlängert werden; der Antrag ist spätestens sechs Monate vor Ablauf der vereinbarten Teilzeitbeschäftigung zu stellen. Bei der Gestaltung der Arbeitszeit hat der Dienstgeber im Rahmen der dienstlichen Möglichkeiten der besonderen persönlichen Situation der Ärztin / des Arztes nach Satz 1 Rechnung zu tragen.

(2) Ärztinnen und Ärzte, die in anderen als den in Abs. 1 genannten Fällen eine Teilzeitbeschäftigung vereinbaren wollen, können von ihrem Dienstgeber verlangen, dass er mit ihnen die Möglichkeit einer Teilzeitbeschäftigung mit dem Ziel erörtert, zu einer entsprechenden Vereinbarung zu gelangen.

(3) Ist mit früher vollbeschäftigten Ärztinnen und Ärzten auf ihren Wunsch eine nicht befristete Teilzeitbeschäftigung vereinbart worden, sollen sie bei späterer Besetzung eines Vollzeitarbeitsplatzes bei gleicher Eignung im Rahmen der dienstlichen Möglichkeiten bevorzugt berücksichtigt werden.

§ 10 Arbeitszeitdokumentation[9]

Die Arbeitszeiten der Ärztinnen und Ärzte sind durch elektronische Verfahren oder auf andere Art mit gleicher Genauigkeit so zu erfassen, dass die gesamte Anwesenheit am Arbeitsplatz dokumentiert ist. Dabei gilt die gesamte Anwesenheit der Ärztinnen und Ärzte abzüglich der tatsächlich gewährten Pausen als Arbeitszeit. Eine abweichende Bewertung ist nur bei Nebentätigkeiten zulässig, die keine Dienstaufgaben sind, und bei privaten Tätigkeiten des Arztes / der Ärztin. Die Ärztin / Der Arzt hat insbesondere zur Überprüfung der dokumentierten Anwesenheitszeiten nach Satz 1 ein persönliches Einsichtsrecht in die Arbeitszeitdokumentation. Die Einsicht ist unverzüglich zu gewähren.

Anmerkungen zu § 10:

1. *Bei einer außerplanmäßigen Überschreitung der täglichen Höchstarbeitszeit von zehn Stunden haben die Ärztinnen und Ärzte dem Dienstgeber auf dessen Verlangen den Grund der Überschreitung mitzuteilen.*
2. *Für die private Veranlassung gemäß Satz 3 trägt der Dienstgeber nach den allgemeinen Regeln des Arbeitsrechts die Darlegungs- und Beweislast.*

(...)

9 Neufassung ab 1.1.2021 (Anm. des Autors).

Anlage 31 AVR
Besondere Regelungen für Mitarbeiter im Pflegedienst in Krankenhäusern

§ 1 Geltungsbereich

(1) Diese Anlage gilt für Mitarbeiter im Pflegedienst, die in
a) Krankenhäusern, einschließlich psychiatrischen Fachkrankenhäusern,
b) medizinischen Instituten von Krankenhäusern oder
c) sonstigen Einrichtungen (z. B. Reha-Einrichtungen, Kureinrichtungen), in denen die betreuten Personen in ärztlicher Behandlung stehen, wenn die Behandlung durch in den Einrichtungen selbst beschäftigte Ärztinnen oder Ärzte stattfindet,

beschäftigt sind.

Anmerkung 1 zu Absatz 1:
Von dem Geltungsbereich werden auch Fachabteilungen (z. B. Pflege-, Altenpflege- und Betreuungseinrichtungen) in psychiatrischen Zentren bzw. Rehabilitations- oder Kureinrichtungen erfasst, soweit diese mit einem psychiatrischen Fachkrankenhaus bzw. einem Krankenhaus desselben Trägers einen Betrieb bilden. Im Übrigen werden Altenpflegeeinrichtungen eines Krankenhauses von dem Geltungsbereich der Anlage 31 nicht erfasst, auch soweit sie mit einem Krankenhaus desselben Trägers einen Betrieb bilden.

Anmerkung 2 zu Absatz 1:
Lehrkräfte an Krankenpflegeschulen und ähnlichen der Ausbildung dienenden Einrichtungen nach Absatz 1 fallen unter die Anlage 31, soweit diese nicht vom Geltungsbe reich der Anlage 21a zu den AVR erfasst sind.

(2) Soweit für diese Mitarbeiter nachfolgend nichts anderes bestimmt ist, finden die Vorschriften des Allgemeinen Teils und der Anlagen der AVR Anwendung. Die § 2a, § 9a und § 12 des Allgemeinen Teils, die Abschnitte Ia, IIIB, IIIa, V, VII und XIV der Anlage 1, die Anlagen 1b, 2a, 2c, 3a, 6 und 6a sowie den § 4 und § 6 bis § 9 der Anlage 14 zu den AVR finden keine Anwendung. Die Anlage 5 zu den AVR gilt nicht mit Ausnahme von § 1 Abs. 7, Abs. 9 und Abs. 10, § 5, § 6, § 7 Abs. 7, § 9 Abs. 6 und § 10.

§ 2 Regelmäßige Arbeitszeit

(1) Die regelmäßige Arbeitszeit der Mitarbeiter beträgt ausschließlich der Pausen durchschnittlich 38,5 Stunden wöchentlich.[1]

(2) Für die Berechnung des Durchschnitts der regelmäßigen wöchentlichen Arbeitszeit ist ein Zeitraum von bis zu einem Jahr zugrunde zu legen. Abweichend von Satz 1 kann bei Mitarbeitern, die ständig Wechselschicht- oder Schichtarbeit zu leisten haben, ein längerer Zeitraum zugrunde gelegt werden.

(3) Soweit es die dienstlichen oder betrieblichen Verhältnisse zulassen, wird der Mitarbeiter am 24. Dezember und am 31. Dezember unter Fortzahlung des Entgelts von der Arbeit freigestellt. Kann die Freistellung nach Satz 1 aus dienstlichen oder betrieblichen Gründen nicht erfolgen, ist entsprechender Freizeitausgleich innerhalb von drei Monaten zu gewähren. Die regelmäßige Arbeitszeit vermindert sich für den 24. Dezember und 31. Dezember, sofern sie auf einen Werktag fallen, um die dienstplanmäßig ausgefallenen Stunden.

Anmerkung zu Absatz 3 Satz 3:
Die Verminderung der regelmäßigen Arbeitszeit betrifft die Mitarbeiter, die wegen des Dienstplans frei haben und deshalb ohne diese Regelung nacharbeiten müssten.

(4) Aus dringenden dienstlichen oder betrieblichen Gründen kann auf der Grundlage einer Dienstvereinbarung im Rahmen des § 7 Abs. 1, 2 und des § 12 ArbZG von den Vorschriften des Arbeitszeitgesetzes abgewichen werden.

(5) Die Mitarbeiter sind im Rahmen begründeter dienstlicher oder betrieblicher Notwendigkeiten zur Leistung von Sonntags-, Feiertags-, Nacht-, Wechselschicht-, Schichtarbeit sowie – bei Teilzeitbeschäftigung aufgrund dienstvertraglicher Regelung oder mit ihrer Zustimmung – zu Bereitschaftsdienst, Rufbereitschaft, Überstunden und Mehrarbeit verpflichtet.

(6) Durch Dienstvereinbarung kann ein wöchentlicher Arbeitszeitkorridor von bis zu 45 Stunden eingerichtet werden. Die innerhalb eines Arbeitszeitkorridors

---

[1] RK BW und Mitte: Die regelmäßige Arbeitszeit der Mitarbeitenden beträgt ausschließlich der Pausen durchschnittlich 39 Stunden wöchentlich verbunden mit einer Ausgleichsregelung (1 zusätzlicher freier Tag) entsprechend Anlage 5 § 1b. Mit Wegfall des AZV-Tages gemäß § 1b Anlage 5 entfällt dieser Anspruch (Anm. des Autors).

geleisteten zusätzlichen Arbeitsstunden werden im Rahmen des nach Absatz 2 Satz 1 festgelegten Zeitraums ausgeglichen.

(7) Durch Dienstvereinbarung kann in der Zeit von 6 bis 20 Uhr eine tägliche Rahmenzeit von bis zu zwölf Stunden eingeführt werden. Die innerhalb der täglichen Rahmenzeit geleisteten zusätzlichen Arbeitsstunden werden im Rahmen des nach Absatz 2 Satz 1 festgelegten Zeitraums ausgeglichen.

(8) Die Absätze 6 und 7 gelten nur alternativ und nicht bei Wechselschicht- und Schichtarbeit.

Anmerkung zu § 2:
Gleitzeitregelungen sind unter Wahrung der jeweils geltenden Mitbestimmungsrechte unabhängig von den Vorgaben zu Arbeitszeitkorridor und Rahmenzeit (Absätze 6 und 7) möglich. Sie dürfen keine Regelungen nach Absatz 4 enthalten.

(9) Auf der Grundlage einer Dienstvereinbarung kann bei der Behandlung, Pflege und Betreuung von Personen die tägliche Arbeitszeit im Schichtdienst, ausschließlich der Pausen, auf bis zu 12 Stunden verlängert werden, wenn solche Dienste nach der Eigenart dieser Tätigkeit und zur Erhaltung des Wohles dieser Personen erforderlich sind.
In unmittelbarer Folge dürfen höchstens 5 Zwölf-Stunden-Schichten und innerhalb von zwei Wochen nicht mehr als 8 Zwölf-Stunden-Schichten geleistet werden. Solche Schichten können nicht mit Bereitschaftsdienst kombiniert werden.
Abweichend von § 1 Abs. 10 der Anlage 5 kann bei Anordnung von Zwölf-Stunden-Schichten die Ruhezeit nicht verkürzt werden.

§ 3 Arbeit an Sonn- und Feiertagen

In Ergänzung zu § 2 Abs. 3 Satz 3 und Abs. 5 gilt für Sonn- und Feiertage folgendes:

(1) Die Arbeitszeit an einem gesetzlichen Feiertag, der auf einen Werktag fällt, wird durch eine entsprechende Freistellung an einem anderen Werktag bis zum Ende des dritten Kalendermonats – möglichst aber schon bis zum Ende des nächsten Kalendermonats – ausgeglichen, wenn es die betrieblichen Verhältnisse zulassen. Kann ein Freizeitausgleich nicht gewährt werden, erhält

der Mitarbeiter je Stunde 100 v. H. des auf eine Stunde entfallenden Anteils des monatlichen Entgelts der jeweiligen Entgeltsgruppe und Stufe nach Maßgabe der Entgelttabelle. Ist ein Arbeitszeitkonto eingerichtet, ist eine Buchung gemäß § 9 Abs. 3 zulässig. § 6 Abs. 1 Satz 2 Buchst. d bleibt unberührt.

(2) Für Mitarbeiter, die regelmäßig nach einem Dienstplan eingesetzt werden, der Wechselschicht- oder Schichtdienst an sieben Tagen in der Woche vorsieht, vermindert sich die regelmäßige Wochenarbeitszeit um ein Fünftel der arbeitsvertraglich vereinbarten durchschnittlichen Wochenarbeitszeit, wenn sie an einem gesetzlichen Feiertag, der auf einen Werktag fällt,

a) Arbeitsleistung zu erbringen haben oder
b) nicht wegen des Feiertags, sondern dienstplanmäßig nicht zur Arbeit eingeteilt sind und deswegen an anderen Tagen der Woche ihre regelmäßige Arbeitszeit erbringen müssen.

Absatz 1 gilt in diesen Fällen nicht. § 6 Abs. 1 Satz 2 Buchst. d bleibt unberührt.

(3) Mitarbeiter, die regelmäßig an Sonn- und Feiertagen arbeiten müssen, erhalten innerhalb von zwei Wochen zwei arbeitsfreie Tage. Hiervon soll ein freier Tag auf einen Sonntag fallen.

§ 4 Sonderformen der Arbeit

(1) Wechselschichtarbeit ist die Arbeit nach einem Schichtplan / Dienstplan, der einen regelmäßigen Wechsel der täglichen Arbeitszeit in Wechselschichten vorsieht, bei denen der Mitarbeiter längstens nach Ablauf eines Monats erneut zu mindestens zwei Nachtschichten herangezogen wird. Wechselschichten sind wechselnde Arbeitsschichten, in denen ununterbrochen bei Tag und Nacht, werktags, sonntags und feiertags gearbeitet wird. Nachtschichten sind Arbeitsschichten, die mindestens zwei Stunden Nachtarbeit umfassen.

(2) Schichtarbeit ist die Arbeit nach einem Schichtplan, der einen regelmäßigen Wechsel des Beginns der täglichen Arbeitszeit um mindestens zwei Stunden in Zeitabschnitten von längstens einem Monat vorsieht, und die innerhalb einer Zeitspanne von mindestens 13 Stunden geleistet wird.

(3) Bereitschaftsdienst leisten Mitarbeiter, die sich auf Anordnung des Dienstgebers außerhalb der regelmäßigen Arbeitszeit an einer vom Dienstgeber bestimmten Stelle aufhalten, um im Bedarfsfall die Arbeit aufzunehmen.

(4) Rufbereitschaft leisten Mitarbeiter, die sich auf Anordnung des Dienstgebers außerhalb der regelmäßigen Arbeitszeit an einer dem Dienstgeber anzuzeigenden Stelle aufhalten, um auf Abruf die Arbeit aufzunehmen. Rufbereitschaft wird nicht dadurch ausgeschlossen, dass Mitarbeiter vom Dienstgeber mit einem Mobiltelefon oder einem vergleichbaren technischen Hilfsmittel ausgestattet sind.

(5) Nachtarbeit ist die Arbeit zwischen 21 Uhr und 6 Uhr.

(6) Mehrarbeit sind die Arbeitsstunden, die Teilzeitbeschäftigte über die vereinbarte regelmäßige Arbeitszeit hinaus bis zur regelmäßigen wöchentlichen Arbeitszeit von Vollbeschäftigten (§ 2 Abs. 1 Satz 1) leisten.

(7) Überstunden sind die auf Anordnung des Dienstgebers geleisteten Arbeitsstunden, die über die im Rahmen der regelmäßigen Arbeitszeit von Vollbeschäftigten (§ 2 Abs. 1 Satz 1) für die Woche dienstplanmäßig bzw. betriebsüblich festgesetzten Arbeitsstunden hinaus gehen und nicht bis zum Ende der folgenden Kalenderwoche ausgeglichen werden.

(8) Abweichend von Abs. 7 sind nur die Arbeitsstunden Überstunden, die
a) im Falle der Festlegung eines Arbeitszeitkorridors nach § 2 Abs. 6 über 45 Stunden oder über die vereinbarte Obergrenze hinaus,
b) im Falle der Einführung einer täglichen Rahmenzeit nach § 2 Abs. 7 außerhalb der Rahmenzeit,
c) im Falle von Wechselschicht- oder Schichtarbeit über die im Schichtplan festgelegten täglichen Arbeitsstunden einschließlich der im Schichtplan vorgesehenen Arbeitsstunden, die bezogen auf die regelmäßige wöchentliche Arbeitszeit im Schichtplanturnus nicht ausgeglichen werden,

angeordnet worden sind.

§ 5 Bereitschaftsdienst und Rufbereitschaft

(1) Der Dienstgeber darf Bereitschaftsdienst nur anordnen, wenn zu erwarten ist, dass zwar Arbeit anfällt, erfahrungsgemäß aber die Zeit ohne Arbeitsleistung überwiegt.

(2) Abweichend von den §§ 3, 5 und 6 Abs. 2 ArbZG kann im Rahmen des § 7 ArbZG die tägliche Arbeitszeit im Sinne des Arbeitszeitgesetzes über acht Stunden hinaus verlängert werden, wenn mindestens die acht Stunden überschreitende Zeit im Rahmen von Bereitschaftsdienst geleistet wird, und zwar wie folgt:

a) bei Bereitschaftsdiensten der Stufe I bis zu insgesamt maximal 16 Stunden täglich; die gesetzlich vorgeschriebene Pause verlängert diesen Zeitraum nicht,
b) bei Bereitschaftsdiensten der Stufen II und III bis zu insgesamt maximal 13 Stunden täglich; die gesetzlich vorgeschriebene Pause verlängert diesen Zeitraum nicht.

(3) Im Rahmen des § 7 ArbZG kann unter den Voraussetzungen
a) einer Prüfung alternativer Arbeitszeitmodelle,
b) einer Belastungsanalyse gemäß § 5 ArbSchG und
c) ggf. daraus resultierender Maßnahmen zur Gewährleistung des Gesundheitsschutzes

aufgrund einer Dienstvereinbarung von den Regelungen des Arbeitszeitgesetzes abgewichen werden. Abweichend von den §§ 3, 5 und 6 Abs. 2 ArbZG kann die tägliche Arbeitszeit im Sinne des Arbeitszeitgesetzes über acht Stunden hinaus verlängert werden, wenn in die Arbeitszeit regelmäßig und in erheblichem Umfang Bereitschaftsdienst fällt. Hierbei darf die tägliche Arbeitszeit ausschließlich der Pausen maximal 24 Stunden betragen.

(4) Unter den Voraussetzungen des Absatzes 3 Satz 1 kann die tägliche Arbeitszeit gemäß § 7 Abs. 2a ArbZG ohne Ausgleich verlängert werden, wobei
a) bei Bereitschaftsdiensten der Stufe I eine wöchentliche Arbeitszeit von bis zu maximal durchschnittlich 58 Stunden,
b) bei Bereitschaftsdiensten der Stufen II und III eine wöchentliche Arbeitszeit von bis zu maximal durchschnittlich 54 Stunden zulässig ist.

(5) Für den Ausgleichszeitraum nach den Absätzen 2 bis 4 gilt § 2 Abs. 2 Satz 1.

(6) In den Fällen, in denen Mitarbeiter Teilzeitarbeit gemäß § 10 vereinbart haben, verringern sich die Höchstgrenzen der wöchentlichen Arbeitszeit nach den Absätzen 2 bis 4 in demselben Verhältnis wie die Arbeitszeit dieser Mitarbeiter zu der regelmäßigen Arbeitszeit der Vollbeschäftigten. Mit Zustimmung des Mitarbeiters oder aufgrund von dringenden dienstlichen oder betrieblichen Belangen kann hiervon abgewichen werden.

(7) Der Dienstgeber darf Rufbereitschaft nur anordnen, wenn erfahrungsgemäß lediglich in Ausnahmefällen Arbeit anfällt. Durch tatsächliche Arbeitsleistung innerhalb der Rufbereitschaft kann die tägliche Höchstarbeitszeit von zehn Stunden (§ 3 ArbZG) überschritten werden (§ 7 ArbZG).

(8) § 2 Abs. 4 bleibt im Übrigen unberührt.

(9) Für Mitarbeiter in Einrichtungen und Heimen, die der Förderung der Gesundheit, der Erziehung, Fürsorge oder Betreuung von Kindern und Jugendlichen, der Fürsorge und Betreuung von obdachlosen, alten, gebrechlichen, erwerbsbeschränkten oder sonstigen hilfsbedürftigen Personen dienen, auch wenn diese Einrichtungen nicht der ärztlichen Behandlung der betreuten Personen dienen, gelten die Absätze 1 bis 8 mit der Maßgabe, dass die Grenzen für die Stufe I einzuhalten sind. Dazu gehören auch die Mitarbeiter in Einrichtungen, in denen die betreuten Personen nicht regelmäßig ärztlich behandelt und beaufsichtigt werden (Erholungsheime).

§ 6 Ausgleich für Sonderformen der Arbeit

(1) Der Mitarbeiter erhält neben dem Entgelt für die tatsächliche Arbeitsleistung Zeitzuschläge. Die Zeitzuschläge betragen – auch bei Teilzeitbeschäftigten – je Stunde

a) für Überstunden	
- in den Entgeltgruppen 1 bis 9b	30 v. H.
- in den Entgeltgruppen 9c bis 15	15 v. H.
b) für Nachtarbeit	20 v. H.
c) für Sonntagsarbeit	25 v. H.
d) bei Feiertagsarbeit	
- ohne Freizeitausgleich	135 v. H.
- mit Freizeitausgleich	35 v. H.
e) für Arbeit am 24. Dezember und am 31 Dezember jeweils ab 6 Uhr	35 v. H.
f) für Arbeit an Samstagen von 13 bis 21 Uhr, soweit diese nicht im Rahmen von Wechselschicht oder Schichtarbeit anfällt	20 v. H.

des auf eine Stunde entfallenden Anteils des Tabellenentgelts der Stufe 3 der jeweiligen Entgeltgruppe. Beim Zusammentreffen von Zeitzuschlägen nach Satz 2 Buchst. c bis f wird nur der höchste Zeitzuschlag gezahlt. Auf Wunsch des Mitarbeiters können, soweit ein Arbeitszeitkonto (§ 9) eingerichtet ist und die dienstlichen oder betrieblichen Verhältnisse es zulassen, die nach Satz 2 zu zahlenden Zeitzuschläge entsprechend dem jeweiligen Vomhundertsatz einer Stunde in Zeit umgewandelt und ausgeglichen werden. Dies gilt entsprechend für Überstunden als solche.

Anmerkung zu Abs. 1 Satz 1:
Bei Überstunden richtet sich das Entgelt für die tatsächliche Arbeitsleistung nach der individuellen Stufe der jeweiligen Entgeltgruppe, höchstens jedoch nach der Stufe 4.

Anmerkung zu Abs. 1 Satz 2 Buchstabe d:
Der Freizeitausgleich muss im Dienstplan besonders ausgewiesen und bezeichnet werden. Falls kein Freizeitausgleich gewährt wird, werden als Entgelt einschließlich des Zeitzuschlages und des auf den Feiertag entfallenden Tabellenentgelts höchstens 235 v. H. gezahlt.

(2) Für Arbeitsstunden, die keine Überstunden sind und die aus dienstlichen oder betrieblichen Gründen nicht innerhalb des nach § 2 Abs. 2 Satz 1 oder 2 festgelegten Zeitraums mit Freizeit ausgeglichen werden, erhält der Mitarbeiter je Stunde 100 v. H. des auf eine Stunde entfallenden Anteils des Tabellenentgelts der jeweiligen Entgeltgruppe und Stufe.

Anmerkung zu Abs. 2 Satz 1:
Mit dem Begriff „Arbeitsstunden" sind nicht die Stunden gemeint, die im Rahmen von Gleitzeitregelungen im Sinne der Anmerkungen zu § 2 anfallen, es sei denn, sie sind angeordnet worden.

(3) Für die Rufbereitschaft wird eine tägliche Pauschale je Entgeltgruppe bezahlt. Sie beträgt für die Tage Montag bis Freitag das Zweifache, für Samstag, Sonntag sowie für Feiertage das Vierfache des Stundenentgelts nach Maßgabe der Entgelttabelle. Maßgebend für die Bemessung der Pauschale nach Satz 2 ist der Tag, an dem die Rufbereitschaft beginnt. Für die Arbeitsleistung innerhalb der Rufbereitschaft außerhalb des Aufenthaltsortes im Sinne des § 4 Abs. 4 wird die Zeit jeder einzelnen Inanspruchnahme einschließlich der hierfür erforderlichen Wegezeiten jeweils auf eine volle Stunde gerundet und mit dem Entgelt für Überstunden sowie mit etwaigen Zeitzuschlägen nach Absatz 1 bezahlt. Wird die Arbeitsleistung innerhalb der Rufbereitschaft am Aufenthaltsort im Sinne des § 4 Abs. 4 telefonisch (z. B. in Form einer Auskunft) oder mittels technischer Einrichtungen erbracht, wird abweichend von Satz 4 die Summe dieser Arbeitsleistungen auf die nächste volle Stunde gerundet und mit dem Entgelt für Überstunden sowie mit etwaigen Zeitzuschlägen nach Absatz 1 bezahlt. Absatz 1 Satz 4 gilt entsprechend, soweit die Buchung auf das Arbeitszeitkonto nach § 9 Abs. 3 Satz 2 zulässig ist. Satz 1 gilt nicht im Falle einer stundenweisen

Rufbereitschaft. Eine Rufbereitschaft im Sinne von Satz 7 liegt bei einer ununterbrochenen Rufbereitschaft von weniger als zwölf Stunden vor. In diesem Fall wird abweichend von den Sätzen 2 und 3 für jede Stunde der Rufbereitschaft 12,5 v. H. des Stundenentgelts nach Maßgabe der Entgelttabelle gezahlt.

Anmerkung zu Absatz 3:
Zur Ermittlung der Tage einer Rufbereitschaft, für die eine Pauschale gezahlt wird, ist auf den Tag des Beginns der Rufbereitschaft abzustellen.

(4) Mitarbeiter, die ständig Wechselschichtarbeit leisten, erhalten eine Wechselschichtzulage von 105,- € monatlich. Mitarbeiter, die nicht ständig Wechselschichtarbeit leisten, erhalten eine Wechselschichtzulage von 0,63 € pro Stunde.

(5) Mitarbeiter, die ständig Schichtarbeit leisten, erhalten eine Schichtzulagen von 40,- € monatlich. Mitarbeiter, die nicht ständig Schichtarbeit leisten, erhalten eine Schichtzulage von 0,24 € pro Stunde.

§ 7 Bereitschaftsdienstentgelt

(1) Zum Zwecke der Entgeltberechnung wird die Zeit des Bereitschaftsdienstes einschließlich der geleisteten Arbeit nach dem Maß der während des Bereitschaftsdienstes erfahrungsgemäß durchschnittlich anfallenden Arbeitsleistungen wie folgt als Arbeitszeit gewertet:

Stufe	Arbeitsleistung innerhalb des Bereitschaftsdienstes	Bewertung als Arbeitszeit
I.	bis zu 25 v. H.	60 v. H.
II.	mehr als 25 v. H. bis 40 v. H.	75 v. H.
III.	mehr als 40 v. H. bis 49 v. H.	90 v. H.

(2) Die Zuweisung zu den einzelnen Stufen des Bereitschaftsdienstes erfolgt durch die Einrichtungsleitung und die Mitarbeitervertretung.

(3) Für die Mitarbeiter gemäß § 5 Abs. 9 wird zum Zwecke der Entgeltberechnung die Zeit des Bereitschaftsdienstes einschließlich der geleisteten Arbeit mit 28,5 v. H. als Arbeitszeit gewertet.

(4) Das Entgelt für die nach den Absätzen 1 und 3 zum Zwecke der Entgeltberechnung als Arbeitszeit gewertete Bereitschaftsdienstzeit bestimmt sich nach Anhang C dieser Anlage.

(5) Die Mitarbeiter erhalten zusätzlich zu dem Entgelt nach Absatz 4 für jede nach den Absätzen 1 und 3 als Arbeitszeit gewertete Stunde, die an einem Feiertag geleistet worden ist, einen Zeitzuschlag in Höhe von 25 v. H. des Stundenentgelts ihrer jeweiligen Entgeltgruppe nach Anhang C dieser Anlage. Die Mitarbeiter erhalten zusätzlich zu dem Entgelt nach Absatz 4 für die Zeit des Bereitschaftsdienstes in den Nachtstunden (§ 4 Abs. 5) je Stunde einen Zeitzuschlag in Höhe von 15 v. H. des Stundenentgelts ihrer jeweiligen Entgeltgruppe nach Anhang C dieser Anlage. Im Übrigen werden für die Zeit des Bereitschaftsdienstes einschließlich der geleisteten Arbeit und für die Zeit der Rufbereitschaft Zeitzuschläge nach § 6 nicht gezahlt.

(6) Das Bereitschaftsdienstentgelt wird gezahlt, es sei denn, dass ein Freizeitausgleich zur Einhaltung der Vorschriften des Arbeitszeitgesetzes erforderlich ist oder eine entsprechende Regelung in einer Dienstvereinbarung getroffen wird oder der Mitarbeiter dem Freizeitausgleich zustimmt. In diesem Fall kann anstelle der Auszahlung des Entgelts nach Absatz 4 für die nach den Absätzen 1 und 3 gewertete Arbeitszeit bis zum Ende des dritten Kalendermonats auch durch entsprechende Freizeit abgegolten werden (Freizeitausgleich). Die Möglichkeit zum Freizeitausgleich nach Satz 2 umfasst auch die dem Zeitzuschlag nach Absatz 5 1:1 entsprechende Arbeitszeit. Für die Zeit des Freizeitausgleichs werden das Entgelt (§ 11) und die in Monatsbeträgen festgelegten Zulagen fortgezahlt. Nach Ablauf der drei Monate wird das Bereitschaftsdienstentgelt am Zahltag des folgenden Kalendermonats fällig.

(7) Das Bereitschaftsdienstentgelt nach den Absätzen 1, 3, 4 und 5 kann im Falle der Faktorisierung nach § 9 Abs. 3 in Freizeit abgegolten werden. Dabei entspricht eine Stunde Bereitschaftsdienst

a) nach Absatz 1
    aa) in der Stufe I 37 Minuten,
    bb) in der Stufe II 46 Minuten und
    cc) in der Stufe III 55 Minuten,
b) nach Absatz 3 17,5 Minuten und
c) bei Feiertagsarbeit nach Absatz 5 jeweils zuzüglich 15 Minuten.

§ 8 Bereitschaftszeiten

(1) Bereitschaftszeiten sind die Zeiten, in denen sich der Mitarbeiter am Arbeitsplatz oder einer anderen vom Dienstgeber bestimmten Stelle zur Verfügung halten muss, um im Bedarfsfall die Arbeit selbständig, ggf. auch auf Anordnung, aufzunehmen und in denen die Zeiten ohne Arbeitsleistung überwiegen. Für Mitarbeiter, in deren Tätigkeit regelmäßig und in nicht unerheblichem Umfang Bereitschaftszeiten fallen, gelten folgende Regelungen:

a) Bereitschaftszeiten werden zur Hälfte als tarifliche Arbeitszeit gewertet (faktorisiert).
b) Sie werden innerhalb von Beginn und Ende der regelmäßigen täglichen Arbeitszeit nicht gesondert ausgewiesen.
c) Die Summe aus den faktorisierten Bereitschaftszeiten und der Vollarbeitszeit darf die Arbeitszeit nach § 2 Abs. 1 nicht überschreiten.
d) Die Summe aus Vollarbeits- und Bereitschaftszeiten darf durchschnittlich 48 Stunden wöchentlich nicht überschreiten.

Ferner ist Voraussetzung, dass eine nicht nur vorübergehend angelegte Organisationsmaßnahme besteht, bei der regelmäßig und in nicht unerheblichem Umfang Bereitschaftszeiten anfallen.

(2) Die Anwendung des Absatzes 1 bedarf einer einvernehmlichen Dienstvereinbarung.

Anmerkung zu § 8:
Diese Regelung gilt nicht für Wechselschicht- und Schichtarbeit.

§ 9 Arbeitszeitkonto

(1) Durch Dienstvereinbarung kann ein Arbeitszeitkonto eingerichtet werden. Soweit ein Arbeitszeitkorridor (§ 2 Abs. 6) oder eine Rahmenzeit (§ 2 Abs. 7) vereinbart wird, ist ein Arbeitszeitkonto einzurichten.

(2) In der Dienstvereinbarung wird festgelegt, ob das Arbeitszeitkonto in der ganzen Einrichtung oder Teilen davon eingerichtet wird. Alle Mitarbeiter der Einrichtungsteile, für die ein Arbeitszeitkonto eingerichtet wird, werden von den Regelungen des Arbeitszeitkontos erfasst.

(3) Auf das Arbeitszeitkonto können Zeiten, die bei Anwendung des nach § 2 Abs. 2 festgelegten Zeitraums als Zeitguthaben oder als Zeitschuld bestehen bleiben, nicht durch Freizeit ausgeglichene Zeiten nach § 6 Abs. 1 Satz 5 und

Abs. 2 sowie in Zeit umgewandelte Zuschläge nach § 6 Abs. 1 Satz 4 gebucht werden. Weitere Kontingente (z. B. Rufbereitschafts-/Bereitschaftsdienstentgelte) können durch Dienstvereinbarung zur Buchung freigegeben werden. Der Mitarbeiter entscheidet für einen in der Dienstvereinbarung festgelegten Zeitraum, welche der in Satz 1 genannten Zeiten auf das Arbeitszeitkonto gebucht werden.

(4) Im Falle einer unverzüglich angezeigten und durch ärztliches Attest nachgewiesenen Arbeitsunfähigkeit während eines Zeitausgleichs vom Arbeitszeitkonto (Zeiten nach Absatz 3 Satz 1 und 2) tritt eine Minderung des Zeitguthabens nicht ein.

(5) In der Dienstvereinbarung sind insbesondere folgende Regelungen zu treffen:
a) Die höchstmögliche Zeitschuld (bis zu 40 Stunden) und das höchstzulässige Zeitguthaben (bis zu einem Vielfachen von 40 Stunden), die innerhalb eines bestimmten Zeitraums anfallen dürfen;
b) nach dem Umfang des beantragten Freizeitausgleichs gestaffelte Fristen für das Abbuchen von Zeitguthaben oder für den Abbau von Zeitschulden durch den Mitarbeiter;
c) die Berechtigung, das Abbuchen von Zeitguthaben zu bestimmten Zeiten (z. B. an so genannten Brückentagen) vorzusehen;
d) die Folgen, wenn der Dienstgeber einen bereits genehmigten Freizeitausgleich kurzfristig widerruft.

(6) Der Dienstgeber kann mit dem Mitarbeiter die Einrichtung eines Langzeitkontos vereinbaren. In diesem Fall ist die Mitarbeitervertretung zu beteiligen und – bei Insolvenzfähigkeit des Dienstgebers – eine Regelung zur Insolvenzsicherung zu treffen.

§ 10 Teilzeitbeschäftigung

(1) Mit Mitarbeitern soll auf Antrag eine geringere als die vertraglich festgelegte Arbeitszeit vereinbart werden, wenn sie
a) mindestens ein Kind unter 18 Jahren oder
b) einen nach ärztlichem Gutachten pflegebedürftigen sonstigen Angehörigen tatsächlich betreuen oder pflegen und dringende dienstliche bzw. betriebliche Belange nicht entgegenstehen. Die Teilzeitbeschäftigung nach Satz 1 ist auf Antrag auf bis zu fünf Jahre zu befristen. Sie kann verlängert werden; der Antrag

ist spätestens sechs Monate vor Ablauf der vereinbarten Teilzeitbeschäftigung zu stellen. Bei der Gestaltung der Arbeitszeit hat der Dienstgeber im Rahmen der dienstlichen bzw. betrieblichen Möglichkeiten der besonderen persönlichen Situation Mitarbeiters nach Satz 1 Rechnung zu tragen.

(2) Mitarbeiter, die in anderen als den in Absatz 1 genannten Fällen eine Teilzeitbeschäftigung vereinbaren wollen, können von ihrem Dienstgeber verlangen, dass er mit ihnen die Möglichkeit einer Teilzeitbeschäftigung mit dem Ziel erörtert, zu einer entsprechenden Vereinbarung zu gelangen.

(3) Ist mit früher Vollbeschäftigten auf ihren Wunsch eine nicht befristete Teilzeitbeschäftigung vereinbart worden, sollen sie bei späterer Besetzung eines Vollzeitarbeitsplatzes bei gleicher Eignung im Rahmen der dienstlichen bzw. betrieblichen Möglichkeiten bevorzugt berücksichtigt werden.

Anmerkung zu den §§ 2 bis 10:
Bei In-Kraft-Treten dieser Anlage bestehende Gleitzeitregelungen bleiben unberührt.

(...)

Anlage 32 AVR
Besondere Regelungen für Mitarbeiter im Pflegedienst in sonstigen Einrichtungen

§ 1 Geltungsbereich

(1) Diese Anlage gilt für Mitarbeiter im Pflegedienst, die in
a) Heil-, Pflege- und Entbindungseinrichtungen,
b) medizinischen Instituten von Heil- und Pflegeeinrichtungen,
c) sonstigen Einrichtungen und Heimen, in denen die betreuten Personen in ärztlicher Behandlung stehen, wenn die Behandlung durch nicht in den Einrichtungen selbst beschäftigte Ärztinnen oder Ärzte stattfindet,
d) Einrichtungen und Heimen, die der Förderung der Gesundheit, der Erziehung, der Fürsorge oder Betreuung von Kindern und Jugendlichen, der Fürsorge und Betreuung von obdachlosen, alten, gebrechlichen, erwerbsbeschränkten oder sonstigen hilfsbedürftigen Personen dienen, auch wenn diese Einrichtungen nicht der ärztlichen Behandlung der betreuten Personen dienen, oder in
e) ambulanten Pflegediensten oder teilstationäre Pflegeeinrichtungen
beschäftigt sind, soweit die Einrichtungen nicht vom Geltungsbereich der Anlage 31 erfasst werden.

Anmerkung zu Absatz 1:
Lehrkräfte an Altenpflegeschulen und ähnlichen der Ausbildung dienenden Einrichtungen nach Absatz 1 fallen unter die Anlage 32 zu den AVR, soweit diese nicht unter die Anlage 31 bzw. unter die Anlage 21a zu den AVR fallen.

(2) Soweit für diese Mitarbeiter nachfolgend nichts anderes bestimmt ist, finden die Vorschriften des Allgemeinen Teils und der Anlagen der AVR Anwendung. Die § 2a, § 9a und § 12 des Allgemeinen Teils, die Abschnitte Ia, IIIB, IIIa, V, VII und XIV der Anlage 1, die Anlagen 1b, 2a, 2c, 3a, 6 und 6a sowie den § 4 und § 6 bis § 9 der Anlage 14 zu den AVR finden keine Anwendung. Die Anlage 5 zu den AVR gilt nicht mit Ausnahme von § 1 Abs. 7, Abs. 9 und Abs. 10, § 5, § 6, § 7 Abs. 7, § 9 Abs. 6 und § 10.

§ 2 Regelmäßige Arbeitszeit

(1) Die regelmäßige Arbeitszeit der Mitarbeiter beträgt ausschließlich der Pausen durchschnittlich 39 Stunden wöchentlich. Abweichend davon beträgt die regelmäßige Arbeitszeit für die Mitarbeiter im Gebiet der neuen Bundesländer Mecklenburg-Vorpommern, Brandenburg, Sachsen-Anhalt, Thüringen und Sachsen sowie in dem Teil des Landes Berlin, in dem das Grundgesetz bis einschließlich 2. Oktober 1990 nicht galt, durchschnittlich 40 Stunden wöchentlich. Die regelmäßige Arbeitszeit kann auf fünf Tage, aus notwendigen dienstlichen oder betrieblichen Gründen auch auf sechs Tage verteilt werden.

(2) Für die Berechnung des Durchschnitts der regelmäßigen wöchentlichen Arbeitszeit ist ein Zeitraum von bis zu einem Jahr zugrunde zu legen. Abweichend von Satz 1 kann bei Mitarbeitern, die ständig Wechselschicht- oder Schichtarbeit zu leisten haben, ein längerer Zeitraum zugrunde gelegt werden.

(3) Soweit es die dienstlichen oder betrieblichen Verhältnisse zulassen, wird der Mitarbeiter am 24. Dezember und am 31. Dezember unter Fortzahlung des Entgelts von der Arbeit freigestellt. Kann die Freistellung nach Satz 1 aus dienstlichen oder betrieblichen Gründen nicht erfolgen, ist entsprechender Freizeitausgleich innerhalb von drei Monaten zu gewähren. Die regelmäßige Arbeitszeit vermindert sich für den 24. Dezember und 31. Dezember, sofern sie auf einen Werktag fallen, um die dienstplanmäßig ausgefallenen Stunden.

Anmerkung zu Absatz 3 Satz 3:
Die Verminderung der regelmäßigen Arbeitszeit betrifft die Mitarbeiter, die wegen des Dienstplans frei haben und deshalb ohne diese Regelung nacharbeiten müssten.

(4) Aus dringenden dienstlichen oder betrieblichen Gründen kann auf der Grundlage einer Dienstvereinbarung im Rahmen des § 7 Abs. 1, 2 und des § 12 ArbZG von den Vorschriften des Arbeitszeitgesetzes abgewichen werden.

(5) Die Mitarbeiter sind im Rahmen begründeter dienstlicher oder betrieblicher Notwendigkeiten zur Leistung von Sonntags-, Feiertags-, Nacht-, Wechselschicht-, Schichtarbeit sowie – bei Teilzeitbeschäftigung aufgrund dienstvertraglicher Regelung oder mit ihrer Zustimmung – zu Bereitschaftsdienst, Rufbereitschaft, Überstunden und Mehrarbeit verpflichtet.

(6) Durch Dienstvereinbarung kann ein wöchentlicher Arbeitszeitkorridor von bis zu 45 Stunden eingerichtet werden. Die innerhalb eines Arbeitszeitkorridors geleisteten zusätzlichen Arbeitsstunden werden im Rahmen des nach Absatz 2 Satz 1 festgelegten Zeitraums ausgeglichen.

(7) Durch Dienstvereinbarung kann in der Zeit von 6 bis 20 Uhr eine tägliche Rahmenzeit von bis zu zwölf Stunden eingeführt werden. Die innerhalb der täglichen Rahmenzeit geleisteten zusätzlichen Arbeitsstunden werden im Rahmen des nach Absatz 2 Satz 1 festgelegten Zeitraums ausgeglichen.

(8) Die Absätze 6 und 7 gelten nur alternativ und nicht bei Wechselschicht- und Schichtarbeit.

Anmerkung zu § 2:
Gleitzeitregelungen sind unter Wahrung der jeweils geltenden Mitbestimmungsrechte unabhängig von den Vorgaben zu Arbeitszeitkorridor und Rahmenzeit (Absätze 6 und 7) möglich. Sie dürfen keine Regelungen nach Absatz 4 enthalten.

(9) Auf der Grundlage einer Dienstvereinbarung kann bei der Behandlung, Pflege und Betreuung von Personen die tägliche Arbeitszeit im Schichtdienst, ausschließlich der Pausen, auf bis zu 12 Stunden verlängert werden, wenn solche Dienste nach der Eigenart dieser Tätigkeit und zur Erhaltung des Wohles dieser Personen erforderlich sind.
In unmittelbarer Folge dürfen höchstens 5 Zwölf-Stunden-Schichten und innerhalb von zwei Wochen nicht mehr als 8 Zwölf-Stunden-Schichten geleistet werden. Solche Schichten können nicht mit Bereitschaftsdienst kombiniert werden. Abweichend von § 1 Abs. 10 der Anlage 5 kann bei Anordnung von Zwölf-Stunden-Schichten die Ruhezeit nicht verkürzt werden.

§ 3 Arbeit an Sonn- und Feiertagen

In Ergänzung zu § 2 Abs. 3 Satz 3 und Abs. 5 gilt für Sonn- und Feiertage folgendes:

(1) Die Arbeitszeit an einem gesetzlichen Feiertag, der auf einen Werktag fällt, wird durch eine entsprechende Freistellung an einem anderen Werktag bis zum Ende des dritten Kalendermonats – möglichst aber schon bis zum Ende des nächsten Kalendermonats – ausgeglichen, wenn es die betrieblichen Verhältnisse zulassen. Kann ein Freizeitausgleich nicht gewährt werden, erhält

der Mitarbeiter je Stunde 100 v. H. des auf eine Stunde entfallenden Anteils des monatlichen Entgelts der jeweiligen Entgeltsgruppe und Stufe nach Maßgabe der Entgelttabelle. Ist ein Arbeitszeitkonto eingerichtet, ist eine Buchung gemäß § 9 Abs. 3 zulässig. § 6 Abs. 1 Satz 2 Buchst. d bleibt unberührt.

(2) Für Mitarbeiter, die regelmäßig nach einem Dienstplan eingesetzt werden, der Wechselschicht- oder Schichtdienst an sieben Tagen in der Woche vorsieht, vermindert sich die regelmäßige Wochenarbeitszeit um ein Fünftel der arbeitsvertraglich vereinbarten durchschnittlichen Wochenarbeitszeit, wenn sie an einem gesetzlichen Feiertag, der auf einen Werktag fällt,

a) Arbeitsleistung zu erbringen haben oder
b) nicht wegen des Feiertags, sondern dienstplanmäßig nicht zur Arbeit eingeteilt sind und deswegen an anderen Tagen der Woche ihre regelmäßige Arbeitszeit erbringen müssen.

Absatz 1 gilt in diesen Fällen nicht. § 6 Abs. 1 Satz 2 Buchst. d bleibt unberührt.

(3) Mitarbeiter, die regelmäßig an Sonn- und Feiertagen arbeiten müssen, erhalten innerhalb von zwei Wochen zwei arbeitsfreie Tage. Hiervon soll ein freier Tag auf einen Sonntag fallen.

§ 4 Sonderformen der Arbeit

(1) Wechselschichtarbeit ist die Arbeit nach einem Schichtplan / Dienstplan, der einen regelmäßigen Wechsel der täglichen Arbeitszeit in Wechselschichten vorsieht, bei denen der Mitarbeiter längstens nach Ablauf eines Monats erneut zu mindestens zwei Nachtschichten herangezogen wird. Wechselschichten sind wechselnde Arbeitsschichten, in denen ununterbrochen bei Tag und Nacht, werktags, sonntags und feiertags gearbeitet wird. Nachtschichten sind Arbeitsschichten, die mindestens zwei Stunden Nachtarbeit umfassen.

(2) Schichtarbeit ist die Arbeit nach einem Schichtplan, der einen regelmäßigen Wechsel des Beginns der täglichen Arbeitszeit um mindestens zwei Stunden in Zeitabschnitten von längstens einem Monat vorsieht, und die innerhalb einer Zeitspanne von mindestens 13 Stunden geleistet wird.

(3) Bereitschaftsdienst leisten Mitarbeiter, die sich auf Anordnung des Dienstgebers außerhalb der regelmäßigen Arbeitszeit an einer vom Dienstgeber bestimmten Stelle aufhalten, um im Bedarfsfall die Arbeit aufzunehmen.

(4) Rufbereitschaft leisten Mitarbeiter, die sich auf Anordnung des Dienstgebers außerhalb der regelmäßigen Arbeitszeit an einer dem Dienstgeber anzuzeigenden Stelle aufhalten, um auf Abruf die Arbeit aufzunehmen. Rufbereitschaft wird nicht dadurch ausgeschlossen, dass Mitarbeiter vom Dienstgeber mit einem Mobiltelefon oder einem vergleichbaren technischen Hilfsmittel ausgestattet sind.

(5) Nachtarbeit ist die Arbeit zwischen 21 Uhr und 6 Uhr.

(6) Mehrarbeit sind die Arbeitsstunden, die Teilzeitbeschäftigte über die vereinbarte regelmäßige Arbeitszeit hinaus bis zur regelmäßigen wöchentlichen Arbeitszeit von Vollbeschäftigten (§ 2 Abs. 1 Satz 1) leisten.

(7) Überstunden sind die auf Anordnung des Dienstgebers geleisteten Arbeitsstunden, die über die im Rahmen der regelmäßigen Arbeitszeit von Vollbeschäftigten (§ 2 Abs. 1 Satz 1) für die Woche dienstplanmäßig bzw. betriebsüblich festgesetzten Arbeitsstunden hinausgehen und nicht bis zum Ende der folgenden Kalenderwoche ausgeglichen werden.

(8) Abweichend von Abs. 7 sind nur die Arbeitsstunden Überstunden, die
a) im Falle der Festlegung eines Arbeitszeitkorridors nach § 2 Abs. 6 über 45 Stunden oder über die vereinbarte Obergrenze hinaus,
b) im Falle der Einführung einer täglichen Rahmenzeit nach § 2 Abs. 7 außerhalb der Rahmenzeit
c) im Falle von Wechselschicht- oder Schichtarbeit über die im Schichtplan festgelegten täglichen Arbeitsstunden einschließlich der im Schichtplan vorgesehenen Arbeitsstunden, die bezogen auf die regelmäßige wöchentliche Arbeitszeit im Schichtplanturnus nicht ausgeglichen werden,

angeordnet worden sind.

§ 5 Bereitschaftsdienst und Rufbereitschaft

(1) Der Dienstgeber darf Bereitschaftsdienst nur anordnen, wenn zu erwarten ist, dass zwar Arbeit anfällt, erfahrungsgemäß aber die Zeit ohne Arbeitsleistung überwiegt.

(2) Abweichend von den §§ 3, 5 und 6 Abs. 2 ArbZG kann im Rahmen des § 7 ArbZG die tägliche Arbeitszeit im Sinne des Arbeitszeitgesetzes über acht Stunden hinaus verlängert werden, wenn mindestens die acht Stunden überschreitende Zeit im Rahmen von Bereitschaftsdienst geleistet wird, und zwar wie folgt:

a) bei Bereitschaftsdiensten der Stufen A und B bis zu insgesamt maximal 16 Stunden täglich; die gesetzlich vorgeschriebene Pause verlängert diesen Zeitraum nicht,
b) bei Bereitschaftsdiensten der Stufen C und D bis zu insgesamt maximal 13 Stunden täglich; die gesetzlich vorgeschriebene Pause verlängert diesen Zeitraum nicht.

(3) Im Rahmen des § 7 ArbZG kann unter den Voraussetzungen
a) einer Prüfung alternativer Arbeitszeitmodelle,
b) einer Belastungsanalyse gemäß § 5 ArbSchG und
c) ggf. daraus resultierender Maßnahmen zur Gewährleistung des Gesundheitsschutzes

aufgrund einer Dienstvereinbarung von den Regelungen des Arbeitszeitgesetzes abgewichen werden. Abweichend von den §§ 3, 5 und 6 Abs. 2 ArbZG kann die tägliche Arbeitszeit im Sinne des Arbeitszeitgesetzes über acht Stunden hinaus verlängert werden, wenn in die Arbeitszeit regelmäßig und in erheblichem Umfang Bereitschaftsdienst fällt. Hierbei darf die tägliche Arbeitszeit ausschließlich der Pausen maximal 24 Stunden betragen.

(4) Unter den Voraussetzungen des Absatzes 3 Satz 1 kann die tägliche Arbeitszeit gemäß § 7 Abs. 2a ArbZG ohne Ausgleich verlängert werden, wobei
a) bei Bereitschaftsdiensten der Stufen A und B eine wöchentliche Arbeitszeit von bis zu maximal durchschnittlich 58 Stunden,
b) bei Bereitschaftsdiensten der Stufen C und D eine wöchentliche Arbeitszeit von bis zu maximal durchschnittlich 54 Stunden zulässig ist.

(5) Für den Ausgleichszeitraum nach den Absätzen 2 bis 4 gilt § 2 Abs. 2 Satz 1.

(6) In den Fällen, in denen Mitarbeiter Teilzeitarbeit gemäß § 10 vereinbart haben, verringern sich die Höchstgrenzen der wöchentlichen Arbeitszeit nach den Absätzen 2 bis 4 in demselben Verhältnis wie die Arbeitszeit dieser Mitarbeiter zu der regelmäßigen Arbeitszeit der Vollbeschäftigten. Mit Zustimmung des Mitarbeiters oder aufgrund von dringenden dienstlichen oder betrieblichen Belangen kann hiervon abgewichen werden.

(7) Der Dienstgeber darf Rufbereitschaft nur anordnen, wenn erfahrungsgemäß lediglich in Ausnahmefällen Arbeit anfällt. Durch tatsächliche Arbeitsleistung innerhalb der Rufbereitschaft kann die tägliche Höchstarbeitszeit von zehn Stunden (§ 3 ArbZG) überschritten werden (§ 7 ArbZG).

(8) § 2 Abs. 4 bleibt im Übrigen unberührt.

(9) Für Mitarbeiter in Einrichtungen und Heimen, die der Förderung der Gesundheit, der Erziehung, Fürsorge oder Betreuung von Kindern und Jugendlichen, der Fürsorge und Betreuung von obdachlosen, alten, gebrechlichen, erwerbsbeschränkten oder sonstigen hilfsbedürftigen Personen dienen, auch wenn diese Einrichtungen nicht der ärztlichen Behandlung der betreuten Personen dienen, gelten die Absätze 1 bis 8 mit der Maßgabe, dass die Grenzen für die Stufen A und B einzuhalten sind. Dazu gehören auch die Mitarbeiter in Einrichtungen, in denen die betreuten Personen nicht regelmäßig ärztlich behandelt und beaufsichtigt werden (Erholungsheime).

§ 6 Ausgleich für Sonderformen der Arbeit

(1) Der Mitarbeiter erhält neben dem Entgelt für die tatsächliche Arbeitsleistung Zeitzuschläge. Die Zeitzuschläge betragen – auch bei Teilzeitbeschäftigten – je Stunde

a) für Überstunden	
- in den Entgeltgruppen 1 bis 9b	30 v. H.
- in den Entgeltgruppen 9c bis 15	15 v. H.
b) für Nachtarbeit	20 v. H.
c) für Sonntagsarbeit	25 v. H.
d) bei Feiertagsarbeit	
- ohne Freizeitausgleich	135 v. H.
- mit Freizeitausgleich	35 v. H.
e) für Arbeit am 24. Dezember und am 31 Dezember jeweils ab 6 Uhr	35 v. H.
f) für Arbeit an Samstagen von 13 bis 21 Uhr, soweit diese nicht im Rahmen vonWechselschicht oder Schichtarbeit anfällt	20 v. H.

des auf eine Stunde entfallenden Anteils des Tabellenentgelts der Stufe 3 der jeweiligen Entgeltgruppe. Beim Zusammentreffen von Zeitzuschlägen nach Satz 2 Buchst. c bis f wird nur der höchste Zeitzuschlag gezahlt. Auf Wunsch des Mitarbeiters können, soweit ein Arbeitszeitkonto (§ 9) eingerichtet ist und die dienstlichen oder betrieblichen Verhältnisse es zulassen, die nach Satz 2 zu zahlenden Zeitzuschläge entsprechend dem jeweiligen Vomhundertsatz einer Stunde in Zeit umgewandelt und ausgeglichen werden. Dies gilt entsprechend für Überstunden als solche.

Anmerkung zu Abs. 1 Satz 1:
Bei Überstunden richtet sich das Entgelt für die tatsächliche Arbeitsleistung nach der individuellen Stufe der jeweiligen Entgeltgruppe, höchstens jedoch nach der Stufe 4.

Anmerkung zu Abs. 1 Satz 2 Buchstabe d:
Der Freizeitausgleich muss im Dienstplan besonders ausgewiesen und bezeichnet werden. Falls kein Freizeitausgleich gewährt wird, werden als Entgelt einschließlich des Zeitzuschlages und des auf den Feiertag entfallenden Tabellenentgelts höchstens 235 v. H. gezahlt.

(2) Für Arbeitsstunden, die keine Überstunden sind und die aus dienstlichen oder betrieblichen Gründen nicht innerhalb des nach § 2 Abs. 2 Satz 1 oder 2 festgelegten Zeitraums mit Freizeit ausgeglichen werden, erhält der Mitarbeiter je Stunde 100 v. H. des auf eine Stunde entfallenden Anteils des Tabellenentgelts der jeweiligen Entgeltgruppe und Stufe.

Anmerkung zu Abs. 2 Satz 1:
Mit dem Begriff „Arbeitsstunden" sind nicht die Stunden gemeint, die im Rahmen von Gleitzeitregelungen im Sinne der Anmerkungen zu § 2 anfallen, es sei denn, sie sind angeordnet worden.

(3) Für die Rufbereitschaft wird eine tägliche Pauschale je Entgeltgruppe bezahlt. Sie beträgt für die Tage Montag bis Freitag das Zweifache, für Samstag, Sonntag sowie für Feiertage das Vierfache des Stundenentgelts nach Maßgabe der Entgelttabelle. Maßgebend für die Bemessung der Pauschale nach Satz 2 ist der Tag, an dem die Rufbereitschaft beginnt. Für die Arbeitsleistung innerhalb der Rufbereitschaft außerhalb des Aufenthaltsortes im Sinne des § 4 Abs. 4 wird die Zeit jeder einzelnen Inanspruchnahme einschließlich der hierfür erforderlichen Wegezeiten jeweils auf eine volle Stunde gerundet und mit dem Entgelt für Überstunden sowie mit etwaigen Zeitzuschlägen nach Absatz 1 bezahlt. Wird die Arbeitsleistung innerhalb der Rufbereitschaft am Aufenthaltsort im Sinne des § 4 Abs. 4 telefonisch (z. B. in Form einer Auskunft) oder mittels technischer Einrichtungen erbracht, wird abweichend von Satz 4 die Summe dieser Arbeitsleistungen auf die nächste volle Stunde gerundet und mit dem Entgelt für Überstunden sowie mit etwaigen Zeitzuschlägen nach Absatz 1 bezahlt. Absatz 1 Satz 4 gilt entsprechend, soweit die Buchung auf das Arbeitszeitkonto nach § 9 Abs. 3 Satz 2 zulässig ist. Satz 1 gilt nicht im

Falle einer stundenweisen Rufbereitschaft. Eine Rufbereitschaft im Sinne von Satz 7 liegt bei einer ununterbrochenen Rufbereitschaft von weniger als zwölf Stunden vor. In diesem Fall wird abweichend von den Sätzen 2 und 3 für jede Stunde der Rufbereitschaft 12,5 v. H. des Stundenentgelts nach Maßgabe der Entgelttabelle gezahlt.

Anmerkung zu Absatz 3:
Zur Ermittlung der Tage einer Rufbereitschaft, für die eine Pauschale gezahlt wird, ist auf den Tag des Beginns der Rufbereitschaft abzustellen.

(4) Mitarbeiter, die ständig Wechselschichtarbeit leisten, erhalten eine Wechselschichtzulage von 105,- € monatlich. Mitarbeiter, die nicht ständig Wechselschichtarbeit leisten, erhalten eine Wechselschichtzulage von 0,63 € pro Stunde.

(5) Mitarbeiter, die ständig Schichtarbeit leisten, erhalten eine Schichtzulage von 40,- € monatlich. Mitarbeiter, die nicht ständig Schichtarbeit leisten, erhalten eine Schichtzulage von 0,24 € pro Stunde.

§ 7 Bereitschaftsdienstentgelt

(1) Zum Zwecke der Entgeltberechnung wird die Zeit des Bereitschaftsdienstes einschließlich der geleisteten Arbeit nach dem Maß der während des Bereitschaftsdienstes erfahrungsgemäß durchschnittlich anfallenden Arbeitsleistungen wie folgt als Arbeitszeit gewertet:

a) Nach dem Maß der während des Bereitschaftsdienstes erfahrungsgemäß durchschnittlich anfallenden Arbeitsleistungen wird die Zeit des Bereitschaftsdienstes wie folgt als Arbeitszeit gewertet:

Stufe	Arbeitsleistung innerhalb des Bereitschaftsdienstes	Bewertung als Arbeitszeit
A	0 bis 10 v. H.	15 v. H.
B	mehr als 10 bis zu 25 v. H.	25 v. H.
C	mehr als 25 bis 40 v. H.	40 v. H.
D	mehr als 40 bis 49 v. H.	55 v. H.

Ein hiernach der Stufe A zugeordneter Bereitschaftsdienst wird der Stufe B zugeteilt, wenn der Mitarbeiter während des Bereitschaftsdienstes in der Zeit von 22 bis 6 Uhr erfahrungsgemäß durchschnittlich mehr als dreimal dienstlich in Anspruch genommen wird.

b) Entsprechend der Zahl der vom Mitarbeiter je Kalendermonat abgeleisteten Bereitschaftsdienste wird die Zeit eines jeden Bereitschaftsdienstes zusätzlich wie folgt als Arbeitszeit gewertet:

Zahl der Bereitschaftsdienste im Kalendermonat	Bewertung als Arbeitszeit
1. bis 8. Bereitschaftsdienst	25 v. H.
9. bis 12. Bereitschaft	35 v. H.
13. und folgende Bereitschaftsdienste	45 v. H.

(2) Die Zuweisung zu den einzelnen Stufen des Bereitschaftsdienstes erfolgt durch die Einrichtungsleitung und die Mitarbeitervertretung.

(3) Für die Mitarbeiter gemäß § 5 Abs. 9 wird zum Zwecke der Entgeltberechnung die Zeit des Bereitschaftsdienstes einschließlich der geleisteten Arbeit mit 25 v. H. als Arbeitszeit gewertet. Leistet der Mitarbeiter in einem Kalendermonat mehr als acht Bereitschaftsdienste, wird die Zeit eines jeden über acht Bereitschaftsdienste hinausgehenden Bereitschaftsdienstes zusätzlich mit 15 v. H. als Arbeitszeit gewertet.

(3a) Die Mitarbeiter erhalten zusätzlich zu dem Entgelt nach Absatz 3 für die Zeit des Bereitschaftsdienstes in den Nachtstunden (§ 4 Abs. 5) je Stunde einen Zeitzuschlag in Höhe von 15 v. H. des Stundenentgelts gemäß der Tabelle in Anhang C dieser Anlage.

(4) Das Entgelt für die nach den Absätzen 1, 3 und 3a zum Zwecke der Entgeltberechnung als Arbeitszeit gewertete Bereitschaftsdienstzeit bestimmt sich nach Anhang C dieser Anlage.

(5) Das Bereitschaftsdienstentgelt kann im Falle der Faktorisierung nach § 9 Abs. 3 im Verhältnis 1:1 in Freizeit abgegolten werden.

§ 8 Bereitschaftszeiten

(1) Bereitschaftszeiten sind die Zeiten, in denen sich der Mitarbeiter am Arbeitsplatz oder einer anderen vom Dienstgeber bestimmten Stelle zur Verfügung halten muss, um im Bedarfsfall die Arbeit selbständig, ggf. auch auf Anordnung, aufzunehmen und in denen die Zeiten ohne Arbeitsleistung überwiegen. Für Mitarbeiter, in deren Tätigkeit regelmäßig und in nicht unerheblichem Umfang Bereitschaftszeiten fallen, gelten folgende Regelungen:
a) Bereitschaftszeiten werden zur Hälfte als tarifliche Arbeitszeit gewertet (faktorisiert).
b) Sie werden innerhalb von Beginn und Ende der regelmäßigen täglichen Arbeitszeit nicht gesondert ausgewiesen.
c) Die Summe aus den faktorisierten Bereitschaftszeiten und der Vollarbeitszeit darf die Arbeitszeit nach § 2 Abs. 1 nicht überschreiten.
d) Die Summe aus Vollarbeits- und Bereitschaftszeiten darf durchschnittlich 48 Stunden wöchentlich nicht überschreiten.

Ferner ist Voraussetzung, dass eine nicht nur vorübergehend angelegte Organisationsmaßnahme besteht, bei der regelmäßig und in nicht unerheblichem Umfang Bereitschaftszeiten anfallen.

(2) Die Anwendung des Absatzes 1 bedarf einer einvernehmlichen Dienstvereinbarung.

Anmerkung zu § 8:
Diese Regelung gilt nicht für Wechselschicht- und Schichtarbeit.

§ 9 Arbeitszeitkonto

(1) Durch Dienstvereinbarung kann ein Arbeitszeitkonto eingerichtet werden. Soweit ein Arbeitszeitkorridor (§ 2 Abs. 6) oder eine Rahmenzeit (§ 2 Abs. 7) vereinbart wird, ist ein Arbeitszeitkonto einzurichten.

(2) In der Dienstvereinbarung wird festgelegt, ob das Arbeitszeitkonto in der ganzen Einrichtung oder Teilen davon eingerichtet wird. Alle Mitarbeiter der Einrichtungsteile, für die ein Arbeitszeitkonto eingerichtet wird, werden von den Regelungen des Arbeitszeitkontos erfasst.

(3) Auf das Arbeitszeitkonto können Zeiten, die bei Anwendung des nach § 2 Abs. 2 festgelegten Zeitraums als Zeitguthaben oder als Zeitschuld bestehen bleiben, nicht durch Freizeit ausgeglichene Zeiten nach § 6 Abs. 1 Satz 5 und Abs.

2 sowie in Zeit umgewandelte Zuschläge nach § 6 Abs. 1 Satz 4 gebucht werden. Weitere Kontingente (z. B. Rufbereitschafts-/Bereitschaftsdienstentgelte) können durch Dienstvereinbarung zur Buchung freigegeben werden. Der Mitarbeiter entscheidet für einen in der Dienstvereinbarung festgelegten Zeitraum, welche der in Satz 1 genannten Zeiten auf das Arbeitszeitkonto gebucht werden.

(4) Im Falle einer unverzüglich angezeigten und durch ärztliches Attest nachgewiesenen Arbeitsunfähigkeit während eines Zeitausgleichs vom Arbeitszeitkonto (Zeiten nach Absatz 3 Satz 1 und 2) tritt eine Minderung des Zeitguthabens nicht ein.

(5) In der Dienstvereinbarung sind insbesondere folgende Regelungen zu treffen:
a) Die höchstmögliche Zeitschuld (bis zu 40 Stunden) und das höchstzulässige Zeitguthaben (bis zu einem Vielfachen von 40 Stunden), die innerhalb eines bestimmten Zeitraums anfallen dürfen;
b) nach dem Umfang des beantragten Freizeitausgleichs gestaffelte Fristen für das Abbuchen von Zeitguthaben oder für den Abbau von Zeitschulden durch den Mitarbeiter;
c) die Berechtigung, das Abbuchen von Zeitguthaben zu bestimmten Zeiten (z. B. an so genannten Brückentagen) vorzusehen;
d) die Folgen, wenn der Dienstgeber einen bereits genehmigten Freizeitausgleich kurzfristig widerruft.

(6) Der Dienstgeber kann mit dem Mitarbeiter die Einrichtung eines Langzeitkontos vereinbaren. In diesem Fall ist die Mitarbeitervertretung zu beteiligen und – bei Insolvenzfähigkeit des Dienstgebers – eine Regelung zur Insolvenzsicherung zu treffen.

§ 10 Teilzeitbeschäftigung

(1) Mit Mitarbeitern soll auf Antrag eine geringere als die vertraglich festgelegte Arbeitszeit vereinbart werden, wenn sie
a) mindestens ein Kind unter 18 Jahren oder
b) einen nach ärztlichem Gutachten pflegebedürftigen sonstigen Angehörigen tatsächlich betreuen oder pflegen und dringende dienstliche bzw. betriebliche Belange nicht entgegenstehen. Die Teilzeitbeschäftigung nach Satz 1 ist auf Antrag auf bis zu fünf Jahre zu befristen. Sie kann verlängert werden; der Antrag

ist spätestens sechs Monate vor Ablauf der vereinbarten Teilzeitbeschäftigung zu stellen. Bei der Gestaltung der Arbeitszeit hat der Dienstgeber im Rahmen der dienstlichen bzw. betrieblichen Möglichkeiten der besonderen persönlichen Situation Mitarbeiters nach Satz 1 Rechnung zu tragen.

(2) Mitarbeiter, die in anderen als den in Absatz 1 genannten Fällen eine Teilzeitbeschäftigung vereinbaren wollen, können von ihrem Dienstgeber verlangen, dass er mit ihnen die Möglichkeit einer Teilzeitbeschäftigung mit dem Ziel erörtert, zu einer entsprechenden Vereinbarung zu gelangen.

(3) Ist mit früher Vollbeschäftigten auf ihren Wunsch eine nicht befristete Teilzeitbeschäftigung vereinbart worden, sollen sie bei späterer Besetzung eines Vollzeitarbeitsplatzes bei gleicher Eignung im Rahmen der dienstlichen bzw. betrieblichen Möglichkeiten bevorzugt berücksichtigt werden.

Anmerkung zu den §§ 2 bis 10:
Bei In-Kraft-Treten dieser Anlage bestehende Gleitzeitregelungen bleiben unberührt.

(...)

Anlage 33 AVR
Besondere Regelungen für Mitarbeiter im Sozial- und Erziehungsdienst

§ 1 Geltungsbereich

(1) Diese Anlage gilt für Mitarbeiter im Sozial- und Erziehungsdienst.

(2) Soweit für diese Mitarbeiter nachfolgend nichts anderes bestimmt ist, finden die Vorschriften des Allgemeinen Teils und der Anlagen der AVR Anwendung. § 2a, § 9a und § 12 des Allgemeinen Teils, die Abschnitte Ia, Ic, IIIA, IIIa, V, VII und XIV der Anlage 1, die Anlagen 1b, 2d, 3, 6 und 6a sowie die § 4 und § 6 bis § 9 der Anlage 14 zu den AVR finden keine Anwendung. Die Anlage 5 zu den AVR gilt nicht mit Ausnahme von § 1 Abs. 7, Abs. 9 und Abs. 10, § 5, § 6, § 7 Abs. 7, § 9 Abs. 6 und § 10.

§ 2 Regelmäßige Arbeitszeit

(1) Die regelmäßige Arbeitszeit der Mitarbeiter beträgt ausschließlich der Pausen durchschnittlich 39 Stunden wöchentlich. Abweichend davon beträgt die regelmäßige Arbeitszeit für die Mitarbeiter im Gebiet der neuen Bundesländer Mecklenburg-Vorpommern, Brandenburg, Sachsen-Anhalt, Thüringen und Sachsen sowie in dem Teil des Landes Berlin, in dem das Grundgesetz bis einschließlich 2. Oktober 1990 nicht galt, durchschnittlich 40 Stunden wöchentlich. Die regelmäßige Arbeitszeit kann auf fünf Tage, aus notwendigen dienstlichen oder betrieblichen Gründen auch auf sechs Tage verteilt werden.

(2) Für die Berechnung des Durchschnitts der regelmäßigen wöchentlichen Arbeitszeit ist ein Zeitraum von bis zu einem Jahr zugrunde zu legen. Abweichend von Satz 1 kann bei Mitarbeitern, die ständig Wechselschicht- oder Schichtarbeit zu leisten haben, ein längerer Zeitraum zugrunde gelegt werden.

(3) Soweit es die dienstlichen oder betrieblichen Verhältnisse zulassen, wird der Mitarbeiter am 24. Dezember und am 31. Dezember unter Fortzahlung des Entgelts von der Arbeit freigestellt. Kann die Freistellung nach Satz 1 aus dienstlichen oder betrieblichen Gründen nicht erfolgen, ist entsprechender Freizeitausgleich innerhalb von drei Monaten zu gewähren. Die regelmäßige

Arbeitszeit vermindert sich für den 24. Dezember und 31. Dezember, sofern sie auf einen Werktag fallen, um die dienstplanmäßig ausgefallenen Stunden.

Anmerkung zu Absatz 3 Satz 3:
Die Verminderung der regelmäßigen Arbeitszeit betrifft die Mitarbeiter, die wegen des Dienstplans frei haben und deshalb ohne diese Regelung nacharbeiten müssten.

(4) Aus dringenden dienstlichen oder betrieblichen Gründen kann auf der Grundlage einer Dienstvereinbarung im Rahmen des § 7 Abs. 1, 2 und des § 12 ArbZG von den Vorschriften des Arbeitszeitgesetzes abgewichen werden.

(5) Die Mitarbeiter sind im Rahmen begründeter dienstlicher oder betrieblicher Notwendigkeiten zur Leistung von Sonntags-, Feiertags-, Nacht-, Wechselschicht-, Schichtarbeit sowie – bei Teilzeitbeschäftigung aufgrund dienstvertraglicher Regelung oder mit ihrer Zustimmung – zu Bereitschaftsdienst, Rufbereitschaft, Überstunden und Mehrarbeit verpflichtet.

(6) Durch Dienstvereinbarung kann ein wöchentlicher Arbeitszeitkorridor von bis zu 45 Stunden eingerichtet werden. Die innerhalb eines Arbeitszeitkorridors geleisteten zusätzlichen Arbeitsstunden werden im Rahmen des nach Absatz 2 Satz 1 festgelegten Zeitraums ausgeglichen.

(7) Durch Dienstvereinbarung kann in der Zeit von 6 bis 20 Uhr eine tägliche Rahmenzeit von bis zu zwölf Stunden eingeführt werden. Die innerhalb der täglichen Rahmenzeit geleisteten zusätzlichen Arbeitsstunden werden im Rahmen des nach Absatz 2 Satz 1 festgelegten Zeitraums ausgeglichen.

(8) Die Absätze 6 und 7 gelten nur alternativ und nicht bei Wechselschicht- und Schichtarbeit.

Anmerkung zu § 2:
Gleitzeitregelungen sind unter Wahrung der jeweils geltenden Mitbestimmungsrechte unabhängig von den Vorgaben zu Arbeitszeitkorridor und Rahmenzeit (Absätze 6 und 7) möglich. Sie dürfen keine Regelungen nach Absatz 4 enthalten.

(9) Auf der Grundlage einer Dienstvereinbarung kann bei der Behandlung, Pflege und Betreuung von Personen die tägliche Arbeitszeit im Schichtdienst, ausschließlich der Pausen, auf bis zu 12 Stunden verlängert werden, wenn

solche Dienste nach der Eigenart dieser Tätigkeit und zur Erhaltung des Wohles dieser Personen erforderlich sind.
In unmittelbarer Folge dürfen höchstens 5 Zwölf-Stunden-Schichten und innerhalb von zwei Wochen nicht mehr als 8 Zwölf-Stunden-Schichten geleistet werden. Solche Schichten können nicht mit Bereitschaftsdienst kombiniert werden.
Abweichend von § 1 Abs. 10 der Anlage 5 kann bei Anordnung von Zwölf-Stunden-Schichten die Ruhezeit nicht verkürzt werden.

§ 2a Qualifizierung

Bei Mitarbeitern im Erziehungsdienst werden – soweit gesetzliche Regelungen bestehen, zusätzlich zu diesen gesetzlichen Regelungen – im Rahmen der regelmäßigen durchschnittlichen wöchentlichen Arbeitszeit im Kalenderjahr 19,5 Stunden für Zwecke der Vorbereitung und Qualifizierung verwendet. Bei Teilzeitbeschäftigten gilt Satz 1 entsprechend mit der Maßgabe, dass sich die Stundenzahl nach Satz 1 in dem Umfang, der dem Verhältnis ihrer individuell vereinbarten durchschnittlichen Arbeitszeit zu der regelmäßigen Arbeitszeit vergleichbarer Vollzeitmitarbeiter entspricht, reduziert. Im Erziehungsdienst tätig sind insbesondere Mitarbeiter als Kinderpfleger bzw. Sozialassistent, Heilerziehungspflegehelfer, Erzieher, Heilerziehungspfleger, im handwerklichen Erziehungsdienst, als Leiter oder ständige Vertreter von Leiter von Kindertagesstätten oder Erziehungsheimen sowie andere Beschäftigte mit erzieherischer Tätigkeit in der Erziehungs- oder Eingliederungshilfe.

Anmerkung 1 zu Satz 3:
Soweit Berufsbezeichnungen aufgeführt sind, werden auch Mitarbeiter erfasst, die eine entsprechende Tätigkeit ohne staatliche Anerkennung oder staatliche Prüfung ausüben.

Anmerkung 2 zu Satz 3:
Mitarbeiter im handwerklichen Erziehungsdienst müssen in Einrichtungen der Erziehungs-, Behinderten-, Suchtkranken-, Wohnungslosen- oder Straffälligenhilfe tätig sein.

§ 3 Arbeit an Sonn- und Feiertagen

In Ergänzung zu § 2 Abs. 3 Satz 3 und Abs. 5 gilt für Sonn- und Feiertage Folgendes:

(1) Die Arbeitszeit an einem gesetzlichen Feiertag, der auf einen Werktag fällt, wird durch eine entsprechende Freistellung an einem anderen Werktag bis zum Ende des dritten Kalendermonats – möglichst aber schon bis zum Ende des nächsten Kalendermonats – ausgeglichen, wenn es die betrieblichen Verhältnisse zulassen. Kann ein Freizeitausgleich nicht gewährt werden, erhält der Mitarbeiter je Stunde 100 v. H. des auf eine Stunde entfallenden Anteils des monatlichen Entgelts der jeweiligen Entgeltsgruppe und Stufe nach Maßgabe der Entgelttabelle. Ist ein Arbeitszeitkonto eingerichtet, ist eine Buchung gemäß § 9 Abs. 3 zulässig. § 6 Abs. 1 Satz 2 Buchst. d bleibt unberührt

(2) Für Mitarbeiter, die regelmäßig nach einem Dienstplan eingesetzt werden, der Wechselschicht- oder Schichtdienst an sieben Tagen in der Woche vorsieht, vermindert sich die regelmäßige Wochenarbeitszeit um ein Fünftel der arbeitsvertraglich vereinbarten durchschnittlichen Wochenarbeitszeit, wenn sie an einem gesetzlichen Feiertag, der auf einen Werktag fällt,
a) Arbeitsleistung zu erbringen haben oder
b) nicht wegen des Feiertags, sondern dienstplanmäßig nicht zur Arbeit eingeteilt sind und deswegen an anderen Tagen der Woche ihre regelmäßige Arbeitszeit erbringen müssen.

Absatz 1 gilt in diesen Fällen nicht. § 6 Abs. 1 Satz 2 Buchst. d bleibt unberührt.

(3) Mitarbeiter, die regelmäßig an Sonn- und Feiertagen arbeiten müssen, erhalten innerhalb von zwei Wochen zwei arbeitsfreie Tage. Hiervon soll ein freier Tag auf einen Sonntag fallen.

§ 4 Sonderformen der Arbeit

(1) Wechselschichtarbeit ist die Arbeit nach einem Schichtplan/Dienstplan, der einen regelmäßigen Wechsel der täglichen Arbeitszeit in Wechselschichten vorsieht, bei denen der Mitarbeiter längstens nach Ablauf eines Monats erneut zu mindestens zwei Nachtschichten herangezogen wird. Wechselschichten sind wechselnde Arbeitsschichten, in denen ununterbrochen bei Tag und Nacht, werktags, sonntags und feiertags gearbeitet wird. Nachtschichten sind Arbeitsschichten, die mindestens zwei Stunden Nachtarbeit umfassen.

(2) Schichtarbeit ist die Arbeit nach einem Schichtplan, der einen regelmäßigen Wechsel des Beginns der täglichen Arbeitszeit um mindestens zwei Stunden in Zeitabschnitten von längstens einem Monat vorsieht, und die innerhalb einer Zeitspanne von mindestens 13 Stunden geleistet wird.

(3) Bereitschaftsdienst leisten Mitarbeiter, die sich auf Anordnung des Dienstgebers außerhalb der regelmäßigen Arbeitszeit an einer vom Dienstgeber bestimmten Stelle aufhalten, um im Bedarfsfall die Arbeit aufzunehmen.

(4) Rufbereitschaft leisten Mitarbeiter, die sich auf Anordnung des Dienstgebers außerhalb der regelmäßigen Arbeitszeit an einer dem Dienstgeber anzuzeigenden Stelle aufhalten, um auf Abruf die Arbeit aufzunehmen. Rufbereitschaft wird nicht dadurch ausgeschlossen, dass Mitarbeiter vom Dienstgeber mit einem Mobiltelefon oder einem vergleichbaren technischen Hilfsmittel ausgestattet sind.

(5) Nachtarbeit ist die Arbeit zwischen 21 Uhr und 6 Uhr.

(6) Mehrarbeit sind die Arbeitsstunden, die Teilzeitbeschäftigte über die vereinbarte regelmäßige Arbeitszeit hinaus bis zur regelmäßigen wöchentlichen Arbeitszeit von Vollbeschäftigten (§ 2 Abs. 1 Satz 1) leisten.

(7) Überstunden sind die auf Anordnung des Dienstgebers geleisteten Arbeitsstunden, die über die im Rahmen der regelmäßigen Arbeitszeit von Vollbeschäftigten (§ 2 Abs. 1 Satz 1) für die Woche dienstplanmäßig bzw. betriebsüblich festgesetzten Arbeitsstunden hinausgehen und nicht bis zum Ende der folgenden Kalenderwoche ausgeglichen werden.

(8) Abweichend von Abs. 7 sind nur die Arbeitsstunden Überstunden, die
a) im Falle der Festlegung eines Arbeitszeitkorridors nach § 2 Abs. 6 über 45 Stunden oder über die vereinbarte Obergrenze hinaus,
b) im Falle der Einführung einer täglichen Rahmenzeit nach § 2 Abs. 7 außerhalb der Rahmenzeit,
c) im Falle von Wechselschicht- oder Schichtarbeit über die im Schichtplan festgelegten täglichen Arbeitsstunden einschließlich der im Schichtplan vorgesehenen Arbeitsstunden, die bezogen auf die regelmäßige wöchentliche Arbeitszeit im Schichtplanturnus nicht ausgeglichen werden,

angeordnet worden sind.

§ 5 Bereitschaftsdienst und Rufbereitschaft

(1) Der Dienstgeber darf Bereitschaftsdienst nur anordnen, wenn zu erwarten ist, dass zwar Arbeit anfällt, erfahrungsgemäß aber die Zeit ohne Arbeitsleistung überwiegt.

(2) Abweichend von den §§ 3, 5 und 6 Abs. 2 ArbZG kann im Rahmen des § 7 ArbZG die tägliche Arbeitszeit im Sinne des Arbeitszeitgesetzes über acht Stunden hinaus verlängert werden, wenn mindestens die acht Stunden überschreitende Zeit im Rahmen von Bereitschaftsdienst geleistet wird, und zwar wie folgt:

a) bei Bereitschaftsdiensten der Stufen A und B bis zu insgesamt maximal 16 Stunden täglich; die gesetzlich vorgeschriebene Pause verlängert diesen Zeitraum nicht,
b) bei Bereitschaftsdiensten der Stufen C und D bis zu insgesamt maximal 13 Stunden täglich; die gesetzlich vorgeschriebene Pause verlängert diesen Zeitraum nicht.

(3) Im Rahmen des § 7 ArbZG kann unter den Voraussetzungen

a) einer Prüfung alternativer Arbeitszeitmodelle,
b) einer Belastungsanalyse gemäß § 5 ArbSchG und
c) ggf. daraus resultierender Maßnahmen zur Gewährleistung des Gesundheitsschutzes

aufgrund einer Dienstvereinbarung von den Regelungen des Arbeitszeitgesetzes abgewichen werden. Abweichend von den §§ 3, 5 und 6 Abs. 2 ArbZG kann die tägliche Arbeitszeit im Sinne des Arbeitszeitgesetzes über acht Stunden hinaus verlängert werden, wenn in die Arbeitszeit regelmäßig und in erheblichem Umfang Bereitschaftsdienst fällt. Hierbei darf die tägliche Arbeitszeit ausschließlich der Pausen maximal 24 Stunden betragen.

(4) Unter den Voraussetzungen des Absatzes 3 Satz 1 kann die tägliche Arbeitszeit gemäß § 7 Abs. 2a ArbZG ohne Ausgleich verlängert werden, wobei

a) bei Bereitschaftsdiensten der Stufen A und B eine wöchentliche Arbeitszeit von bis zu maximal durchschnittlich 58 Stunden,
b) bei Bereitschaftsdiensten der Stufen C und D eine wöchentliche Arbeitszeit von bis zu maximal durchschnittlich 54 Stunden

zulässig ist.

(5) Für den Ausgleichszeitraum nach den Absätzen 2 bis 4 gilt § 2 Abs. 2 Satz 1.

(6) In den Fällen, in denen Mitarbeiter Teilzeitarbeit gemäß § 10 vereinbart haben, verringern sich die Höchstgrenzen der wöchentlichen Arbeitszeit nach den Absätzen 2 bis 4 in demselben Verhältnis wie die Arbeitszeit dieser Mitarbeiter zu der regelmäßigen Arbeitszeit der Vollbeschäftigten. Mit Zustimmung des

Mitarbeiters oder aufgrund von dringenden dienstlichen oder betrieblichen Belangen kann hiervon abgewichen werden.

(7) Der Dienstgeber darf Rufbereitschaft nur anordnen, wenn erfahrungsgemäß lediglich in Ausnahmefällen Arbeit anfällt. Durch tatsächliche Arbeitsleistung innerhalb der Rufbereitschaft kann die tägliche Höchstarbeitszeit von zehn Stunden (§ 3 ArbZG) überschritten werden (§ 7 ArbZG).

(8) § 2 Abs. 4 bleibt im Übrigen unberührt.

(9) Für Mitarbeiter in Einrichtungen und Heimen, die der Förderung der Gesundheit, der Erziehung, Fürsorge oder Betreuung von Kindern und Jugendlichen, der Fürsorge und Betreuung von obdachlosen, alten, gebrechlichen, erwerbsbeschränkten oder sonstigen hilfsbedürftigen Personen dienen, auch wenn diese Einrichtungen nicht der ärztlichen Behandlung der betreuten Personen dienen, gelten die Absätze 1 bis 8 mit der Maßgabe, dass die Grenzen für die Stufen A und B einzuhalten sind. Dazu gehören auch die Mitarbeiter in Einrichtungen, in denen die betreuten Personen nicht regelmäßig ärztlich behandelt und beaufsichtigt werden (Erholungsheime).

§ 6 Ausgleich für Sonderformen der Arbeit

(1) Der Mitarbeiter erhält neben dem Entgelt für die tatsächliche Arbeitsleistung Zeitzuschläge. Die Zeitzuschläge betragen – auch bei Teilzeitbeschäftigten – je Stunde

a) für Überstunden	
- in den Entgeltgruppen 1 bis 9b	30 v. H.
- in den Entgeltgruppen 9c bis 15	15 v. H.
b) für Nachtarbeit	20 v. H.
c) für Sonntagsarbeit	25 v. H.
d) bei Feiertagsarbeit	
- ohne Freizeitausgleich	135 v. H.
- mit Freizeitausgleich	35 v. H.
e) für Arbeit am 24. Dezember und am 31 Dezember jeweils ab 6 Uhr	35 v. H.
f) für Arbeit an Samstagen von 13 bis 21 Uhr, soweit diese nicht im Rahmen von Wechselschicht oder Schichtarbeit anfällt	20 v. H.

des auf eine Stunde entfallenden Anteils des Tabellenentgelts der Stufe 3 der jeweiligen Entgeltgruppe. Beim Zusammentreffen von Zeitzuschlägen nach Satz 2 Buchst. c bis f wird nur der höchste Zeitzuschlag gezahlt. Auf Wunsch des Mitarbeiters können, soweit ein Arbeitszeitkonto (§ 9) eingerichtet ist und die dienstlichen oder betrieblichen Verhältnisse es zulassen, die nach Satz 2 zu zahlenden Zeitzuschläge entsprechend dem jeweiligen Vomhundertsatz einer Stunde in Zeit umgewandelt und ausgeglichen werden. Dies gilt entsprechend für Überstunden als solche.

Anmerkungen zu Abs. 1 Satz 1:
Bei Überstunden richtet sich das Entgelt für die tatsächliche Arbeitsleistung nach der individuellen Stufe der jeweiligen Entgeltgruppe, höchstens jedoch nach der Stufe 4.

Anmerkung zu Abs. 1 Satz 2 Buchstabe d:
Der Freizeitausgleich muss im Dienstplan besonders ausgewiesen und bezeichnet werden. Falls kein Freizeitausgleich gewährt wird, werden als Entgelt einschließlich des Zeitzuschlages und des auf den Feiertag entfallenden Tabellenentgelts höchstens 235 v. H. gezahlt.

(2) Für Arbeitsstunden, die keine Überstunden sind und die aus dienstlichen oder betrieblichen Gründen nicht innerhalb des nach § 2 Abs. 2 Satz 1 oder 2 festgelegten Zeitraums mit Freizeit ausgeglichen werden, erhält der Mitarbeiter je Stunde 100 v.H. des auf eine Stunde entfallenden Anteils des Tabellenentgelts der jeweiligen Entgeltgruppe und Stufe.

Anmerkung zu Abs. 2 Satz 1:
Mit dem Begriff „Arbeitsstunden" sind nicht die Stunden gemeint, die im Rahmen von Gleitzeitregelungen im Sinne der Anmerkungen zu § 2 anfallen, es sei denn, sie sind angeordnet worden.

(3) Für die Rufbereitschaft wird eine tägliche Pauschale je Entgeltgruppe bezahlt. Sie beträgt für die Tage Montag bis Freitag das Zweifache, für Samstag, Sonntag sowie für Feiertage das Vierfache des Stundenentgelts nach Maßgabe der Entgelttabelle. Maßgebend für die Bemessung der Pauschale nach Satz 2 ist der Tag, an dem die Rufbereitschaft beginnt. Für die Arbeitsleistung innerhalb der Rufbereitschaft außerhalb des Aufenthaltsortes im Sinne des § 4 Abs. 4 wird die Zeit jeder einzelnen Inanspruchnahme einschließlich der hierfür

erforderlichen Wegezeiten jeweils auf eine volle Stunde gerundet und mit dem Entgelt für Überstunden sowie mit etwaigen Zeitzuschlägen nach Absatz 1 bezahlt. Wird die Arbeitsleistung innerhalb der Rufbereitschaft am Aufenthaltsort im Sinne des § 4 Abs. 4 telefonisch (z. B. in Form einer Auskunft) oder mittels technischer Einrichtungen erbracht, wird abweichend von Satz 4 die Summe dieser Arbeitsleistungen auf die nächste volle Stunde gerundet und mit dem Entgelt für Überstunden sowie mit etwaigen Zeitzuschlägen nach Absatz 1 bezahlt. Absatz 1 Satz 4 gilt entsprechend, soweit die Buchung auf das Arbeitszeitkonto nach § 9 Abs. 3 Satz 2 zulässig ist. Satz 1 gilt nicht im Falle einer stundenweisen Rufbereitschaft. Eine Rufbereitschaft im Sinne von Satz 7 liegt bei einer ununterbrochenen Rufbereitschaft von weniger als zwölf Stunden vor. In diesem Fall wird abweichend von den Sätzen 2 und 3 für jede Stunde der Rufbereitschaft 12,5 v. H. des Stundenentgelts nach Maßgabe der Entgelttabelle gezahlt.

Anmerkung zu Absatz 3:
Zur Ermittlung der Tage einer Rufbereitschaft, für die eine Pauschale gezahlt wird, ist auf den Tag des Beginns der Rufbereitschaft abzustellen.

(4) Mitarbeiter, die ständig Wechselschichtarbeit leisten, erhalten eine Wechselschichtzulage von 105,- € monatlich. Mitarbeiter, die nicht ständig Wechselschichtarbeit leisten, erhalten eine Wechselschichtzulage von 0,63 € pro Stunde.

(5) Mitarbeiter, die ständig Schichtarbeit leisten, erhalten eine Schichtzulage von 40,- € monatlich. Mitarbeiter, die nicht ständig Schichtarbeit leisten, erhalten eine Schichtzulage von 0,24 € pro Stunde.

§ 7 Bereitschaftsdienstentgelt

(1) Zum Zwecke der Entgeltberechnung wird die Zeit des Bereitschaftsdienstes einschließlich der geleisteten Arbeit nach dem Maß der während des Bereitschaftsdienstes erfahrungsgemäß durchschnittlich anfallenden Arbeitsleistungen wie folgt als Arbeitszeit gewertet:

a) Nach dem Maß der während des Bereitschaftsdienstes erfahrungsgemäß durchschnittlich anfallenden Arbeitsleistungen wird die Zeit des Bereitschaftsdienstes wie folgt als Arbeitszeit gewertet:

Stufe	Arbeitsleistung innerhalb des Bereitschaftsdienstes	Bewertung als Arbeitszeit
A	0 bis 10 v. H.	15 v. H.
B	mehr als 10 bis zu 25 v. H.	25 v. H.
C	mehr als 25 bis 40 v. H.	40 v. H.
D	mehr als 40 bis 49 v. H.	55 v. H

Ein hiernach der Stufe A zugeordneter Bereitschaftsdienst wird der Stufe B zugeteilt, wenn der Mitarbeiter während des Bereitschaftsdienstes in der Zeit von 22 bis 6 Uhr erfahrungsgemäß durchschnittlich mehr als dreimal dienstlich in Anspruch genommen wird.

b) Entsprechend der Zahl der vom Mitarbeiter je Kalendermonat abgeleisteten Bereitschaftsdienste wird die Zeit eines jeden Bereitschaftsdienstes zusätzlich wie folgt als Arbeitszeit gewertet:

Zahl der Bereitschaftsdienste im Kalendermonat	Bewertung als Arbeitszeit
1. bis 8. Bereitschaftsdienst	25 v. H.
9. bis 12. Bereitschaftsdienst	35 v. H.
13. und folgende Bereitschaftsdienste	45 v. H.

(2) Die Zuweisung zu den einzelnen Stufen des Bereitschaftsdienstes erfolgt durch die Einrichtungsleitung und die Mitarbeitervertretung.

(3) Für die Mitarbeiter gemäß § 5 Abs. 9 wird zum Zwecke der Entgeltberechnung die Zeit des Bereitschaftsdienstes einschließlich der geleisteten Arbeit mit 25 v. H. als Arbeitszeit gewertet. Leistet der Mitarbeiter in einem Kalendermonat mehr als acht Bereitschaftsdienste, wird die Zeit eines jeden über acht Bereitschaftsdienste hinausgehenden Bereitschaftsdienstes zusätzlich mit 15 v. H. als Arbeitszeit gewertet.

(3a) Die Mitarbeiter erhalten zusätzlich zu dem Entgelt nach Absatz 3 für die Zeit des Bereitschaftsdienstes in den Nachtstunden (§ 4 Abs. 5) je Stunde einen Zeitzuschlag in Höhe von 15 v. H. des auf eine Stunde umgerechneten individuellen Tabellenentgelts.

(4) Das Entgelt für die nach den Absätzen 1, 3 und 3a zum Zwecke der Entgeltberechnung als Arbeitszeit gewertete Bereitschaftsdienstzeit bestimmt sich nach dem auf eine Stunde umgerechneten individuellen Tabellenentgelt.

(5) Das Bereitschaftsdienstentgelt kann im Falle der Faktorisierung nach § 9 Abs. 3 im Verhältnis 1:1 in Freizeit abgegolten werden.

§ 8 Bereitschaftszeiten

(1) Bereitschaftszeiten sind die Zeiten, in denen sich der Mitarbeiter am Arbeitsplatz oder einer anderen vom Dienstgeber bestimmten Stelle zur Verfügung halten muss, um im Bedarfsfall die Arbeit selbständig, ggf. auch auf Anordnung, aufzunehmen und in denen die Zeiten ohne Arbeitsleistung überwiegen. Für Mitarbeiter, in deren Tätigkeit regelmäßig und in nicht unerheblichem Umfang Bereitschaftszeiten fallen, gelten folgende Regelungen:

a) Bereitschaftszeiten werden zur Hälfte als tarifliche Arbeitszeit gewertet (faktorisiert).
b) Sie werden innerhalb von Beginn und Ende der regelmäßigen täglichen Arbeitszeit nicht gesondert ausgewiesen.
c) Die Summe aus den faktorisierten Bereitschaftszeiten und der Vollarbeitszeit darf die Arbeitszeit nach § 2 Abs. 1 nicht überschreiten.
d) Die Summe aus Vollarbeits- und Bereitschaftszeiten darf durchschnittlich 48 Stunden wöchentlich nicht überschreiten.

Ferner ist Voraussetzung, dass eine nicht nur vorübergehend angelegte Organisationsmaßnahme besteht, bei der regelmäßig und in nicht unerheblichem Umfang Bereitschaftszeiten anfallen.

(2) Die Anwendung des Absatzes 1 bedarf einer einvernehmlichen Dienstvereinbarung.

Anmerkung zu § 8:
Diese Regelung gilt nicht für Wechselschicht- und Schichtarbeit.

§ 9 Arbeitszeitkonto

(1) Durch Dienstvereinbarung kann ein Arbeitszeitkonto eingerichtet werden. Soweit ein Arbeitszeitkorridor (§ 2 Abs. 6) oder eine Rahmenzeit (§ 2 Abs. 7) vereinbart wird, ist ein Arbeitszeitkonto einzurichten.

(2) In der Dienstvereinbarung wird festgelegt, ob das Arbeitszeitkonto in der ganzen Einrichtung oder Teilen davon eingerichtet wird. Alle Mitarbeiter der Einrichtungsteile, für die ein Arbeitszeitkonto eingerichtet wird, werden von den Regelungen des Arbeitszeitkontos erfasst.

(3) Auf das Arbeitszeitkonto können Zeiten, die bei Anwendung des nach § 2 Abs. 2 festgelegten Zeitraums als Zeitguthaben oder als Zeitschuld bestehen bleiben, nicht durch Freizeit ausgeglichene Zeiten nach § 6 Abs. 1 Satz 5 und Abs. 2 sowie in Zeit umgewandelte Zuschläge nach § 6 Abs. 1 Satz 4 gebucht werden. Weitere Kontingente (z. B. Rufbereitschafts-/Bereitschaftsdienstentgelte) können durch Dienstvereinbarung zur Buchung freigegeben werden. Der Mitarbeiter entscheidet für einen in der Dienstvereinbarung festgelegten Zeitraum, welche der in Satz 1 genannten Zeiten auf das Arbeitszeitkonto gebucht werden.

(4) Im Falle einer unverzüglich angezeigten und durch ärztliches Attest nachgewiesenen Arbeitsunfähigkeit während eines Zeitausgleichs vom Arbeitszeitkonto (Zeiten nach Absatz 3 Satz 1 und 2) tritt eine Minderung des Zeitguthabens nicht ein.

(5) In der Dienstvereinbarung sind insbesondere folgende Regelungen zu treffen:

a) Die höchstmögliche Zeitschuld (bis zu 40 Stunden) und das höchstzulässige Zeitguthaben (bis zu einem Vielfachen von 40 Stunden), die innerhalb eines bestimmten Zeitraums anfallen dürfen;
b) nach dem Umfang des beantragten Freizeitausgleichs gestaffelte Fristen für das Abbuchen von Zeitguthaben oder für den Abbau von Zeitschulden durch den Mitarbeiter;
c) die Berechtigung, das Abbuchen von Zeitguthaben zu bestimmten Zeiten (z. B. an so genannten Brückentagen) vorzusehen;
d) die Folgen, wenn der Dienstgeber einen bereits genehmigten Freizeitausgleich kurzfristig widerruft.

(6) Der Dienstgeber kann mit dem Mitarbeiter die Einrichtung eines Langzeitkontos vereinbaren. In diesem Fall ist die Mitarbeitervertretung zu beteiligen und – bei Insolvenzfähigkeit des Dienstgebers – eine Regelung zur Insolvenzsicherung zu treffen.

§ 10 Teilzeitbeschäftigung

(1) Mit Mitarbeitern soll auf Antrag eine geringere als die vertraglich festgelegte Arbeitszeit vereinbart werden, wenn sie
a) mindestens ein Kind unter 18 Jahren oder
b) einen nach ärztlichem Gutachten pflegebedürftigen sonstigen Angehörigen tatsächlich betreuen oder pflegen und dringende dienstliche bzw. betriebliche Belange nicht entgegenstehen. Die Teilzeitbeschäftigung nach Satz 1 ist auf Antrag auf bis zu fünf Jahre zu befristen. Sie kann verlängert werden; der Antrag ist spätestens sechs Monate vor Ablauf der vereinbarten Teilzeitbeschäftigung zu stellen. Bei der Gestaltung der Arbeitszeit hat der Dienstgeber im Rahmen der dienstlichen bzw. betrieblichen Möglichkeiten der besonderen persönlichen Situation Mitarbeiters nach Satz 1 Rechnung zu tragen.

(2) Mitarbeiter, die in anderen als den in Absatz 1 genannten Fällen eine Teilzeitbeschäftigung vereinbaren wollen, können von ihrem Dienstgeber verlangen, dass er mit ihnen die Möglichkeit einer Teilzeitbeschäftigung mit dem Ziel erörtert, zu einer entsprechenden Vereinbarung zu gelangen.

(3) Ist mit früher Vollbeschäftigten auf ihren Wunsch eine nicht befristete Teilzeitbeschäftigung vereinbart worden, sollen sie bei späterer Besetzung eines Vollzeitarbeitsplatzes bei gleicher Eignung im Rahmen der dienstlichen bzw. betrieblichen Möglichkeiten bevorzugt berücksichtigt werden.

Anmerkung zu den §§ 2 bis 10:
Bei In-Kraft-Treten dieser Anlage bestehende Gleitzeitregelungen bleiben unberührt.

(...)

Abkürzungen

Abs.	Absatz
AK	Arbeitsrechtliche Kommission des Deutschen Caritasverbandes
ArbStättV	Arbeitsstättenverordnung
ArbZG	Arbeitszeitgesetz
Art.	Artikel
Aufl.	Auflage
AÜG	Arbeitnehmerüberlassungsgesetz
AVR	Arbeitsvertragsrichtlinien der Caritas
AVR AT	Arbeitsvertragsrichtlinien der Caritas Allgemeiner Teil
BAG	Bundesarbeitsgericht
BGB	Bürgerliches Gesetzbuch
Bd.	Band
BeckRS	beck-Rechtsprechung
BEEG	Bundeselterngeld- und Elternzeitgesetz
BEM	betriebliches Eingliederungsmanagement
BetrVG	Betriebsverfassungsgesetz
BSG	Bundessozialgericht
BT-Drs.	Bundestags-Drucksache
Buchst.	Buchstabe
BUrlG	Bundesurlaubsgesetz
BVerwG	Bundesverwaltungsgericht
bzw.	beziehungsweise

DB	Der Betrieb (Zeitschrift)
DStR	Deutsches Steuerrecht (Zeitschrift)
EFZG	Entgeltfortzahlungsgesetz
EG	Entgeltgruppe
ErfK	Erfurter Kommentar
EuGH	Europäischer Gerichtshof
ff.	fortfolgende
FPfZG	Familienpflegezeitgesetz
GeWo	Gewerbeordnung
ggf.	gegebenenfalls
i. V. m.	in Verbindung mit
JArbSchG	Jugendarbeitsschutzgesetz
KAG	Kirchliches Arbeitsgericht
KAGH	Kirchlicher Arbeitsgerichtshof
KAGO	Kirchliche Arbeitsgerichtsordnung
KGH.EKD	Kirchengerichtshof der Evangelischen Kirche in Deutschland
krit.	kritisch

LAG	Landesarbeitsgericht
lit.	Buchstabe
LSG	Landessozialgericht
MAV	Mitarbeitervertretung
MAVO	Mitarbeitervertretungsordnung
MiLoG	Mindestlohngesetz
MuSchG	Mutterschutzgesetz
MVG.EKD	Kirchengesetz über Mitarbeitervertretungen in der Evangelischen Kirche in Deutschland
m. w. N.	mit weiteren Nachweisen
NJOZ	Neue Juristische Online-Zeitschrift
NJW	Neue Juristische Wochenschrift
Nr.	Nummer
NZA	Neue Zeitschrift für Arbeitsrecht
NZA-RR	Neue Zeitschrift für Arbeitsrecht-Rechtsprechung
NZS	Neue Zeitschrift für Sozialrecht
o. g.	oben genannt
öAT	Zeitschrift für das öffentliche Arbeits- und Tarifrecht
PflegeZG	Pflegezeitgesetz

RdA	Recht der Arbeit (Zeitschrift)
Rn.	Randnummer
S.	Seite
SGB	Sozialgesetzbuch
sog.	sogenannt
SRa	Sozialrecht aktuell (Zeitschrift)
TK	Techniker Krankenkasse
TV-Ärzte/VKA	Tarifvertrag für Ärztinnen und Ärzte an kommunalen Krankenhäusern
TzBfG	Teilzeit- und Befristungsgesetz
u. ä.	und ähnliches
VG	Verwaltungsgericht
vgl.	vergleiche
Vorb.	Vorbemerkung
z. B.	zum Beispiel
Ziff.	Ziffer
ZMV	Zeitschrift „Die Mitarbeitervertretung“
z. T.	zum Teil

Literatur

Baeck / Deutsch / Winzer, ArbZG, 4. Aufl. 2020, C.H.BECK

Die AVR von A bis Z, Erläuterungen zu den Arbeitsvertragsrichtlinien des Deutschen Caritasverbandes, Loseblattwerk mit Aktualisierungen, Stand Mai 2020, KETTELER-Verlag

Eichstätter Kommentar MAVO – KAGO, 2. Aufl. 2018, KETTELER-Verlag

Erfurter Kommentar zum Arbeitsrecht, 20. Aufl. 2020, C.H.BECK

Fey / Rehren, MVG.EKD, Loseblattwerk mit 58. Aktualisierung, Stand Juli 2020, Otto Bauer Verlag

Freiburger Kommentar MAVO einschließlich KAGO, Loseblattwerk mit Aktualisierungen, Stand Juli 2020, Lambertus

Münchener Handbuch zum Arbeitsrecht, 4. Aufl. 2018, C.H.BECK

Schaub, Arbeitsrechts-Handbuch, 18. Aufl. 2019, C.H.BECK

Schüren / Hamann, Arbeitnehmerüberlassungsgesetz, 5. Aufl. 2018, C.H.BECK

Thiel / Fuhrmann / Jüngst, MAVO – Kommentar zur Rahmenordnung für eine Mitarbeitervertretungsordnung, 8. Aufl. 2019, Luchterhand

Udsching / Schütze, SGB XI Soziale Pflegeversicherung, 5. Aufl. 2018, C.H.BECK

Zwosta / Schiering / Jacobowsky, Arbeitszeit – Arbeitszeitorganisation – Dienstplangestaltung in Einrichtungen des Deutschen Caritasverbandes, 2013, KETTELER-Verlag

Stichwortverzeichnis

Die Ziffern verweisen auf die jeweilige Randnummer der Kapitel I. bis V. Zusätzliche Begriffserläuterungen sind dem Glossar (VI). zu entnehmen.

Zum Autor

Dr. Sebastian Weber

ist Rechtsanwalt und Fachanwalt für Sozialrecht in München. Er vertritt Kliniken, Einrichtungen und Dienste in der Kinder- und Jugendhilfe, der Pflege und für Menschen mit Behinderungen gegenüber Sozialleistungsträgern und Aufsichtsbehörden. Auf dem Gebiet des kirchlichen Arbeitsrechts verfügt er über einen großen Erfahrungsschatz sowohl im Individualarbeitsrecht als auch in der Zusammenarbeit mit Mitarbeitervertretungen. Die Personalpolitik in sozialen Einrichtungen und damit verbunden die Richtlinien für Arbeitsverträge in den Einrichtungen des Deutschen Caritasverbandes (AVR) bilden hierbei einen Schwerpunkt. Seit 2012 lehrt er an der an der Katholischen Universität Eichstätt-Ingolstadt und veröffentlicht zu sozial- und arbeitsrechtlichen Fragen. Als Autor verfasste er mehrere Bücher sowie Beiträge u. a. für den Eichstätter Kommentar und wirkte aktiv bei der 16. Fachtagung zum kirchlichen Arbeitsrecht in Eichstätt mit.